面向数字化时代高等学校计算机系列教材

U0659392

工业互联网
数据采集技术与应用

张书奎 王莹莹 金璐 邱斌 谢添姣 郭宇航 编著

清华大学出版社

北京

内 容 简 介

本书系统地介绍了多种工业互联网数据采集方法,涵盖了基于工业 PLC 数据采集、工业以太网数据采集、嵌入式数据采集和基于 ZigBee 的无线数据采集等多种技术,并结合实际数据采集过程,讲解了每种技术手段的原理、实现方法和应用场景。书中不仅包含丰富的理论知识,还提供了大量实际案例和代码实现,旨在为读者提供全面的理论知识和实践体会,帮助读者快速掌握工业数据采集技术的核心内容,并能够独立完成实际项目的开发。

本书内容丰富、实用性强,适合工业自动化、智能制造、物联网、工业互联网等领域的工程技术人员、科研人员和学生学习参考。

图书在版编目(CIP)数据

工业互联网数据采集技术与应用 / 张书奎等编著. -- 北京 :清华大学出版社,2025. 6. --(面向数字化时代高等学校计算机系列教材). -- ISBN 978-7-302-69419-9

Ⅰ. F407.4-39

中国国家版本馆 CIP 数据核字第 202503MK04 号

责任编辑:陈景辉 薛 阳
封面设计:刘 键
责任校对:徐俊伟
责任印制:刘 菲

出版发行:清华大学出版社
   网   址:https://www.tup.com.cn,https://www.wqxuetang.com
   地   址:北京清华大学学研大厦 A 座   邮   编:100084
   社 总 机:010-83470000   邮   购:010-62786544
   投稿与读者服务:010-62776969,c-service@tup.tsinghua.edu.cn
   质量反馈:010-62772015,zhiliang@tup.tsinghua.edu.cn
   课件下载:https://www.tup.com.cn,010-83470236
印 装 者:三河市君旺印务有限公司
经 销:全国新华书店
开 本:185mm×260mm 印 张:14.75   字 数:389 千字
版 次:2025 年 7 月第 1 版   印 次:2025 年 7 月第 1 次印刷
印 数:1~1500
定 价:59.90 元

产品编号:106295-01

前言

随着我国经济的快速发展,工业自动化和信息化水平不断提高,工业数据采集在工业生产、管理和决策过程中发挥着越来越重要的作用。本书旨在为广大读者提供一本全面、实用的工业数据采集技术教材。

本书主要内容

本书从工业数据采集技术的基本概念和原理出发,系统介绍了工业数据采集的多种技术手段,包括基于 PLC 数据采集、工业以太网数据采集、嵌入式数据采集和基于 ZigBee 的无线数据采集。同时还结合实际应用案例,详细讲解了各种数据采集技术在工业生产中的应用方法和技巧。

全书共分为 5 章。

第 1 章 工业互联网概述。从整体上介绍工业互联网技术以及工业数据采集技术的相关理论知识。首先从工业互联网技术的背景和发展历程入手,介绍了工业互联网的概念、体系架构及其重要性。接着深入探讨了工业数据采集技术,包括其概念、工业设备和采集设备的认识、工业数据的特点以及工业数据采集的方案。然后介绍了工业网关的作用、结构和选型,并对工业互联网实验平台进行了概述。

第 2 章 工业 PLC 数据采集。介绍了工业 PLC 数据采集技术,涵盖 PLC 的基本原理、硬件架构、编程方法以及实际应用案例。首先,介绍了 PLC 的概念、结构和工作原理,以及其在工业自动化中的广泛应用。然后,详细介绍了 PLC 的硬件系统与 PLC 编程的基础知识。最后,通过实战案例,展示了如何将 PLC 技术应用于工业数据采集。

第 3 章 工业以太网数据采集。主要介绍了工业以太网数据采集技术。首先概述了工业以太网的概念、协议和应用场景,并重点讲解了 PROFINET 和 EtherCAT 两种主流工业以太网协议的工作原理。详细分析了 PROFINET 以及 EtherCAT 的设备连接、通信协议、网络拓扑结构和应用场景。最后,通过一个工业以太网数据采集的实际项目,详细介绍了项目的实现过程。

第 4 章 嵌入式数据采集。介绍了嵌入式技术相关理论及其在工业数据采集中的应用。首先介绍了嵌入式系统的概念、特点和架构,并探讨了嵌入式硬件系统和操作系统的选择。接着分析了 ARM 处理器架构,包括其工作模式、寄存器、指令集和异常处理机制等。然后以 STM32 微控制器为例,详细讲解了其 GPIO、ADC/DAC、中断和通信模块的使用方法。最后,通过实际采集任务将理论知识进行运用,任务包括:I/O 设备驱动、模拟量和数字量数据采集,以及加速度传感器和震动传感器数据采集。

第 5 章 基于 ZigBee 的无线数据采集。全面介绍了 ZigBee 技术及其在无线传感器网络中的应用,从 ZigBee 的起源、特点、协议栈到具体的硬件模块,详细讲解了基于 CC2530 的单片机接口技术及无线传感器节点的设计。最后,通过实例展示了 ZigBee 在数据采集中的应用,为读者提供了深入理解和实践 ZigBee 技术的基础,为工业互联网领域的研究和应用打下坚实的基础。

本书特色

（1）内容全面。

本书系统地介绍了工业数据采集的多种技术,包括相关技术的基本概念、原理、方法和实践案例等,力求使读者对工业数据采集技术有一个全面的认识。

（2）实用性强。

本书紧密结合工业生产实际,以实际应用案例为主线,详细讲解了各种数据采集技术在工业生产中的应用方法,使读者能够将所学知识应用到实际工作中。

（3）案例丰富。

本书提供了丰富的实际应用案例,使读者能够更好地理解工业数据采集技术的实际应用场景和效果。

配套资源

为便于教与学,本书配有源代码、教学课件、教学大纲、教学进度表、实验手册、习题题库。

(1) 获取源代码等方式:先刮开并用手机版微信 App 扫描本书封底的文泉云盘防盗码,授权后再扫描下方二维码,即可获取。

| 源代码 | 扩展阅读 | 彩色图片 |

(2) 其他配套资源可以扫描本书封底的"书圈"二维码,关注后回复本书书号,即可下载。

读者对象

本书可作为全国高等学校物联网、工业互联网等专业的教材,也可供自动化、智能制造、物联网等领域的工程技术人员以及对工业数据采集技术感兴趣的爱好者作为自学参考书。

在本书的编写过程中参考了大量文献和资料,恕不一一列举,在此对原作者深表谢意。本书由张书奎、王莹莹、金璐、邱斌、谢添姣、郭宇航编著,全书由张书奎负责统稿。此外,黄冬丽、侯娜为本书做了大量的资料整理工作。另外,特别感谢中智讯(武汉)科技有限公司提供了实验平台。限于作者水平和时间仓促,书中难免存在疏漏之处,欢迎广大读者批评指正。

作 者

2025 年 1 月

目录

第 3 章　工业以太网数据采集

第 4 章　嵌入式数据采集

第 5 章　基于 ZigBee 的无线数据采集

1.1　工业互联网技术概述

▶ 1.1.1　初识工业互联网

近年来,新一轮科技革命和产业变革快速发展,互联网由消费领域向生产领域快速延伸,工业经济由数字化向网络化、智能化深度拓展,互联网创新发展与新工业革命形成历史性交汇,催生了工业互联网。

工业互联网(Industrial Internet of Things,IIoT)是将先进的信息技术(如互联网、物联网、云计算、人工智能、大数据等)与工业生产体系深度融合,实现全方位的智能互联、智能感知、实时分析和优化控制。它不是互联网在工业的简单应用,具有更丰富的内涵和外延。它以网络为基础、平台为中枢、数据为要素、安全为保障,既是工业数字化、网络化、智能化转型的基础,也是互联网、大数据、人工智能与实体经济深度融合的应用模式,是一种新业态、新产业。

工业互联网目前已延伸至 40 个国民经济大类,涉及原材料、装备、消费品、电子等制造业各大领域,以及采矿、电力、建筑等实体经济重点产业,实现了更大范围、更高水平、更深程度的发展。它结合了运营技术(Operational Technology,OT)和信息技术(Information Technology,IT),从而在降低运营成本的同时,能够提高机器间通信的相关性,有助于智能工厂的形成。智能工厂利用互联网连接所有嵌入传感器,通过访问实时数据,实现活动的高级可视性。例如,在工业中能够通过物联网环境监测功能,检测空气或水质中是否存在污染物,以此帮助设备或操作人员维持健康的工作环境。

因此,学习工业互联网是适应现代工业转型和技术革新的必然需求。掌握工业互联网的相关知识,不仅能够帮助从业者理解信息技术与工业生产深度融合的模式,还能够提升生产效率、优化管理流程,以及推动企业创新发展。

▶ 1.1.2　工业互联网的发展历程

工业互联网的发展并非一蹴而就,它伴随着信息技术和工业技术的不断进步,从最初的概念提出,到如今的广泛应用,经历了多个关键阶段。为了帮助读者看到全球工业格局的深刻变革,并能够更好地把握这一领域未来的发展方向和机遇,下面将介绍国内外工业互联网的发展历程。

1. 国外工业互联网的发展历程

2008 年国际金融危机后,美国意识到"去工业化"导致了"产业空心化"问题,因此提出了制造业复兴计划,并开启了"再工业化"战略。2012 年,美国通用电气(General Electric,GE)首次提出"工业互联网"的概念,即结合工业系统和低成本传感器连接互联网的能力,推动工业互联网的发展。

2013 年,德国在汉诺威工业博览会上提出了"工业 4.0"的概念,以应对出口下滑、劳动力成本上升等挑战。"工业 4.0"战略基于物联网（Internet of Things，IoT）和服务互联网（Internet of Service，IoS），旨在利用新一代互联网技术，实现制造业的智能化转型。

2014 年，德国通过了《数字化行动议程（2014—2017）》，为"工业 4.0"奠定政策基础。同年，美国 GE、IBM、Cisco 等龙头企业共同主导，成立了工业互联网联盟（Industrial Internet Consortium，I2C），推动了美国在工业互联网领域的标准制定与技术推广。2015 年，I2C 发布了工业互联网 IIRA 参考架构，为企业设计工业物联网系统提供了框架指导。

2015 年，日本推出"智能制造系统"战略，引入了人工智能和物联网等新技术，提升了制造业的柔性生产能力。2016 年，德国发布了"数字战略 2025"，进一步推动了"工业 4.0"战略的发展，明确了德国数字化转型的长期目标。

2017 年，I2C 发布了 IIRA 1.8 版，在美国继续推进工业互联网的发展。同年，德国推出"数字化的秩序政策"，鼓励技术创新，进一步强化了德国"工业 4.0"的发展方向。2018 年，美国 GE 推出 Predix 平台，这是工业互联网领域的重要平台，进一步提高了工业互联网的开放性和互操作性。同年，欧盟通过"工业数字化转型计划"，并在第四次工业革命的背景下，促成了印度尼西亚与新加坡的合作，推动了印尼"工业 4.0"的发展。

2019 年，工业互联网联盟与澳大利亚物联网联盟达成协议，共同推动工业互联网的发展。2020 年，随着 5G 技术的普及，工业互联网广泛应用于自动化生产线、远程监控和智能化维护，进入了大规模落地阶段。各国制造企业通过部署工业互联网平台，提升了智能生产能力。

2. 我国工业互联网的发展历程

中国的工业互联网发展可以分为几个阶段。2010 年以前，中国处于工业互联网的萌芽期，阿里巴巴率先研究云平台技术，并与制造、交通、能源等领域的领军企业合作，为工业企业搭建云平台奠定了基础。随之，2010—2014 年是初期发展阶段，腾讯和华为等企业逐步搭建并开放云服务平台。中国政府在 2012 年提出了"智能制造"战略，明确了以工业互联网为核心的制造业转型方向，强调通过物联网、云计算等技术推动制造业的数字化和智能化转型。2015 年，国务院发布了《中国制造 2025》战略规划，进一步推动互联网与制造业的深度融合，工业互联网被视为提升制造业全球竞争力的关键。

从 2015 年开始，中国进入了工业互联网的快速发展阶段。航天云网、三一重工、海尔等企业依托自身制造能力推出了工业平台服务，逐步从内部应用向外部拓展。和利时、用友等企业则基于其自动化系统和工业软件的积累，构建智能化解决方案。2015 年，中国政府出台了大量政策支持工业互联网的发展，包括"互联网＋"和制造强国建设战略，以推动工业互联网的基础设施建设和产业生态构建。2016 年，中国工业互联网产业联盟发布了工业互联网体系架构1.0，提出了工业互联网的网络、数据、安全三大体系，为工业互联网的基础研究、技术创新、标准体系建设提供了指引。2017 年，国务院发布了《关于深化"互联网＋先进制造业"发展工业互联网的指导意见》，形成了顶层设计，并引领工业互联网发展进入更深层次。同年，工信部发布《工业互联网发展行动计划（2018—2020 年）》，提出构建网络、平台和安全三大体系，并设定 2020 年实现大规模工业互联网应用的目标。

2018 年，工业和信息化部推出了"323"行动，实施了为期三年的工业互联网行动计划，设立了专项工作组，推动相关领域的协同发展。同年，首届中国国际工业互联网博览会在广州举行，展示了中国在工业互联网平台建设、智能制造、数据分析等领域的最新技术成果。同年，工业和信息化部发布的《工业互联网 App 培育工程实施方案（2018—2020 年）》中指出，将在未来三年内协同推进工业 App 的发展。2020 年，工业互联网体系架构 2.0 发布，继承并扩展了

1.0 的核心思想,提供了更为细化的实施框架。同年,国家工业互联网大数据中心启动建设,通过数据集成和分析,提升了中国工业互联网的核心技术能力,并推动了上下游产业链的互联互通。

2020 年 12 月,工业互联网专项工作组印发了《工业互联网创新发展行动计划(2021—2023 年)》,提出要推动新型基础设施建设,量质并进发展,推广新模式、新业态,以提升产业综合实力。2021 年,"十四五"规划提出要积极发展工业互联网,构建多层次工业互联网平台体系,用数据驱动制造业数字化转型,培育新模式与新业态。2022 年,工业和信息化部发布了《"十四五"工业互联网创新发展行动计划》,提出加快基础设施建设,推动 5G、大数据、人工智能等技术在工业领域的融合应用,力争在 2025 年实现规模化应用,打造具有国际竞争力的中国工业互联网产业生态。

1.2　工业互联网体系架构与平台

▶ 1.2.1　工业互联网体系架构

为应对工业领域对设备互联、数据采集和初步智能化的需求,工业互联网体系架构 1.0 于 2016 年正式提出。这一阶段,工业互联网的主要任务是将工业设备接入网络,以打通信息孤岛,实现基础的数据传输和远程监控功能。然而,随着技术的迅猛发展和企业对智能化管理需求的提升,架构 1.0 的局限性逐渐暴露,无法满足更复杂的工业应用场景。为此,工业互联网体系架构 2.0 应运而生,它引入了大数据、人工智能等技术,重点解决数据处理能力不足、智能化水平有限的问题,推动了工业体系向更高层次的智能化迈进。下面将详细介绍工业互联网体系架构 2.0 的核心特点与优势。

工业互联网体系架构 2.0 涵盖了业务视图、功能架构和实施框架三个层面,构建了一个以商业目标和业务需求为导向的设计理念,如图 1-1 所示。这一理念从顶层设计出发,逐步细化至系统功能的界定和实施部署的具体策略,采取"自上而下"的方法,逐层深化和具体化,以确保体系架构的全面性和实用性。

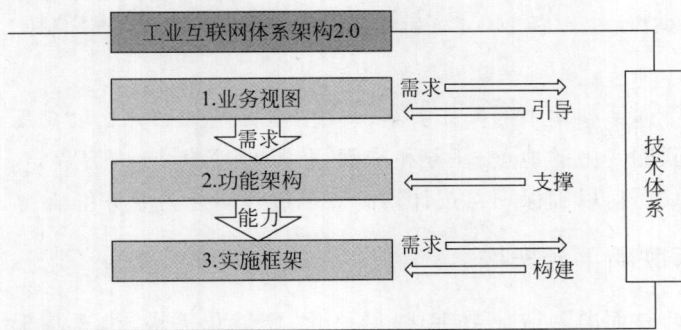

图 1-1　工业互联网体系架构 2.0

(来源:《工业互联网体系架构(版本 2.0)》,2020 年工业互联网产业联盟)

1. 业务视图

业务视图指的是从业务角度对工业互联网进行的抽象和描述,它主要关注工业互联网能做什么,以及如何做。业务视图是对企业中各种业务流程、业务场景及其相关的系统、角色和数据进行全面描述的一个层面。

业务视图在工业互联网体系架构中起着关键作用,它通过明确业务需求、指导技术实现、促进跨部门合作、支持战略规划、优化业务流程、辅助培训和推广,以及适应变化和演进,为企业提供了从业务角度理解和实施工业互联网的框架,是连接业务目标与技术实施的重要桥梁。

2. 功能架构

功能架构是工业互联网平台的技术蓝图,精确地描绘了系统必需的功能模块及其互动关系,并根据业务视图的需求,将工业互联网的理论概念转换为实际的技术解决方案,实现了从边缘设备数据采集到智能决策支持的全方位技术转换。工业互联网的功能架构原理图如图1-2所示。

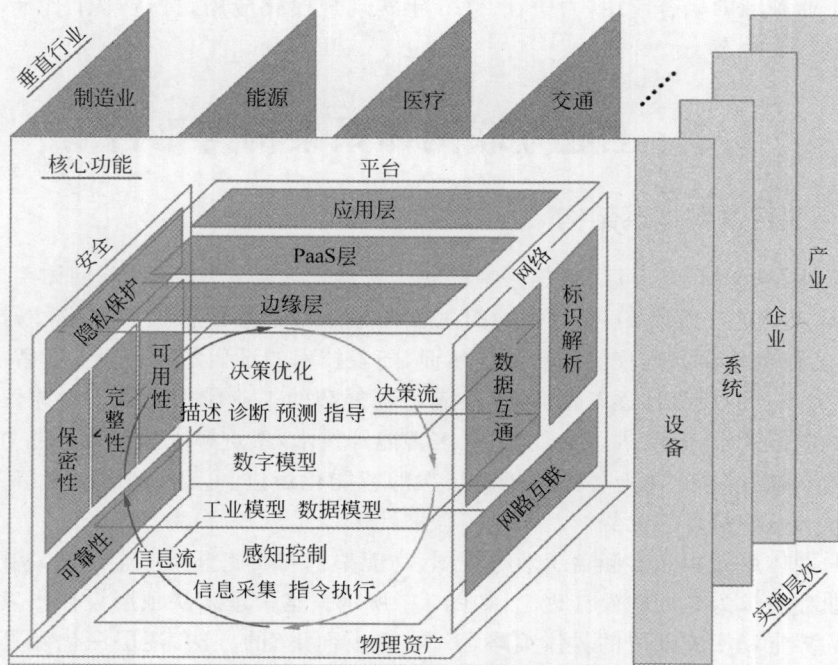

图 1-2 工业互联网功能架构原理

(来源:《工业互联网体系架构(版本 2.0)》,2020 年工业互联网产业联盟)

3. 实施框架

实施框架是整个体系架构中的操作方案,解决"在哪做""做什么""怎么做"的问题。实施框架明确了工业互联网实施的地点、任务和步骤,包括环境准备、内容界定、流程规划、策略选择、风险管理和资源配置,以确保项目按计划高效推进并转化为业务价值。

▶ 1.2.2 工业互联网平台架构

工业互联网平台是面向制造业数字化、网络化、智能化需求,构建基于海量数据采集、汇聚、分析的服务体系,支撑制造资源泛在连接、弹性供给、高效配置的工业云平台。工业互联网平台的体系架构自下而上主要包括边缘层、平台层、应用层,如图1-3所示。

1. 边缘层

边缘层(Edge Layer)位于框架的最底层,提供海量工业数据接入、转换、数据预处理和边缘分析应用等功能。边缘层的主要模块以及功能描述如图1-4所示。

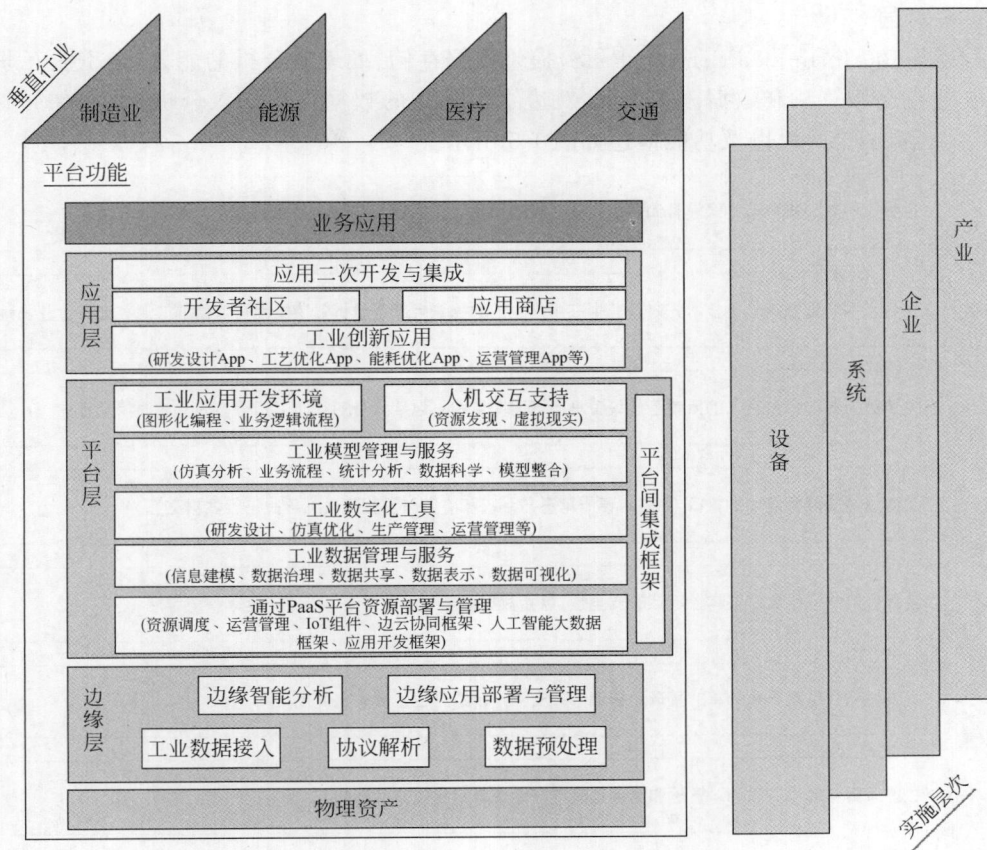

图 1-3 工业互联网平台体系架构

（来源：《工业互联网体系架构（版本 2.0）》，2020 年工业互联网产业联盟）

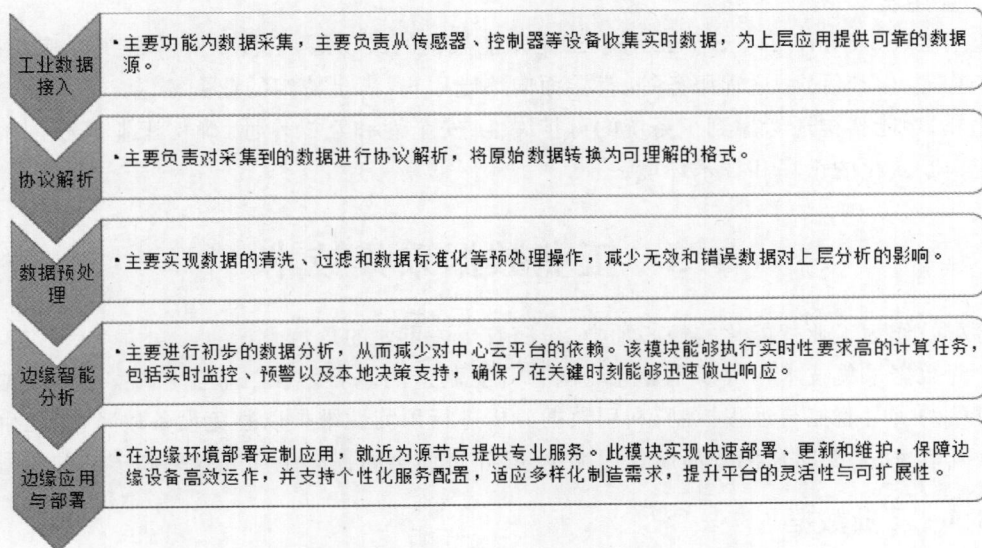

工业数据接入	·主要功能为数据采集，主要负责从传感器、控制器等设备收集实时数据，为上层应用提供可靠的数据源。
协议解析	·主要负责对采集到的数据进行协议解析，将原始数据转换为可理解的格式。
数据预处理	·主要实现数据的清洗、过滤和数据标准化等预处理操作，减少无效和错误数据对上层分析的影响。
边缘智能分析	·主要进行初步的数据分析，从而减少对中心云平台的依赖。该模块能够执行实时性要求高的计算任务，包括实时监控、预警以及本地决策支持，确保了在关键时刻能够迅速做出响应。
边缘应用与部署	·在边缘环境部署定制应用，就近为源节点提供专业服务。此模块实现快速部署、更新和维护，保障边缘设备高效运作，并支持个性化服务配置，适应多样化制造需求，提升平台的灵活性与可扩展性。

图 1-4 边缘层主要模块及功能描述

（来源：《工业互联网体系架构（版本 2.0）》，2020 年工业互联网产业联盟）

2. 平台层

平台层(Platform as a Service,PaaS)提供数据存储、处理和分析的能力,是工业互联网的大脑,它通过高级算法和数据分析工具,对边缘层收集的数据进行深入分析,生成有价值的信息。平台层的主要模块以及功能描述如图1-5所示。

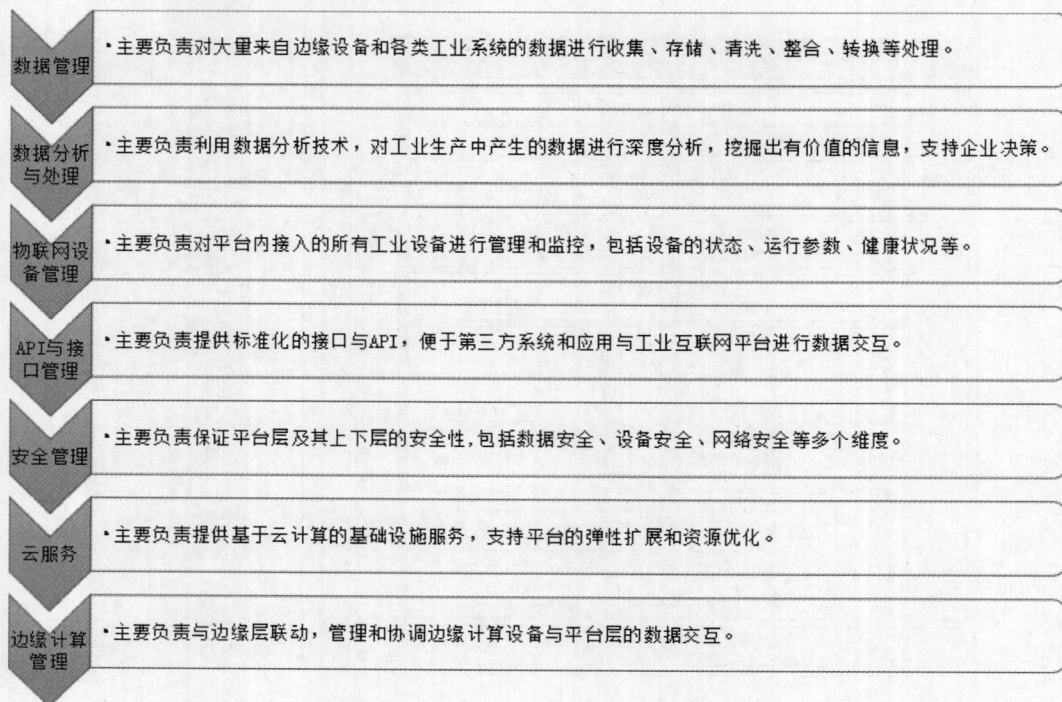

模块	功能描述
数据管理	·主要负责对大量来自边缘设备和各类工业系统的数据进行收集、存储、清洗、整合、转换等处理。
数据分析与处理	·主要负责利用数据分析技术,对工业生产中产生的数据进行深度分析,挖掘出有价值的信息,支持企业决策。
物联网设备管理	·主要负责对平台内接入的所有工业设备进行管理和监控,包括设备的状态、运行参数、健康状况等。
API与接口管理	·主要负责提供标准化的接口与API,便于第三方系统和应用与工业互联网平台进行数据交互。
安全管理	·主要负责保证平台层及其上下层的安全性,包括数据安全、设备安全、网络安全等多个维度。
云服务	·主要负责提供基于云计算的基础设施服务,支持平台的弹性扩展和资源优化。
边缘计算管理	·主要负责与边缘层联动,管理和协调边缘计算设备与平台层的数据交互。

图1-5 平台层主要模块及功能描述

3. 应用层

应用层(Software as a Service,SaaS)是功能架构的最顶层,它提供具体的工业应用服务,如资产管理、生产管理、远程服务等,直接面向终端用户,满足特定的业务需求。

此外,功能架构还考虑到了系统的可扩展性、安全性和互操作性,确保工业互联网平台能够适应不断变化的市场和技术环境。

1.3　工业数据采集技术

"数据"作为工业智能化的核心动力,扮演着至关重要的角色。

工业数据采集技术构成了工业互联网和智能制造的基石。在工业生产中,通过数据采集实现设备的实时监控与远程控制,利用数据分析进行预测性维护以避免设备故障,优化生产流程以提升效率,并实时监测产品质量以减少缺陷,进而全面提高生产的效率和产品的质量。

▶ 1.3.1　工业数据

工业数据是指在工业领域,主要通过传感器等物联网技术进行数据采集和传输而得到的数据。由于数据量庞大,传统的信息技术已无法处理、分析和展示相应的数据,因此研究者在传统工业信息化技术的基础上,借鉴互联网大数据,提出基于数据驱动的新型工业信息化技术及其应用。

1. 工业数据的特点

工业数据除具有数据容量大、多样、快速等一般大数据的特点外,还具有时序性、强关联性、准确性等特点。上述特点的具体表现如下。

(1) 数据容量大。工业环境中产生和处理的数据量非常庞大。随着大量设备和智能产品数据的涌入,工业数据的存储量将呈指数级增长,但同时也带来了更多分析和优化生产流程的机会。

(2) 多样。数据类型和来源多样。工业数据分布广泛,它存在于机器设备、工业产品、管理系统、互联网等各个环节,并且结构复杂,既有结构化和半结构化的传感数据,也有非结构化数据。

(3) 快速。获取和处理数据的速度很快。快速地获取和处理数据能够实现生产现场级要求的毫秒级分析时限,以及管理与决策的应用需要支持的交互式或批量数据分析。

(4) 时序性。数据在时间维度上的顺序性和关联性。工业大数据具有较强的时序性,如订单、设备状态数据等。

(5) 强关联性。一方面,产品生命周期同一阶段的数据具有强关联性,如产品零部件组成、工况、设备状态、维修情况、零部件补充采购等数据;另一方面,产品生命周期的研发设计、生产、服务等不同环节的数据之间需要进行关联。

(6) 准确性。数据的真实性、完整性和可靠性。对于工业领域,产品数据的准确性将会直接影响产品质量,不容有任何差错。

2. 工业数据的类型

工业数据是工业互联网的核心驱动因素,它反映了生产、管理、设备运行等多方面的信息流动。为了更好地理解和利用这些数据,通常可以从广义和狭义两个角度对工业数据进行分类。

从广义的角度来看,工业数据涵盖了工业系统中产生的所有信息流,它不仅包含工厂内部的生产数据,还涉及外部的运营和市场数据。广义的工业数据包括设备数据、生产数据、运营数据、环境数据和用户数据,这些数据在工业互联网架构下共同作用,提升生产效率与管理能力。其中,设备数据是工业现场中最基础的部分,由各类机器设备、传感器、执行器生成,它们记录了设备的运行状态、温度、压力、震动等物理参数,能够实时反映设备健康状况;生产数据记录了整个制造过程中的工艺参数、生产时间、原材料消耗、产品质量等信息,它是工业互联网中优化生产流程的关键数据来源,能够帮助企业实现对生产过程的精细化管理;运营数据与企业的日常管理、供应链、物流、采购、库存等运营环节密切相关,这类数据为企业的决策层提供全面的视角,能够帮助企业优化资源配置、提升供应链效率并降低运营成本;环境数据涉及生产现场的环境监测信息,包含温度、湿度、气压、空气质量、污染物浓度等,这些数据在特定的工业场景中尤其重要,如制药、化工、食品等行业,环境条件直接影响产品的合规性和质量;用户数据来源于终端客户的反馈、使用习惯、市场需求等,通过对用户数据的分析,企业可以更好地了解客户需求,定制产品和服务,从而提升用户体验。

从狭义的角度来看,工业数据主要聚焦于生产和设备层面的数据,即生产现场的设备运转、工艺控制、生产流程管理等有关数据。因此,狭义的工业数据主要包括设备数据、生产数据和环境数据,这些数据直接影响工厂的生产效率和设备健康状态。

▶ 1.3.2 工业设备

在工业互联网中,常见的工业设备涵盖了生产过程的各个环节,从基础的传感器和执行器,到高级的控制系统和网络设备,都称为工业设备。典型的工业设备主要包括可编程逻辑控制器(PLC)、工业机器人、数控机床(CNC)、人机界面(HMI)、传感器和工业网关,每一种设备都有其独特的作用,它们共同构建了现代工业生产的基础,涵盖了数据采集、指令执行,以及实时监控的各个环节。其中,PLC 通过编程逻辑和传感器采集的数据进行实时决策和发出指令,以控制生产设备的启停和速度调节,优化工艺流程;工业机器人能够执行焊接、喷涂、搬运、组装等任务,并且能够在恶劣或危险的工作环境下代替人工操作;CNC 能够精准控制切削、钻孔、铣削等加工操作,其广泛应用于制造业,尤其是对精度要求较高的场合;HMI 能够帮助操作人员实时查看生产过程的关键数据,如设备状态、生产进度和警报信息,以便操作人员手动干预或调整;不同类型的传感器可以检测温度、湿度、压力、震动、光照、气体成分等环境和工艺参数,并将这些信息转换为可处理的数字信号,使得设备能够根据外界条件调整自身多项操作和运行状态;工业网关作为工业互联网中的通信枢纽,连接现场设备与互联网,以控制数据的上传和命令的下达。

上述这些设备能够通过互联网和局域网进行连接,协同完成复杂的生产任务,实现对生产过程的监控、控制和优化。其中,工业网关作为数据通信的核心节点,承担着关键的连接与数据传输功能,在工业数据采集中尤为重要,值得深入探讨。

工业网关作为关键设备,扮演着连接工业现场设备与上层网络的核心角色。传统工业环境中的设备往往使用各类专有通信协议,难以直接与互联网或其他设备进行数据互通。工业网关通过协议转换技术,打破了这一技术壁垒,使得各种不同协议的设备能够顺畅通信,真正实现了设备间的数据共享与协作。除了协助各个设备间通信,工业网关自身还具备数据采集与传输功能、边缘计算功能以及维护网络安全的功能,具体如下所述。

(1)数据采集与传输方面。它能够从传感器、PLC 等设备中实时获取数据,并通过压缩和加密等技术,安全高效地将获取到的数据传输到远程服务器或云端进行存储和处理。在现代智能工厂中,工业网关作为设备数据到决策系统之间的桥梁,能够确保设备和系统之间的信息传递顺畅无阻。

(2)边缘计算方面。边缘计算是在本地设备层面进行初步数据处理,它能够快速响应对实时性要求高的任务。工业网关能够在数据传输到云端之前,先进行部分数据处理与分析,提前发现设备运行中的异常情况,避免潜在的故障。这种实时监控与反馈极大地提升了工厂的生产效率,减少了设备的停机时间,并为智能维护提供了技术支持。

(3)维护网络安全方面。由于工业网关处于数据流动的关键节点,它能够通过内置的防火墙、数据加密等安全机制,有效抵御潜在的网络攻击,确保工业数据在传输过程中不被窃取或篡改,从而保障整个生产系统的安全性和稳定性。

综上所述,工业网关不仅是设备连接的纽带,更是实现工业生产智能化和自动化的重要推动力。因此,在未来的工业智能化进程中,工业网关无疑将继续扮演不可或缺的核心角色。

▶ 1.3.3 工业数据采集的手段

工业数据采集涉及多种技术手段,包括传感器采集(如压力、温度、湿度、震动和流量传感器)、机器视觉、条码/二维码扫描、RFID 技术、PLC 编程、工业总线技术(如 Modbus、

PROFINET、CAN)、工业以太网、无线通信技术(如 Wi-Fi、蓝牙、ZigBee)、数据采集卡(DAS卡)、手工录入、互联网和数据接口,以及工业嵌入式数据采集系统,这些方法共同确保了生产线上各类信息的精确识别、监测和控制。

在遴选工业数据采集系统方案时,需综合考虑作业环境复杂性、生产工艺流程的特定需求以及成本效益分析。确保所选方案能够实现数据的高效采集、处理与传输,同时保障数据的安全性、可靠性和低延时性,以支撑智能制造系统的实时监控与高级数据分析,促进生产运营的优化与决策支持系统的升级。

本书从不同的技术手段,对工业数据采集技术展开介绍,主要包括工业 PLC 数据采集、工业以太网数据采集、嵌入式数据采集,以及基于 ZigBee 的无线数据采集。

1. 工业 PLC 数据采集

可编程逻辑控制器(PLC)是一种广泛应用于工业自动化领域的电子设备。它采用可编程存储器,用于执行各种逻辑运算、顺序控制、定时、计数和算术操作等指令,以实现对生产过程的自动化控制。PLC 在工业领域扮演着至关重要的角色,广泛应用于生产流程控制、机床操作、分布式系统管理、过程监控、安全防护、能源管理、机器人操控、智能化仓储、质量控制和环境监测等多个方面。

在汽车制造过程中,PLC 控制发动机装配线上的机器人,确保每个发动机按照精确的顺序和标准进行组装。在金属加工中,PLC 控制 CNC 机床执行复杂的切割和钻孔任务。在油田开采中,PLC 系统通过卫星通信与远程控制中心连接,实现对井口设备的远程监控。PLC通过精确控制机器和设备,确保生产效率和质量,同时优化能源使用,提高安全生产水平。

在工业数据采集中,PLC 发挥着桥梁和纽带的作用,确保了生产数据的实时性和准确性。它能够实时监测并收集关键生产参数,如温度和压力,对数据进行处理和分析,并输出控制指令来调整设备状态,以标准化生产流程。PLC 的存储和通信能力使其能够存储采集的数据,并与其他系统交换信息,实现数据的集中管理和远程监控,从而提升了生产线的自动化水平。

此外,PLC 系统针对恶劣的工业环境设计,具有高可靠性和稳定性,能够在极端条件下连续、准确地采集数据。其灵活性和可扩展性还允许系统根据生产需求的变化进行重新编程和配置,满足不同的数据采集需求,为工业自动化提供了坚实的支持。

2. 工业以太网数据采集

工业以太网作为一种高性能、可靠性强的通信技术,已经在工业自动化领域得到了广泛应用。其应用范围覆盖了工厂自动化、过程控制、智能制造以及能源管理等关键领域。在工厂自动化中,工业以太网实现了设备间的实时通信与数据交换,推动了工厂向智能化、柔性化方向发展。在过程控制领域,它确保了生产流程的精确控制和数据的实时反馈。此外,在智能制造方面,工业以太网支持设备间的实时协同与数据共享,显著提升了生产效率和决策速度。能源管理系统则利用工业以太网进行高效的能源分配与监控,确保生产环境的稳定与可持续运行。这些应用不仅提升了生产效率,还为企业带来了显著的经济效益。

工业以太网之所以能够在复杂多变的工业环境中稳定运行,得益于一系列专为工业通信设计的协议。这些协议涵盖了 TCP/IP 协议簇、UDP 等,并经过工业环境的专门优化与定制,以满足工业数据通信的独特需求。其中,PROFINET 和 EtherCAT 是主流的工业以太网协议。PROFINET 融合了 PROFIBUS 的经典主从通信模式与以太网的灵活网络布局,支持实时通信和多种网络拓扑结构。EtherCAT 以其独特的"在通过时处理"机制,实现了高效的数据传输和低延迟通信。

PROFINET 作为工业以太网领域的重要协议，广泛应用于各类工业自动化场景。在工厂自动化中，它支持多种网络布局，提供高灵活性和扩展性，确保设备间的无缝连接与高效通信。在过程控制领域，PROFINET 通过实时通信机制，实现对生产过程的精确监控与调整，提升了生产线的稳定性和响应速度。同时，它还在运动控制中展现出卓越性能，利用等时实时通信（IRT）技术，实现微秒级的同步控制，满足对时间要求极为严苛的应用场景。此外，PROFINET 还支持与 MES、ERP 等管理系统的无缝集成，推动了企业信息化管理的深入发展。

EtherCAT 作为另一种高效的工业以太网协议，同样在工业自动化领域发挥着重要作用。其独特的"在通过时处理"机制，使得数据在单个数据帧内即可完成所有节点的处理，显著提升了通信效率。因此，EtherCAT 特别适用于多节点生产线和多轴伺服控制等复杂场景。在机械制造领域，EtherCAT 网络可以实现对机器人和数控设备的实时控制和监控，提高生产线的自动化水平。在自动化装配中，EtherCAT 网络确保各个装配环节的精确同步与高效协同。同时，在过程控制领域，EtherCAT 也展现出优异的实时性能和稳定性，确保生产过程的连续与高效运行。

工业以太网数据采集技术凭借其诸多优势，在工业自动化中占据了重要地位。首先，工业以太网的高实时性和低延迟特性，确保了数据的即时采集与处理，为生产过程提供了强有力的数据支持。其次，工业以太网的高稳定性和可靠性，有效避免了数据传输过程中的丢包和错误，保证了数据的完整性和准确性。此外，工业以太网还支持大规模设备连接和数据交换，满足了工业自动化系统日益增长的数据需求。最后，工业以太网与现有企业信息系统的无缝集成，实现了数据的共享与协同处理，提升了企业的整体运营效率和管理水平。综上所述，工业以太网数据采集技术在推动工业自动化进程中发挥着不可或缺的作用。

3. 嵌入式数据采集

嵌入式技术是一种将计算机技术应用于特定领域的技术，它将硬件和软件紧密结合，实现对设备的智能化控制。目前，嵌入式技术已经广泛应用于智能家居、智能交通、工业自动化、医疗设备、航空航天、国防军事等领域。

嵌入式技术在工业生产过程中扮演着至关重要的角色，它是现代工业自动化的基础和核心，嵌入式系统通过集成微处理器、软件和外围设备，为工业生产设备提供了智能化的控制和管理能力。在汽车制造厂，嵌入式系统控制机械臂按照预设程序进行车身焊接，确保每个接点的精确性和一致性。在食品生产线上，嵌入式系统搭载摄像头，自动识别并剔除不合格的产品，如损坏的包装或异物。在化工厂，嵌入式系统实时监测反应釜的温度，一旦超过安全阈值，立即启动冷却系统并通知操作人员。嵌入式系统通过精确控制、实时监控和智能数据处理，提高工业生产的自动化水平和效率。

嵌入式数据采集系统具备对温度、压力、流量、湿度等多种工业参数的实时监测和高效采集能力，并能够对数据进行初步处理，这一功能极大地提升了生产过程的自动化程度，使得生产线各环节能够实现精准控制，从而优化生产流程并提高效率。同时，系统通过集成的通信模块，将采集的数据实时传输至中央控制系统或云端平台，为生产管理、故障诊断和决策支持提供了坚实的数据基础。这种实时数据反馈机制使得企业能够迅速响应生产过程中的变化，及时调整生产策略，不仅降低了生产成本，还确保了产品质量和安全生产，为企业的智能化转型和产业升级提供了有力保障。

4. 基于 ZigBee 的无线数据采集

ZigBee 技术是一种近距离、低功耗、低速率、低成本的无线通信技术，兼具经济、可靠、易于部署等优势,已成为无线传感器网络中最具潜力和研究价值的技术,在工业控制、环境监测、智能家居、医疗护理、安全预警、目标追踪等应用场合已展现出广阔的市场前景。

在大型多层商场中,应急灯的安装和维护管理是一个重要问题,ZigBee技术可以通过无线方式实现对应急灯的远程控制和状态查看。在工业自动化和控制系统中ZigBee技术被广泛应用,用于构建无线传感器网络和控制系统,这些传感器网络可以实时检测环境参数(如温度、湿度、压力等),并将数据传输到控制中心,实现设备的远程监控和控制。在仓储物流领域,ZigBee技术可被用于构建无线传感器网络,实现对仓库内货物和环境的实时监测,通过监测仓库内的温湿度、光照强度等环境参数,确保货物存储条件符合要求。

ZigBee技术在工业数据采集中展现出其独特的优势。通过构建低功耗、低成本的无线传感器网络,它实现了对生产环境关键参数的实时、准确监测。这些传感器节点能够自主组织网络,提高数据采集的效率和准确性,并通过ZigBee的短距离无线通信技术,将实时数据快速传输至数据中心。ZigBee技术还支持远程监控与控制,使操作人员能随时掌握生产现场状况并做出调整。同时,其内置的多层安全机制确保了数据传输的安全性与隐私保护,以及系统的高可靠性。ZigBee技术为工业领域的智能化和自动化转型提供了强有力的技术支持,推动了工业生产的优化与升级。

1.4 实验平台与开发环境

▶ 1.4.1 工业互联网实验平台

本书的实验所采用的工业互联网实验平台(ZC-IwsPlat)是一款工业互联网综合教学实验平台,包含完整的工业互联网架构,包括感知设备、执行机构、无线传感网络、有线传感网络、工业主控机构、工业互联网云平台、工业大数据分析平台。

ZC-IwsPlat采用三层架构的软硬件资源,包括设备层、平台层、应用层。实验平台三层架构如图1-6所示。

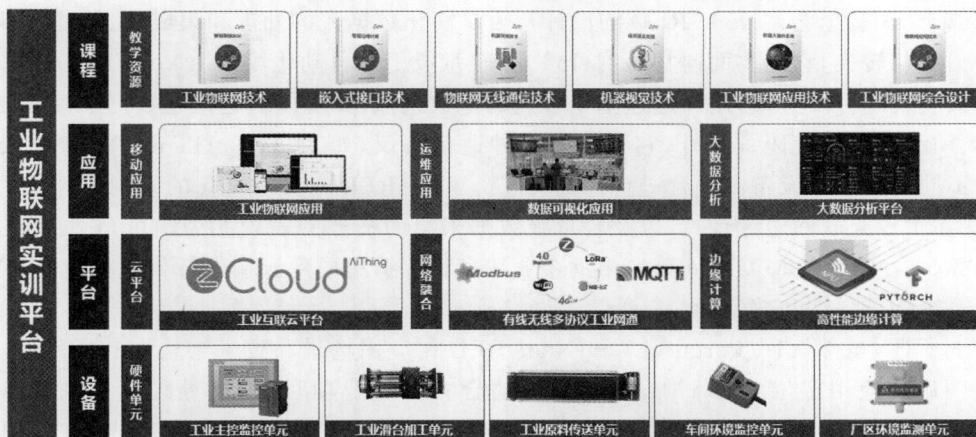

图1-6 实验平台三层架构

设备层包含5个单元:工业主控监控、工业滑台加工、工业原料传送、车间环境监控和厂区环境监测。这些单元涵盖了从工业控制、加工、环境监控到原料传送的全套功能,使用传感器和工业组件实现实时监测和控制。

平台层利用工业互联云平台技术,提供数据处理、运维、计算和决策支持。包括工业互联云平台、有线无线多协议工业网通和高性能边缘计算,确保数据的高效接入、处理和分析。

应用层提供工业物联网应用、数据可视化应用和大数据分析平台,支持远程操作。通过直观的数据展示、工业互联网应用和大数据分析,帮助管理人员和运维人员更好地进行生产管理和预警预测。

▶ 1.4.2 软件开发环境

在工业互联网和自动化应用中,软件开发环境为数据采集和控制提供了至关重要的支持。不同的开发环境根据应用场景和需求,提供了丰富的功能与灵活的接口,能够帮助工程师快速搭建、优化和管理数据采集系统。当前,TIA Portal v15 和 Node-RED 是两种常见且功能强大的软件开发环境,它们各自具备强大的功能,能够为工业数据采集和控制提供有力支持,但两者在开发方式、应用场景及系统复杂性上存在明显差异。下面将详细介绍这两种软件开发环境的特点与优势。

1. TIA Portal v15

TIA Portal v15 是西门子开发的全集成自动化平台,它支持西门子 SIMATIC 系列产品的全生命周期管理,主要面向工业控制系统的开发与集成。TIA Portal v15 将 PLC 编程、HMI(人机界面)、驱动控制以及其他自动化任务统一在一个平台中,提供了更为直观、高效的用户界面和操作流程,也为工业工程师提供了一个全面的开发环境。这不仅缩短了工程开发和维护的时间,还提升了系统性能和可靠性,从而企业可以有效地缩短设备停机时间,提升生产线的效率。由此可见,TIA Portal v15 的一大特点是其强大的设备集成能力,无论是复杂的自动化生产线,还是分布在不同区域的工厂设施,都可以通过该平台进行统一的编程和管理。此外,TIA Portal v15 还提供了全面的仿真和调试工具,使得工程师能够在实际部署前模拟和优化生产流程,确保系统运行的稳定性和可靠性。

2. Node-RED

Node-RED 是一种基于流程的可视化编程工具,由 IBM 的新兴技术服务团队原创开发,现在归属于 JS 基金会。Node-RED 的设计初衷是简化数据流的处理和集成,尤其是处理多数据源的集成与转换,它主要面向物联网(IoT)和轻量级工业自动化场景。Node-RED 的核心优势在于其直观的开发方式,用户通过基于节点的拖放式操作,可以快速构建数据采集和处理流程,而无须编写大量代码。此外,它还支持多种通信协议,如 MQTT、HTTP、WebSocket 等,能够与不同的物联网设备和平台进行数据交互。Node-RED 以其轻量化的架构和开放式的生态系统,在工业互联网边缘计算,以及轻量级数据采集的任务中表现尤为出色,它可以无缝集成云服务(如 AWS、IBM Cloud 等),帮助企业快速将数据集成到云端进行分析和处理,极大地提升了系统的扩展性和效率。

综上所述,虽然 TIA Portal v15 和 Node-RED 在应用场景和技术架构上有所不同,但各自都有明确的应用定位。TIA Portal v15 更适合大型工业项目,能够处理复杂的设备集成和高精度控制任务,适用于需要高度自动化和数据管理的工业环境。而 Node-RED 更偏向于灵活、轻量化的物联网应用和快速开发场景,尤其适合处理分布式数据流和边缘计算任务。

习 题

一、单选题

1. 国务院发布的《中国制造 2025》战略规划,进一步推动互联网与制造业的深度融合,工业互联网被视为提升制造业全球竞争力的关键,该战略规划是哪一年发布的?(   )

    A. 2015   B. 2016   C. 2017   D. 2018

2. 工业互联网体系架构通常不包括以下哪一层?(   )

    A. 感知层   B. 网络层   C. 操作层   D. 用户层

3. 工业设备的智能化主要依赖于以下哪项技术的结合?(   )

    A. 数据分析与云计算   B. 大数据与区块链

    C. 物联网与人工智能   D. 虚拟现实与 3D 打印

4. 工业设备的智能化通常依赖于以下哪项技术?(   )

    A. 虚拟现实   B. 物联网

    C. 生物识别   D. 3D 打印

5. 工业互联网平台架构中,位于最底层的是(   )。

    A. 应用层   B. 平台层   C. 物理层   D. 边缘层

二、填空题

1. 工业互联网体系架构涵盖了_____、_____和_____三个层面。

2. 工业互联网平台架构自上而下包括_____、_____和_____三层。

3. _____作为数据通信的核心节点,承担着关键的连接与数据传输功能,在工业数据采集中尤为重要,值得深入探讨。

4. 软件开发环境能够帮助工程师快速搭建、优化和管理数据采集系统。当前,_____和_____是两种常见且功能强大的软件开发环境。

5. 在工业互联网平台架构中,平台层提供_____、_____和_____的能力,是工业互联网的大脑,它通过高级算法和数据分析工具,对边缘层收集的数据进行深入分析,生成有价值的信息。

三、简答题

1. 请简述工业互联网平台架构的主要组成部分及其功能。

2. 请简述 TIA Portal v15 和 Node-RED 这两种软件开发环境的区别。

习题 1

2.1　PLC 概述

可编程序控制器(Programmable Logic Controller,PLC)是在电气控制技术和计算机技术的基础上开发出来的,并逐渐发展成为以微处理器为核心,把自动化技术、计算机技术、通信技术融为一体的新型工业控制装置。目前,PLC 已被广泛应用于各种生产机械和生产过程的自动控制中,成为一种最重要、最普及、应用场合最多的工业控制装置,被公认为现代工业自动化的三大支柱(PLC、机器人、CAD/CAM)之一。

▶ 2.1.1　PLC 介绍

最初,可编程控制器(Programmable Controller)被简写为 PC。然而,为了与个人电脑(Personal Computer)的简称 PC 区分开来,这种控制器后来被称作 PLC,即编程逻辑控制器(Programmable Logic Controller)。PLC 使用可编程的存储器来保存指令,这些指令能够执行逻辑运算、顺序控制、定时、计数以及算术运算等一系列面向用户的功能,并且可以通过数字或模拟输入输出接口来控制各种机械设备和生产流程。

PLC 的出现旨在替代传统的硬连线控制系统,使得控制系统更加灵活、可编程,适应不同的生产需求。PLC 通过预先编写的程序来控制机器和生产过程,实现自动化和监控。它采用程序控制方法,将一些离散的输入信号进行逻辑处理,得到对应的输出信号控制设备运行,实现对生产过程的控制。PLC 通常用于自动化生产线、工厂、机器人和工业设备的控制等领域。它具有可编程、高可靠性、扩展性强、抗干扰性好、成本低廉等特点,并且具有许多标准接口,易于连接各种设备和机器。

PLC 通常由中央处理器、输入模块、输出模块和电源模块等多部分组成。输入模块负责感应外部输入信号,并通过中央处理器进行逻辑计算、处理和分析。输出模块则控制执行器(如电机、气缸、阀门等)的接口,将处理后的信号输出到设备链路中,控制设备的工作状态。

1. PLC 的产生

在可编程控制器产生以前,以各种继电器为主要元件的电气控制线路,承担着生产过程自动控制的艰巨任务。由成百上千只各种继电器构成复杂的控制系统,可能需要用成千上万根导线连接起来。安装这些继电器需要大量的继电器控制柜,且占据大量的空间。当这些继电器运行时,又产生大量的噪声,消耗大量的电能。为保证控制系统的正常运行,需要安排足够多的电气技术人员进行维护,有时某个继电器的损坏,甚至某个继电器的触点接触不良,都会影响整个系统的正常运行。因此,人们迫切需要一种新的工业控制装置来取代传统的继电器控制系统,使电气控制系统工作更可靠、更容易维修、更能适应经常变化的生产工艺要求。

于是世界上第一台可编程控制器应运而生,它是美国数字设备公司(DEC)在 1969 年研制成功的,型号为 PDP-14,并在美国通用汽车公司(GM)生产线上首次应用成功,且取得了显著的经济效益。自此以后,这一项新技术就迅速发展起来了。

2. PLC 的定义

国际电工委员会(IEC)对 PLC 的定义为"PLC 是一种数字运算操作的电子系统,专为在工业环境下应用而设计。它采用了可编程序的存储器,可在其内部存储执行逻辑运算、顺序控制、定时、计数和算术运算等面向用户的指令,并通过数字式或模拟式的输入和输出接口,控制各种类型的机械或生产过程。PLC 及有关外围设备,都应按照易于与工业系统连成一个整体,易于扩充其功能的原则设计。

该定义强调了 PLC 是数字运算操作的电子系统,即计算机。不过它是专为在工业环境下应用而设计的工业计算机,具有很强的抗干扰能力、适应能力和广泛的应用范围,还具有数字量、模拟量输入和输出的能力,并且非常容易与工业控制系统连成一个整体,易于扩充。这也是其区别于一般计算机控制系统的一个重要特征。这种工业计算机采用面向用户的指令,因此编程方便。

3. PLC 的主要特点

PLC 产生的短短几十年,目前市场销售额已超过 150 亿美元,占全球工业控制器(PLC、工业 PC、DCS、PID)的市场份额超过 55%,主要是由于 PLC 具有继电器控制、计算机控制及其他控制不具备的显著特点,具体如下。

(1) 运行稳定、可靠性高、抗干扰能力强。

PLC 是专为在工业环境下应用而设计的工业计算机,内部采用集成电路,各种控制功能由软件编程实现,外部接线大大减少;另外,软件与硬件采取了一系列提高可靠性和抗干扰的措施,如系统硬件模块冗余、采用光电隔离、掉电保护、对干扰的屏蔽和滤波、在运行过程中允许模块热插拔、设置故障检测与自诊断程序以及其他措施等。因此,PLC 运行稳定、可靠性高、抗干扰能力强。

(2) 设计、使用和维护方便。

用户可以根据工程控制的要求,选择 PLC 主机单元和各种扩展单元进行灵活配置,以提高系统的性能价格比;若生产过程对控制功能要求提高,则 PLC 可以方便地对系统进行扩充,如通过 I/O 扩展单元来增加输入/输出点数,通过多台 PLC 之间或 PLC 与上位机的通信,来扩展系统的功能;利用 CRT 屏幕显示进行编程和监控,便于修改和调试程序,且易于诊断故障,节省了维修时间。

(3) 编程语言直观易学。

PLC 的设计是面向工业企业中的一般电气工程技术人员,它采用容易理解和容易掌握的梯形图(Ladder Diagram)LAD 语言,以及面向生产过程的简单指令。梯形图语言不仅继承了继电器控制电路的表达形式(如线圈、触点、动合、动断),还考虑到一般电气工程技术人员的看图习惯和计算机应用水平。因此,梯形图语言对于熟悉继电器控制电路的电气工程技术人员非常亲切、形象直观和简单易学,工程设计和操作使用人员经过简单培训后很快即可掌握。PLC 编程时通过计算机进行,采用梯形图、语句表(Statement List,STL)和功能块图(Function Block Diagram,FBD)等编程语言,还可以利用编程软件相互转换,以满足不同层次工程技术人员的需求。

(4) 与网络技术相结合。

随着计算机网络技术的迅速发展,几乎所有的 PLC 生产商都将网络技术和大容量、高速度信息交换技术应用于 PLC 产品,为产品配置了通信和联网功能,并研制开发了 PLC 网络系统。它将网络上层大型计算机极强的数据处理能力和管理功能,与现场网络中 PLC 的高可靠性结合起来,形成一种新型全分布式的计算机控制系统,实现了远程控制和集散系统控制。

(5)易于实现机电一体化。

PLC 的体积小、重量轻、能耗低、可靠性高,使之易于安装在机器设备内部,构成机电一体化产品。例如,SIEMENS 公司的 S7-200 系列 CPU221 型主机单元的外形尺寸只有 90mm×80mm×62mm,质量为 270g,功耗仅为 4W。

4. PLC 的分类

PLC 发展至今已经有多种形式,其功能也不尽相同。分类时,一般遵从一些原则,具体如下。

(1)按输入/输出点数分类。

按 PLC 的输入/输出(I/O)点数可将 PLC 分为以下三类。

① 小型机。小型 PLC 输入/输出总点数一般在 256 点以下,其功能以开关量控制为主,用户程序存储器容量在 4KB 以下。其特点是体积小、价格低,适合于控制单台设备、开发机电一体化产品。

典型的小型机有 SIEMENS 公司的 S7-200 系列,OMRON 公司的 CPMIA 系列,三菱公司的 F-40、MODICONPC-085 等整体式 PLC 产品。

② 中型机。中型 PLC 的输入/输出总点数一般为 256~2048 点,用户程序存储器容量达到 2~8KB。中型 PLC 不仅具有开关量和模拟量的控制功能,还具有更强的数字计算能力,它的通信功能和模拟量处理能力更强大,适用于复杂的逻辑控制系统以及连续生产过程控制场合。

典型的中型机有 SIEMENS 公司的 S7-300 系列、OMRON 公司的 C200H 系列、AB 公司的 SLC500 系列等模块式 PLC 产品。

③ 大型机。大型 PLC 的输入/输出总点数在 2048 点以上,用户程序存储容量达 8~16KB,它具有计算、控制和调节的功能,还具有强大的网络结构和通信联网能力。它的监视系统采用 CRT 显示,能够表示过程的动态流程。大型机适用于设备自动化控制、过程自动化控制和过程监控系统等。

典型的大型机有 SIEMENS 公司的 S7-400 系列、OMRON 公司的 CVML 和 CSL 系列、AB 公司的 SLC5/05 系列等产品。

(2)按结构分类。

根据 PLC 结构的不同,PLC 主要可分为整体式和模块式两类。

① 整体式结构。整体式又叫作单元式或箱体式,它的体积小、价格低,小型 PLC 一般采用整体式结构。

整体式结构的 PLC 特点是将 PLC 的基本部件,如 CPU 模块、I/O 模块和电源等紧凑地安装在一个标准机壳内,组成 PLC 的一个基本单元或扩展单元。基本单元上没有扩展端口,通过扩展电缆与扩展单元相连,以构成 PLC 不同的配置。

整体式 PLC 还配备有许多专用的特殊功能模块,使 PLC 的功能得到扩展。

② 模块式结构。模块式结构的 PLC 是由一些模块单元构成的,将这些模块插在框架上或基板上即可。各模块功能是独立的,外形尺寸统一,可根据需要灵活配置插入的模块。目前,大、中型 PLC 多采用这种结构。

▶ 2.1.2　PLC 的结构

PLC 是微型计算机技术和控制技术相结合的产物,是一种以微处理器为核心,用于控制领域的特殊计算机。因此,PLC 的结构与一般微型计算机系统的结构类似。

1. PLC 的硬件结构

PLC 种类繁多,但其结构和工作原理基本相同。用可编程序控制器实施控制,其实质是按一定的算法进行输入/输出变换,并将这个变换予以物理实现,应用于工业现场。PLC 专为工业现场应用而设计,采用了典型的计算机结构。

PLC 主要由中央处理器(CPU)、存储器(RAM、ROM)、输入/输出单元(I/O 接口)、电源、扩展接口、通信接口、编程器及其他部件组成。

(1) 中央处理器。中央处理器一般由控制器、运算器和寄存器组成,这些电路都集成在一个芯片内。CPU 通过数据总线、地址总线和控制总线与存储单元、输入/输出接口电路相连接。

与一般计算机一样,CPU 是 PLC 的核心,它依据 PLC 中系统程序赋予的功能指挥 PLC 有条不紊地进行工作。用户程序和数据事先存入存储器中,当 PLC 处于运行方式时,CPU 按循环扫描方式执行用户程序。

(2) 存储器。PLC 的存储器包括系统存储器和用户存储器两部分。

系统存储器用来存放由 PLC 生产厂家编写的系统程序,并固化在 ROM(只读存储器)内,用户不能直接更改。它使 PLC 具有基本的功能,能够完成 PLC 设计者规定的各项工作。系统程序质量的好坏,在很大程度上决定了 PLC 的性能,其内容主要包括三部分,具体如下。

① 系统管理程序。它主要控制 PLC 的运行,使整个 PLC 按部就班地工作。

② 用户指令解释程序。通过用户指令解释程序,将 PLC 的编程语言变为机器语言指令,再由 CPU 执行这些指令。

③ 标准程序模块与系统调用。它包括许多不同功能的子程序及其调用管理程序,如完成输入/输出及特殊运算等的子程序,PLC 的具体工作都是由这部分程序来完成的,这部分程序的多少也决定了 PLC 性能的高低。

用户存储器包括用户程序存储器(程序区)和用户功能存储器(数据区)两部分。用户程序存储器用来存放用户根据控制任务编写的程序。用户程序存储器根据所选用的存储器单元类型的不同,可以是 RAM(随机存储器)、EPROM(紫外线可擦除 ROM)或 EEPROM,其内容可以由用户任意修改或增删。用户功能存储器是用来存放(记忆)用户程序中使用器件的状态(ON/OFF)、数值数据等。在数据区中,各类数据存放的位置都有严格的划分,每个存储单元有不同的地址编号。用户存储器容量的大小,关系到用户程序容量的大小,是反映 PLC 性能的重要指标之一。

(3) 输入/输出单元。输入/输出单元从广义上包含两部分,一部分是与被控设备相连接的接口电路,另一部分是输入/输出的映像寄存器。

输入单元接收来自用户设备的各种控制信号,如限位开关、操作按钮、选择开关、行程开关以及其他一些传感器的信号。通过接口电路将这些信号转换成 CPU 能够识别和处理的信号,并存入输入映像寄存器。运行时,CPU 从输入映像寄存器读取输入信息并进行处理,再将处理结果放到输出映像寄存器中。输入/输出映像寄存器由输出点相对应的触发器组成,输出接口电路将其由弱电控制信号转换成现场需要的强电信号输出,以驱动电磁阀、接触器、指示灯等被控设备的执行元件。

PLC 为不同的接口需求设计了不同的接口单元,主要有如下几种。

① 开关量输入接口。它的作用是把现场的开关量信号变成 PLC 内部处理的标准信号。为防止各种干扰信号和高电压信号进入 PLC,影响其可靠性或造成设备损坏,现场输入接口电路一般都有滤波电路及耦合隔离电路。滤波有抗干扰的作用,耦合隔离有抗干扰及产生标准信号的作用。耦合隔离电路的关键器件是光耦合器,一般由发光二极管和光敏晶体管组成。

开关量输入接口按可接纳的外信号电源的类型不同分为直流输入单元、交流/直流输入单元和交流输入单元。输入电路的电源可由外部供给,有的也可由 PLC 内部提供。

② 开关量输出接口。它的作用是把 PLC 内部的标准信号转换成现场执行机构所需的开关量信号。开关量输出接口按 PLC 内使用的器件,可分为继电器输出型、晶体管输出型和晶闸管输出型。每种输出电路都采用电气隔离技术,输出接口本身都不带电源,电源由外部提供,而且在考虑外接电源时,还需考虑输出器件的类型。

为使 PLC 避免因受瞬间大电流的作用而损坏,输出端外部接线必须采用保护措施:一是输入和输出公共端接熔断器;二是采用保护电路,对交流感性负载一般用阻容吸收电路,对直流感性负载用续流二极管。

由于输入/输出端是靠光耦合的,在电气上完全隔离,所以输出端的信号不会反馈到输入端,也不会产生地线干扰或其他串扰。因此,PLC 具有很高的可靠性和极强的抗干扰能力。

③ 模拟量输入接口。模拟量输入接口的作用是把现场连续变化的模拟量标准信号转换成适合 PLC 内部处理的,由若干位二进制数字表示的信号。模拟量输入接口接收标准模拟电压信号和电流信号。由于在工业现场中模拟量信号的变化范围一般是不标准的,所以在送入模拟量接口时一般都需经转换器处理后才能使用。

模拟量信号输入后一般经运算放大器放大后进行 A-D 转换,再经光耦合后为 PLC 提供一定位数的数字量信号。

④ 模拟量输出接口。模拟量输出接口的作用是将 PLC 运算处理后的若干位数字量信号转换为相应的模拟量信号输出,以满足生产过程现场连续控制信号的需求。模拟量输出接口一般由光电隔离、D-A 转换、转换开关等环节组成。

⑤ 智能输入/输出接口。智能输入/输出接口是为了适应较复杂的控制工作而设计的,如高速计数器工作单元、温度控制单元等。

(4) 电源。PLC 一般使用 220V 的交流电源,电源部件将交流电转换成供 PLC 的中央处理器、存储器等电路工作所需的直流电,使 PLC 能正常工作。

由于 PLC 主要用于工业现场的自动控制,直接处于工业干扰的影响之中,所以为了保证 PLC 中主机能可靠地工作,电源部件对供电电源采用了较多的滤波环节,还用集成电压调整器进行调整以适应交流电网的电压波动,对过电压和欠电压都有一定的保护作用。另外,还采用了较多的屏蔽措施来防止工业环境中的空间电磁干扰。常用的电源电路有串联稳压电路、开关式稳压电路和设有变压器的逆变式电路。

(5) 扩展接口。扩展接口用于将扩展单元以及功能模块与基本单元相连,使 PLC 的配置更加灵活以满足不同控制系统的需要。

(6) 通信接口。为了实现"人-机"或"机-机"之间的对话,PLC 配有多种通信接口。PLC 通过这些通信接口可以与监视器、打印机及其他的 PLC 或计算机相连。

当 PLC 与打印机相连时,可将过程信息、系统参数等输出打印;当与监视器(CRT)相连时,可将过程图像显示出来;当与其他 PLC 相连时,可以组成多机系统或联成网络,实现更大规模的控制;当与计算机相连时,可以组成多级控制系统,实现控制与管理相结合的综合控制。

(7) 编程器。编程器的作用是供用户进行程序的编制、编辑、调试和监视。

编程器有简易型和智能型两类。简易型的编程器只能联机编程,且往往需要将梯形图转换为机器语言助记符(指令表)后,才能输入。它一般由简易键盘和发光二极管或其他显示器件组成。智能型的编程器又称为图形编程器,可以联机编程,也可以脱机编程;具有 LCD 或 CRT 图形显示功能,也可以直接输入梯形图并通过屏幕对话。

当利用计算机作为编程器时,PLC 生产厂家配有相应的软件包,使用计算机编程是 PLC 的发展趋势。现在大多数 PLC 已不再提供编程器,而只提供计算机编程软件,并且配有相应的通信连接电缆。

(8) 其他部件。有些 PLC 还可配设其他一些外部设备,如 EPROM 写入器、存储器卡、打印机、高分辨率大屏幕彩色图形监控系统和工业计算机等。

由以上几部分组成的整体称为 PLC,是一种可根据生产需要人为灵活变更控制规律的控制装置。它与多种生产机械配套可组成多种工业控制设备,实现对生产过程或某些工艺参数的自动控制。由于 PLC 主机实质上是一台工业专用计算机,并具有普通计算机所不具备的特点,使它成为开环、闭环控制系统的首选方案之一。

2. PLC 的软件结构

PLC 的软件系统由系统程序和用户程序组成。

(1) 系统程序。PLC 的系统程序有三种类型。

① 系统管理程序。由它决定系统的工作节拍,包括 PLC 运行管理(各种操作时间的分配安排)、存储空间管理(生成用户数据区)和系统自诊断管理(如电源、系统出错,程序语法、句法检验等)。

② 用户编辑程序和指令解释程序。用户编辑程序能将用户程序变为内码形式以便于程序的修改、调试。指令解释程序能将编程语言转换为机器语言以便 CPU 操作运行。

③ 标准子程序与调用管理程序。为提高运行速度,在程序执行中某些信息处理(如 I/O 处理)或特殊运算等是通过调用标准子程序来完成的。

(2) 用户程序。根据系统配置和控制要求编辑用户程序,是 PLC 应用于工业控制的一个重要环节。PLC 的编程语言多种多样,不同的 PLC 厂家、不同系列 PLC 采用的编程语言不尽相同。常用的编程语言如下。

① 梯形图。这是目前 PLC 应用最广、最受电气技术人员欢迎的一种编程语言。梯形图与继电器控制原理图相似,具有形象、直观、实用的特点。与继电器控制原理图的设计思路基本一致,很容易由继电器控制电路转换而来。

② 语句表。这是一种与汇编语言类似的编程语言,它采用助记符指令,并以程序执行顺序逐句编写成语句表。梯形图和指令表完成同样的控制功能,两者之间存在一定的对应关系。

③ 逻辑符号图。逻辑符号图包括与(AND)、或(OR)、非(NOT)以及定时器、计数器、触发器等。

④ 功能表图。又称为状态转换图,简称为 SFC 编程语言。它将一个完整的控制过程分成若干个状态,各状态具有不同动作,状态间有一定的转换条件,条件满足则状态转换,上一状态结束则下一状态开始。它的作用是表达一个完整的顺序控制过程。

在上述几种编程语言中,最常用的是梯形图和语句表。

▶ 2.1.3 PLC 的工作原理

PLC 的工作原理是通过执行反映控制要求的用户程序来实现的。PLC 程序的执行是按程序设定的顺序依次完成相应电器的动作。PLC 采用的是一个不断循环的顺序扫描工作方式,每一次扫描所用的时间称为扫描周期或工作周期。CPU 从第一条指令执行开始,按顺序逐条地执行用户程序直到用户程序结束;然后返回第一条指令,开始新的一轮扫描,PLC 就是这样周而复始地重复上述循环扫描。

从第一条程序开始,在无中断或跳转控制的情况下,PLC 按程序存储的地址号递增的顺序逐条执行程序,即按顺序逐条执行程序,直到程序结束;然后再从头开始扫描,并周而复始地重复进行。

1. PLC 的等效工作电路

通过对 PLC 等效电路的了解,可以更深入地理解 PLC 的工作原理,将输入等效为一个继电器的线圈,将输出等效为继电器的一个动合触点。这使得工程师能够通过编程方式实现复杂的控制逻辑,替代传统的继电器控制线路。PLC 的等效电路分为三个主要部分:输入部分、内部控制电路和输出部分。

(1)输入部分。

外部输入电路用于采集外部输入信号。PLC 输入接线端子用于连接外部输入电路和PLC。输入继电器是 PLC 内部的软继电器,通过外部输入信号的驱动实现。这些输入继电器在存储器中的某一位,提供动合触点或动断触点供内部控制电路使用。

输入继电器的线圈通过电源驱动,该电源可以是 PLC 内部提供的直流电源或外部的独立交流或直流电源。

(2)内部控制电路。

由用户编写的程序形成,使用软继电器来代替硬继电器的控制逻辑。

通过梯形图语言编制用户程序,类似于继电器控制线路图。内部控制电路负责检测、判断、运算和处理输入信号和输出信号的状态,并根据用户程序规定的逻辑关系产生相应的输出。

(3)输出部分。

由 PLC 内部且与内部控制电路隔离的输出继电器组成。外部动合触点、输出接线端子和外部驱动电路用于驱动外部负载。

2. PLC 的工作过程

PLC 的工作过程分为两种状态:运行状态和停止状态。

(1)运行状态。

① 公共处理扫描阶段。PLC 进行自检,检测各器件状态,诊断并给出故障信号。执行外设命令,检查外设请求,如是否需要进入编程状态、通信服务、启动磁带机或打印机等。使用监视定时器或看门狗定时器(WDT)进行系统监视,防止死循环或非预定程序执行导致系统故障。

② 输入采样扫描阶段。顺序采集所有输入端子的信号,将采集到的输入信号写入输入映像寄存器。用户程序在当前扫描周期内根据输入映像寄存器中的信号状态执行相应的逻辑判断。

③ 用户程序执行阶段。按照梯形图语言编写的用户程序,按照先上后下、从左至右的顺序扫描执行。从输入映像寄存器读取输入信号状态,从元件映像寄存器读取其他信息。中间运算结果立即写入元件映像寄存器,以便后续指令使用。

④ 输出刷新扫描阶段。在用户程序扫描结束后,将输出继电器的状态从元件映像寄存器送到输出锁存器。输出锁存器通过输出端子驱动输出继电器,控制各输出负载。结束当前扫描周期,进入下一个扫描周期。

(2) 停止状态。

① 内部处理。在停止状态下,进行内部处理,但不执行用户程序。例如,进行系统监视、自检等。

② 通信处理。处理通信相关任务。

3. PLC 的输入、输出规则

(1) 输入映像寄存器。数据是在输入采样阶段,将扫描到的输入信号状态集中写入的。

(2) 输出映像寄存器。包含在元件映像寄存器中。

(3) 输出锁存器。在输出刷新阶段,从输出映像寄存器中集中写入数据。

(4) 输出端子的输出状态。由输出锁存器中的数据确定。

(5) 执行用户程序时的输入/输出状态。用户程序在执行时需要的输入/输出状态是从输入映像寄存器和输出映像寄存器中读取的。

4. PLC 的扫描周期及滞后响应

(1) 扫描周期。

PLC 的扫描周期与 PLC 的时钟频率、用户程序的长度以及系统配置等因素有关。一般情况下,PLC 的扫描周期为几十毫秒,在输入采样和输出刷新阶段通常只需 1～2ms。公共处理扫描阶段的时间取决于用户程序的长度,因此用户程序结构的优化可以影响整体扫描时间。

(2) 滞后响应。

从 PLC 的输入端发生信号变化到 PLC 的输出端做出反应存在一段时间,称为响应时间或滞后时间。输入滤波器的时间常数、输出继电器的机械滞后、PLC 的循环扫描工作方式等因素对响应时间有影响。响应时间的快慢与输入滤波器、输出继电器、PLC 扫描方式、输入/输出控制方式以及用户程序语句的顺序等因素有关。

(3) 影响响应时间的因素。

① 输入滤波器的时间常数(输入延迟)。由于输入滤波器是积分环节,导致输入信号变化的滞后。

② 输出继电器的机械滞后(输出延迟)。继电器动作时间导致实际动作相对输入电压的滞后效应。

③ PLC 的循环扫描工作方式。扫描周期与程序结构的优化对响应时间有影响。

④ 输入/输出控制方式。直接控制方式和集中批处理方式对响应时间有影响。

(4) 最短和最长响应时间。

最短响应时间发生在一个扫描周期结束时收到输入信号变化状态,下一扫描周期开始时该变化信号可被采样,响应时间最短。最长响应时间发生在一个扫描周期开始时收到输入信号变化状态,由于存在输入延迟,在当前扫描周期内不会对输出产生影响,输出反应需等到下一个扫描周期。

(5) 语句顺序安排的影响。

用户程序中语句的顺序安排不当可能导致响应时间增大,合理的语句安排可以减小响应时间。通过交换语句的顺序,可以使某些信号在同一扫描周期内同时为"1"来缩短响应时间。

5. PLC 的操作系统

一般来说,PLC(可编程逻辑控制器)并没有像个人计算机或智能手机那样的操作系统。相反,PLC 使用专门的实时操作系统(Real Time Operating System,RTOS),这些操作系统是为了实现对工控系统的实时性能和可靠性而设计的。

实时操作系统是一种专门针对实时任务处理而设计的操作系统,它能够确保在严格的时间要求下执行任务。PLC 的实时操作系统通常会提供可靠的任务调度、响应中断和处理输入/输出等功能,以确保对输入信号的实时处理和对输出信号的精确控制。

虽然 PLC 没有像常见的操作系统那样具有图形界面和通用功能,但它们提供了一种专门用于工业自动化控制的编程环境和运行环境,允许工程师编写控制程序,并实现对工业设备的可靠控制和监测。因此可以说,PLC 拥有自己的专用操作环境,但不是通常意义上的操作系统。

6. PLC 程序执行

PLC(可编程逻辑控制器)的程序执行原理通常可以分为如下几个步骤。

(1)扫描过程 PLC。以连续循环的方式进行工作,每个循环称为一个扫描。在每个扫描中,PLC 会按照编程顺序执行一系列的指令。

(2)输入信号读取。在每个扫描开始时,PLC 会读取与其连接的输入模块的状态。输入模块会将外部传感器或开关的状态转换为数字信号,PLC 通过读取这些信号来获取当前输入状态。

(3)程序执行。PLC 会按照编程顺序执行存储在其内部的程序。程序可以由多个组织、条件、逻辑和数学运算等构成。

(4)逻辑计算和控制。PLC 会根据程序中的逻辑计算进行决策,并控制输出模块以改变相应的输出状态。这些逻辑计算可以包括逻辑运算、比较运算、定时器/计数器操作等。

(5)输出信号更新。在程序执行完毕后,PLC 会根据控制逻辑的结果更新输出模块的状态。输出模块会将数字信号转换为电流或电压输出,控制执行器(如电机、气缸、阀门等)的工作状态。

(6)扫描结束。在扫描周期结束时,PLC 会等待下一个扫描周期的开始,然后再次从第(2)步开始读取输入信号,进行程序执行。

这就是简单的 PLC 程序执行原理,不同的 PLC 可能有不同的细节和性能特点,但基本的执行原理是相似的。通过编写合适的程序,PLC 可以实现对工业自动化过程的控制和监测。

7. PLC 编程语言

PLC 是一种专门用于工业自动化控制的设备。在 PLC 编程中,有多种编程语言可供选择,其中常见的几种如下。

(1)指令清单(Ladder Diagram,LD)。指令清单是一种图形化的编程语言,它借鉴了传统的继电器逻辑图的形式和结构。指令清单是最常用的 PLC 编程语言之一,适合用于描述路径与电气开关、输入/输出状态、逻辑关系等。

(2)结构化文本(Structured Text,ST)。结构化文本是一种基于类似于 Pascal 或 C 语言的结构和语法的编程语言。它使用关键字、运算符和函数来编写程序,适用于以算法和数学计算为主的控制任务。

（3）功能块图（Function Block Diagram，FBD）。功能块图是一种图形化的编程语言，类似于电路图的形式。它使用功能块和连接线来表示逻辑运算和控制功能，适用于复杂的逻辑关系和模块化编程。

（4）流程图（Sequential Function Chart，SFC）。流程图是一种用于控制流程描述的编程语言，它使用状态和过渡来表示控制逻辑。流程图适用于复杂的控制流程和状态机编程。

不同的 PLC 品牌和型号可能支持不同的编程语言，具体使用哪种语言取决于 PLC 的特性和应用需求。在 PLC 编程中，通常会根据具体任务的需求，选择最适合的编程语言来进行程序的开发。

8. PLC 编程过程

PLC 编程的一般过程如下所述。

（1）确定需求。首先，需要明确自己要控制的设备或系统的功能需求。了解项目的控制目标、输入/输出需求以及其他相关的技术要求。

（2）设计逻辑。在设计阶段，需要根据需求来确定逻辑控制的方案。考虑设备的工作流程，确定需要采用哪些传感器和执行器，并设计相应的逻辑控制流程。

（3）选择编程语言。根据 PLC 型号和厂商的支持，选择适合的编程语言，如指令清单、结构化文本、功能块图或流程图。

（4）编写程序。根据设计好的逻辑，使用选定的编程语言编写 PLC 程序。在编程过程中，需要定义输入/输出、变量、变量赋值、逻辑运算、条件判断等。

（5）调试和测试。在完成编程后，将程序下载到 PLC 设备上，并进行调试和测试。检查程序的逻辑是否正确，确保输入/输出与期望的状态一致。

（6）上线和运行。经过调试和测试后，将 PLC 连接到实际的设备或系统上，并进行实际运行。观察系统的运行情况，进行必要的调整和优化。

请注意，具体的 PLC 编程过程可能会因 PLC 型号、厂商和应用需求的不同而有所差异。开发人员通常需要具备 PLC 编程的相关知识和经验，以确保编写出可靠和高效的控制程序。

▶ 2.1.4　PLC 的应用

由于 PLC 是可编程的，用户可以根据需要修改程序，以适应不同的控制逻辑和任务。这种灵活性使得 PLC 在工业自动化中得到广泛应用，用于控制和监测各种生产过程。但是，不同档次的 PLC 又有着不同的应用范围。目前，在冶金、化工、机械、电力、电子、交通等几乎所有工业控制过程中均可用 PLC 来实现。

目前，机械、电子、汽车、食品、医药、服装等产品的生产过程之中，可以这样说，任何产品只要投入工业生产，就必须采用自动化生产制造技术以提高产品质量与生产率，否则将没有市场竞争力。随着 PLC 性价比的不断提高，其应用范围也在不断扩大，大致可分为几类，具体如下。

（1）开关量的逻辑控制。

这是 PLC 最基础、最广泛的应用领域。它取代了传统的继电器控制系统，实现了逻辑控制和顺序控制，可用于单机控制、多机群控、自动化生产线控制等。如注塑机、印刷机械、组合机械、磨床、包装生产线、电镀流水线等。

（2）位置控制。

目前，大多数 PLC 制造商提供单轴或多轴位置控制模块，用于拖动步进电机或伺服电机。

该功能可广泛应用于各种机器,如金属切割机、金属成型机、装配机、机器人和电梯等。

（3）过程控制。

过程控制是指对温度、压力、流量等连续变化的模拟量进行闭环控制。PLC通过模拟 I/O 模块实现模拟量和数字量之间的 A/D 和 D/A 转换,对模拟量进行闭环 PID(偏积分和微分)控制。现代大中型 PLC 一般都有 PID 闭环控制模块,可以通过 PID 子程序或专用智能 PID 模块来实现。

（4）数据处理。

现代 PLC 具有数学运算(包括矩阵运算、函数运算和逻辑运算)、数据传输、转换、排序、查表和位运算等功能。它还可以完成数据的收集、分析和处理。这些数据可以通过接口传输到其他智能设备,如计算机数控设备,进行处理。

（5）通信网络。

可编程控制器的通信包括可编程控制器之间、可编程控制器与主机之间,以及可编程控制器与其他智能设备之间的通信。可编程控制器系统和通用计算机可以直接或通过通信处理单元和通信转换器连接成网络,实现信息交换。它可以形成集中管理、分散控制的分布式控制系统,满足工厂自动化(FA)系统发展的需要。每个 PLC 系统或远程 I/O 模块根据其功能单独放置在生产现场进行分散控制,再通过网络连接形成集中管理信息的分布式网络系统。

2.2 PLC 硬件系统

PLC 硬件系统体系是一种专用于自动化控制的计算机化设备,用于监控和控制工业过程。PLC 的硬件系统主要包括中央处理器、输入模块(Input Module)、输出模块(Output Module)、存储器、通信接口、编程端口、电源模块、时钟/计时模块以及状态指示灯和显示屏等组成部分。

中央处理器是 PLC 的核心,负责执行用户编写的控制程序。它包含一个微处理器,用于处理逻辑运算、决策和控制任务。同时,中央处理器也集成了存储器单元,包括 RAM(随机存储器)用于临时存储运行时数据,以及 ROM(只读存储器)用于存储固定的程序和系统信息。

输入模块负责接收外部传感器、开关等输入信号,并将这些信号传递给中央处理器进行处理。输入模块的类型和数量取决于具体的应用需求。输出模块则用于控制外部执行器、驱动器等输出设备,将中央处理器处理后的控制信号传递给这些设备。与输入模块一样,输出模块的类型和数量也根据应用需求而定。

存储器在 PLC 中起到关键的作用,用于存储 PLC 程序、数据和系统参数。RAM 用于存储运行时数据,而 ROM 用于存储程序和系统信息,保证即使在断电情况下也能保留关键的系统信息。

通信接口允许 PLC 与其他设备、系统或网络进行通信,以实现远程监控、数据交换等功能。编程端口提供了连接到编程设备的接口,用于上传、下载和修改 PLC 程序。

电源模块为整个 PLC 系统提供所需的电源电压和电流,确保系统正常运行。时钟/计时模块提供系统时钟和计时功能,对于需要时间相关的控制任务至关重要。

状态指示灯和显示屏用于提供运行状态的指示,以及可能的故障诊断信息。这些信息对于维护和故障排除至关重要,使操作人员能够及时了解系统状态。

总体而言,PLC 硬件系统体系的设计旨在提供灵活、可靠且易于维护、节约成本,及方便动态调整的自动化电路控制解决方案,以适用于各种工业应用。PLC 技术的不断发展和创新使得这些系统在自动化控制领域中发挥着越来越重要的作用。

本章重点介绍目前广泛应用于工业生产实践的两大 PLC 体系:西门子 PLC 体系和三菱 PLC 体系。

▶ 2.2.1　西门子 PLC 体系

1. 西门子 PLC 的历史

西门子 PLC 的历史始于 1973 年,当时西门子推出了 SIMATIC 1,这是它们的第一款 PLC 产品。这个时期正值工业自动化迅速发展,PLC 技术作为实现工业过程自动化的重要组成部分,开始崭露头角。

SIMATIC 1 是一种基于微处理器技术的可编程控制器,它标志着西门子进入了 PLC 市场。由于其先进的控制功能和易于编程的特性,SIMATIC 1 很快受到了工业领域的欢迎。这款产品为工业生产提供了更高的灵活性和可编程性,极大地简化了控制系统的设计和维护。

随着技术的不断发展,西门子不断推出新一代的 PLC 产品。20 世纪 80 年代,SIMATIC S5 系列被推出,引入了更先进的硬件和软件功能,使 PLC 系统更加灵活和强大。S5 系列在工业自动化中取得了广泛的应用,为用户提供了更高效的生产和控制解决方案。

进入 20 世纪 90 年代,西门子推出了 SIMATIC S7 系列,这是一次技术革命。S7 系列引入了基于工业以太网的通信协议,提高了系统的通信速度和可靠性。此外,S7 还采用了更强大的处理器和更大的内存容量,支持更复杂的控制任务,为用户提供了更先进的工业自动化解决方案。

随着数字化技术的飞速发展,西门子 PLC 在 21 世纪迎来了新的挑战和机遇。公司推出了 TIA(Totally Integrated Automation)概念,旨在提供全面的自动化解决方案,涵盖了控制、传感、驱动、通信、人机界面等方面。TIA 将不同组件整合到一个系统中,使用户能够更方便地实现工业自动化的数字化转型。

西门子的 PLC 体系是一系列工业自动化控制解决方案,涵盖了各种不同规模和应用场景的可编程逻辑控制器。本章以 S7-1200 系列、S7-1500 系列和 ET200 系列为例,让读者熟悉西门子的 PLC 体系。

2. PLC 硬件系列

S7-1200 系列:主要面向小型控制系统,适用于中小规模自动化项目,可以灵活定制,以满足具体要求。基本型控制器是具有集成通信及工艺功能的紧凑型自动化解决方案的明智选择,这些控制器分为标准型和故障安全型。若要灵活且高效地执行中低端性能范围内的自动化任务,那么 S7-1200 基本型控制器是理想选择。这类控制器具有全面的工艺功能和集成 IO,设计十分紧凑,节省空间。

S7-1500 系列:S7-1500 系列是西门子速度最快的自动化控制器,拥有不到 1ns CPU 位处理时间,S7-1500 具有高速背板总线和 PROFINET 接口,响应时间极短,显著提高了性能。S7-1500 具有模块化设计,功能可以扩展,不同的中央处理单元(CPU 类型)可用于满足多种性能等级要求,且提供了各种各样的输入/输出信号模块、用于执行特殊工艺功能(如计数)的工艺模块,以及集中和分散式通信模块,可作为与机器设备连接的接口。S7-1500 的防护等级为 IP20,适合安装在控制柜内。总而言之,S7-1500 系列属于高性能 PLC,支持大型和复杂的自动化系统,提供更多的通信接口和扩展选项。S7-1500 系列自动化控制器如图 2-1 所示。

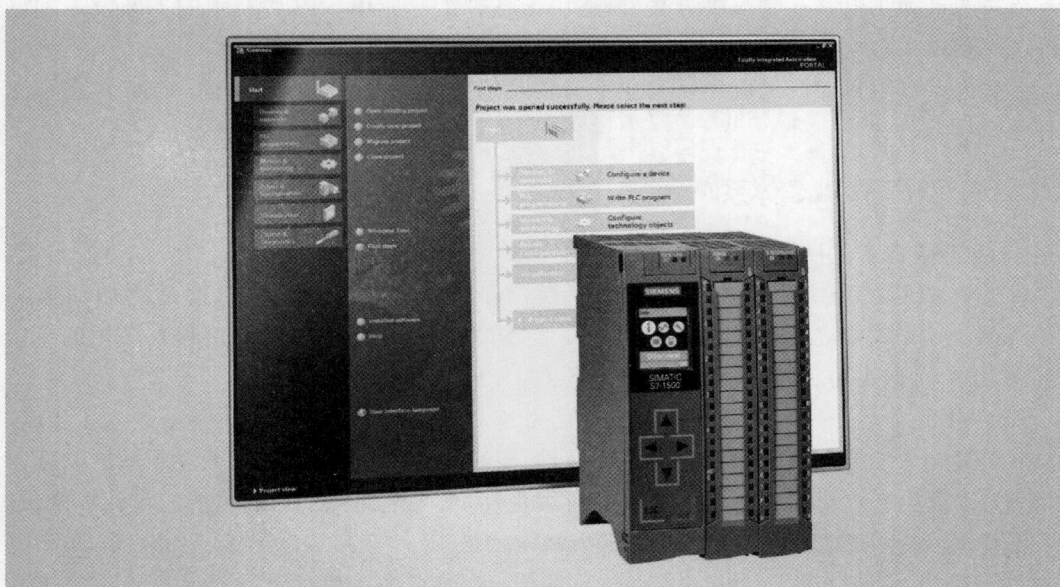

图 2-1　S7-1500 系列自动化控制器

ET200 系列：SIMATIC ET200 提供了一个用于实现分布式自动化的多功能、模块化且可精确扩展的系统。该系统提供了可以安装于控制柜内、可以不需要控制柜而直接部署在机器上，以及在危险区域中使用的解决方案。所有产品都可通过 PROFIBUS 或 PROFINET 集成在自动化系统中。远程 I/O 模块，可与 S7-1200 和 S7-1500 系列 PLC 配合使用，实现分布式控制。

3. 编程工具

TIA Portal：为西门子的全系列工业自动化产品提供一体化的工程平台，包括 PLC、HMI、驱动器等。

4. 通信接口和协议

PROFIBUS 和 PROFINET：是西门子广泛使用的 PLC 通信协议，支持实时通信和数据交换。

Industrial Ethernet：包括以太网通信协议，如 PROFINET，适用于高性能和大规模系统。

5. 技术特点和创新

多核技术：S7-1500 系列引入多核技术，提高了性能和响应速度。

安全集成：集成了 PLC 和安全控制器，实现标准控制和安全控制的一体化。

6. 工业数字化和云集成

MindSphere：是西门子的工业云平台，可以与 PLC 集成，实现数据分析和监控。

工业 4.0 支持：西门子 PLC 体系支持工业 4.0 的理念，实现智能制造和数字化工厂。

西门子 PLC 在全球范围内取得了巨大的成功，成为工业自动化领域的领导者之一。其产品广泛应用于制造业、能源、交通、建筑等各个领域，为工业过程提供了可靠、高效的控制和自动化解决方案。通过不断创新和卓越的技术，西门子 PLC 不仅见证了工业自动化的巨大变革，也为未来的智能制造和数字化工厂奠定了坚实的基础。

▶ 2.2.2 三菱 PLC 体系

1. 三菱电机的 PLC 体系

三菱电机（Mitsubishi Electric）的 PLC 体系是一系列广泛应用于自动化控制领域的可编程逻辑控制器。本书主要以 FX 系列、L 系列、Q 系列为例。

2. PLC 硬件系列

FX 系列：FX3U、FX3G、FX3S 等，适用于小型控制系统，具有紧凑设计和丰富的输入/输出选项。FX 硬件系列如图 2-2 所示。

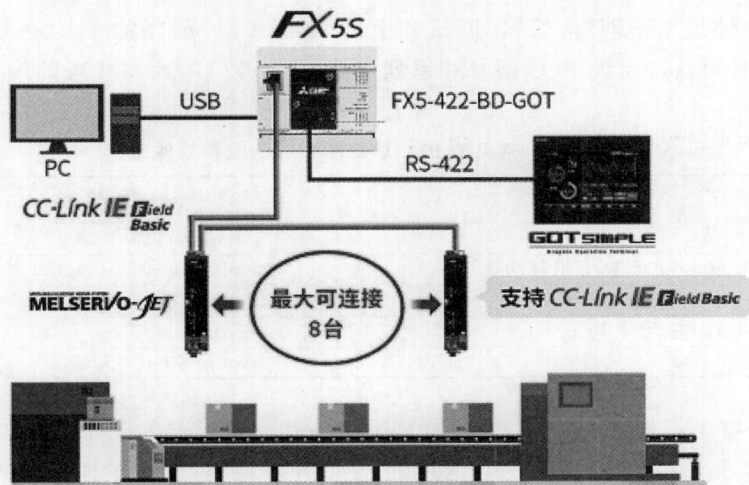

图 2-2　FX 硬件系列

L 系列：L 系列 PLC（如 LX3U、LX5U 等）适用于中等规模的控制系统，提供更多的输入/输出点和功能。

Q 系列：Q 系列 PLC（如 QnUDE、QnUC 等）适用于大型和复杂的自动化系统，具有高性能和灵活的配置。

这三种系列的 PLC 分别对应本书中大中小三种类型的 PLC 的基本要求，通过不同的配置与组合方式，可以更好地为工业生产提供便利。

3. 编程工具

GX Works3：是三菱 PLC 编程软件套件的核心，支持多个 PLC 系列，包括 FX、L、Q 系列，且提供图形化编程环境和多种编程语言支持。

4. 通信接口和协议

CC-Link：是三菱广泛采用的现场总线，用于 PLC 和其他自动化设备之间的通信。

Ethernet：三菱 PLC 支持 Ethernet 通信，包括 TCP/IP，以实现高性能的数据传输和集成。

5. 技术特点和创新

高速计数器和脉冲输出：适用于需要高速计数和脉冲控制的应用，如运动控制。

模拟输入/输出：部分系列提供模拟输入/输出模块，支持对模拟信号的处理和控制。

6. 工业数字化和云集成

Edgecross：三菱电机的工业云平台，用于连接、监控和分析工厂设备的数据。

e-F@ctory:是三菱电机推动的工业互联网解决方案,旨在提高工厂的效率和生产力。

三菱 PLC 在全球范围内成为自动化领域的领导者之一,为工业过程提供了可靠、高效的控制解决方案。其产品广泛应用于生产线、机械设备、交通系统、能源站点等各个领域。通过不断创新和适应新技术,三菱 PLC 继续推动工业自动化的发展,助力企业实现更智能、灵活的生产方式。

2.3　PLC 编程基础

1．概述

PLC 编程软件是用于创建、编辑、调试和上传/下载 PLC 程序的工具。这些软件通常由 PLC 厂商提供,针对其特定的 PLC 型号和系列。常见的 PLC 厂商和相应的编程软件如表 2-1 所示。

表 2-1　常见的 PLC 厂商和相应的编程软件

厂　　商	编 程 软 件
Siemens(西门子)	Siemens TIA Portal
Rockwell Automation(罗克韦尔自动化)	RSLogix 5000 (Studio 5000)
Mitsubishi Electric(三菱电机)	Gx Works3
Schneider Electric(施耐德电气)	SoMachine
ABB	Automation Builder

另外还有一些学习软件和仿真工具,如 PLC Simulator,用于在没有实际 PLC 硬件的情况下进行仿真和学习。CODESYS 是一个通用的 PLC 开发环境,支持多种 PLC 厂商的控制器。OpenPLC 提供一个开源的 PLC 编程和仿真环境,可在计算机上模拟 PLC 运行。LogixPro Simulator 提供一个虚拟的 PLC 编程和仿真环境,专为 Allen-Bradley RSLogix 5000 设计。Siemens 也提供了一些免费的 PLC 仿真工具,如 Siemens PLC Simulator 用于学习和实践。

PLC 编程软件是工业自动化领域中的关键工具,它提供了一个直观且强大的集成开发环境,使工程师能够轻松地设计和实现控制系统。PLC 编程软件的主要特点如下。

(1) 用户界面和编辑工具。

PLC 编程软件通常具有直观的图形用户界面(User Interface),允许用户通过图形化的方式创建和编辑 PLC 程序。编辑工具(Editing Tool)包括逻辑图编辑器、梯形图编辑器、功能块图编辑器等,用于描述控制逻辑和程序流程。

(2) PLC 硬件结构理解。

CPU:PLC 的核心,负责执行用户编写的程序,处理输入和输出。

输入模块:用于连接外部传感器、开关等设备,将外部信号传递给 PLC。

输出模块:用于连接执行器、继电器等设备,通过 PLC 输出控制信号。

(3) 语言支持。

PLC 编程软件支持多种编程语言,其中最常见的是梯形图语言(Ladder Logic),其他还包括结构化文本(Structured Text,ST)、功能块图(Function Block Diagram)、结构化文本(Structured Text)等。这样的多语言支持使得工程师可以选择最适合其经验和项目需求的编程方式。

(4) 在线和离线编程。

软件允许在在线或离线状态下进行编程。在线编程可在实际 PLC 硬件上进行,实时调试和监视程序执行。离线编程则在没有实际 PLC 连接的情况下进行,方便在没有硬件的情况下创建和测试程序。

（5）仿真和调试。

PLC 编程软件通常提供内置的仿真（Simulation）和调试（Debugging）工具,允许工程师在实际运行之前模拟和测试程序。这有助于减少在实际生产环境中出现的错误,提高系统的可靠性。

（6）数据监视和趋势分析。

软件提供实时数据监视（Data Monitoring）功能,使工程师能够监视 PLC 输入/输出状态、变量值等。趋势分析（Trend Analysis）工具允许用户查看历史数据趋势,有助于分析系统性能和故障。

（7）上传和下载功能。

PLC 编程软件支持将程序上传到 PLC,也可以从 PLC 下载程序。这使得程序的备份、版本控制和在不同的 PLC 之间传输程序变得更加容易。

（8）系统维护和诊断工具。

软件通常包含一些系统维护（System Maintenance）和诊断工具（Diagnostic Tools）,用于监测 PLC 的运行状态、诊断错误和进行系统维护。这有助于及时发现和解决问题,提高系统的稳定性和可靠性。

总体而言,PLC（可编程逻辑控制器）编程软件是现代工业自动化领域中不可或缺的工具,它使得控制系统的设计、调试和维护变得更加高效和便捷。随着技术的不断发展,PLC 编程软件也在不断更新和改进,以满足不断变化的工业自动化需求。

2. PLC 的编程语言

PLC 程序是由一系列有序的 PLC 指令（Instruction）组成的。PLC 的运行过程就是按照预定的顺序逐一执行这个指令集合,正是通过这个过程,PLC 能够发挥其功能。值得注意的是,在这里提到的程序是指 PLC 的用户程序,其中包含工程师设计的控制逻辑和功能实现的指令序列。因此,PLC 通过执行用户程序的指令集,实现了具体的自动化控制任务。PLC 的程序一般由用户设计,PLC 厂家或代销商不提供。

指令,有时也被厂商称为操作（Operation）,是一种文字代码或图形符号,用于明确向 PLC 传达做什么以及如何执行的信息。这些指令充当了对 PLC 的控制命令,指导其执行特定的任务或操作。无论是通过文本形式的代码还是图形符号,这些指令都是工程师与 PLC 之间交流的语言,确保自动化系统按照预期的方式运作。使用的 PLC 编程语言不同,这些代码或符号也不相同。

从本质上来说,指令实际上是一系列二进制代码,即机器码。在这一方面,PLC 与普通计算机没有本质区别。与一般计算机一样,PLC 的编程器或编程软件也包含编译系统,能够将用户提供的文字代码或图形符号转换成机器码。因此,用户在编写 PLC 程序时看到的指令通常不是直接的机器代码,而是以文字形式或图形符号形式呈现的,这是通过编译过程将高级代码转化而来的。这种抽象层的存在使得 PLC 编程更加直观和易于理解。

目前,常用的文字代码语言有助记符（Mnemonic）,有的称为布尔助记符（Boolean Mnemonic）或语句表（Statement List,SIL）。常用的图形符号语言还有梯形图（Ladder Logic,LD）和功能图块（Function Block Diagram,FBD）。

一些 PLC 系统还支持使用高级编程语言,如 BASIC 和 C 语言进行编程。只要配备相应的编译软件,几乎任何编程语言甚至自然语言,都可以被应用在 PLC 编程中。举例来说,

OMRON 公司的 C120F 系统流程图（SYSFLOW）语言在一定程度上类似于自然语言，为那些对机电知识不够熟悉但对工艺了解深刻的人提供了便利。大多数 PLC 允许采用多种编程语言，如西门子 PLC 不仅支持助记符和梯形图，还可以使用功能块图进行编程。此外，通过购买额外的软件，用户还可以使用其他编程语言。举例而言，AB 公司（Allen-Bradley）和施耐德公司（Schneider Electric）的 PLC 系统还支持语句表语言、顺序功能图语言等多种编程语言。这种灵活性使得不同领域的工程师能够选择最适合他们需求的编程方式，提高了 PLC 编程的适用性和可扩展性。

通常情况下，无论使用何种编程语言，同一公司的产品通常都存在不同语言之间的程序对应关系，这使得从一种语言的程序轻松转换成另一种语言的程序变得非常便捷。这样的设计使工程师能够更自由地选择或更改编程语言，无须担心程序迁移的复杂性，提高了编程的灵活性和可维护性。

为了促进 PLC 技术的使用和发展，国际电工组织制定并多次修订了 PLC 编程语言的国际标准。然而，由于这些标准并非强制性，目前各个厂商的 PLC 编程语言仍未能达成统一。

（1）助记符。

助记符是一种基于字母符号的语言，类似于计算机的汇编语言（Assembly Language）。在 PLC 编程中，助记符用于标识不同操作和指令的简短符号或缩写。这些符号的作用是提供快速、简洁且易于理解的表示方式，有助于程序员记忆和理解代码。在 PLC 编程中，助记符扮演着关键的角色，使得代码更具可读性和可维护性。绝大多数 PLC 都采用这种助记符指令，为工程师提供了一种直观而高效的编程方式。典型的 OMRON PLC 的助记符指令如表 2-2 所示。

表 2-2　典型的 OMRON PLC 的助记符指令

指 令 地 址	操 作 码	操 作 数
00000	LD	00001
00001	OR	00010
00002	AND NOT	00002
00003	OUT	00010
00004	END	

这里列了 5 条指令。除第 5 条外，其他几条含有如下三部分。

① 指令地址（Instruction Address）。在这里，第一条指令的地址通常为 00000，表示该指令存储在 PLC 程序存储区的特定位置。一般来说，如果没有跳转或调用子程序等情况，指令的执行通常从地址 0 开始，按照顺序一直执行到程序的最后一条指令。虽然确定指令的地址在编程中是重要的，但由于编程工具的不断发展，当前阶段多数情况下这个地址是由工具自动生成的，减轻了工程师手动指定地址的烦琐过程。

② 操作码（Operation Code）。在这里，第一条指令的操作码通常是 LD，它告知 PLC 应该执行什么操作，是 PLC 指令的核心。LD 指令用于加载输入信号，是控制逻辑中常用的基本指令之一。通过操作码，PLC 能够识别并执行相应的功能，从而实现用户设定的控制任务。操作码在 PLC 编程中扮演着关键的角色，决定了每条指令的具体功能和操作。

③ 操作数（Operand）。在这里，第一条指令的操作数通常为 00001，它是操作码的操作对象。一个指令可以有一个或多个操作数，也可以没有操作数，例如，第 5 条 END 指令，它表示程序到此结束而不需要特定的操作数。操作数的具体内容和数量取决于相应的操作码，不同

的指令需要不同类型和数量的操作数来完成其指定的功能。因此,操作数的设定受到操作码的影响,是在指令中传递信息的关键部分。

(2) 梯形图。

梯形图是一种广泛应用于 PLC 编程的图形化编程语言。其命名源于其图形外观类似于梯子的一侧,包含横向的水平线和纵向的垂直线,这些线条之间连接着各种元件和指令。梯形图语言具有形象直观的特点,适用于那些熟悉继电器控制线路的电气技术人员。这种图形化表示方式易于理解,不需要专门的计算机知识,因此在 PLC 应用中是最基础、最常见的编程语言。然而需要指出的是,这种编程方式只能通过图形编程器直接进行编写。梯形图主要由横向排列的横线和垂直排列的垂直线组成。横线表示逻辑状态,垂直线表示执行顺序。在梯形图中,各种电气元件、逻辑操作和控制指令通过连接横线和垂直线的方式来形成程序流程。

在典型的梯形图中,最左侧的垂直线通常表示输入电源,而最右侧的垂直线则代表输出电源。水平的横线连接着各种逻辑元件,如继电器、开关、传感器等。这些元件的状态决定了横线的通断状态,从而直接影响程序的执行流程。通过梯形图中元件之间的逻辑连接,工程师能够直观地设计和理解控制逻辑,使得 PLC 程序的编写更加直观和易于实现。继电器控制的线路图如图 2-3 所示。

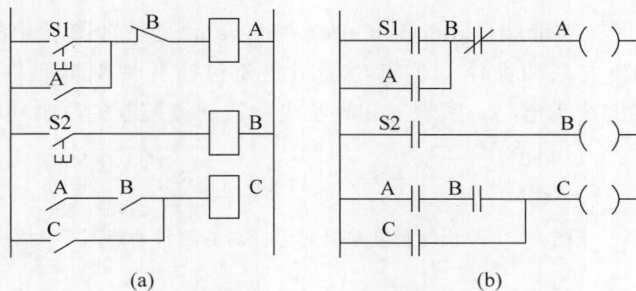

图 2-3 继电器控制的线路图

图 2-3(a)表示继电器控制线路图,图 2-3(b)表示梯形图。在图 2-3(a)中,当 S1 被触发时,A 被通电并进入自保持状态,形成了 C 接通并为自保持创造了条件。随后,S2 的动作导致 B 通电,B 的动断点首先切断 A,达到了 A 复位的目的,但这也使得 C 无法通电,更不用说自保持了。

而在图 2-3(b)中,当 S1 触发时,A 进入"通电"状态并且保持;随后,S2 的动作使得 B 进入"通电"状态。因此,在当前扫描周期内,当程序扫描到下方的 A、B 动合触点时,由于它们的线圈此时均为"通电"状态,它们都处于接通状态。这样一来,C 得以"通电"并进入自保持状态。直到下一个扫描周期,A 被复位,从而实现了整个控制目的。

继电器控制的梯形图如图 2-4 所示。

图 2-4(a)表示继电器控制线路图,图 2-4(b)表示梯形图。在图 2-4(a)中,当 S1 和 S2 相继触发时,由于 B1 和 B2 的动作惯性,导致 A 在 C 通电并自保持后被复位,实现了控制目的。在图 2-4(b)中,在 S2 未触发时,B1、B2、B3 都处于"断电"状态。当 S1 触发后,A 通电并进入自保持状态,在扫描到 C 之前,C 无法通电。即使 S1 触发后立即触发 S2,由于顺序扫描的关系,A 会复位,因此 C 仍无法通电。梯形图的优点之一是它直观而易于理解,尤其适用于电气工程师和技术人员。它提供了一种清晰的方式来描述控制系统的逻辑和执行流程。此外,梯形图的标准化使得不同制造商的 PLC 编程在基本语法和结构上保持一致,增强了代码的可移植性和可维护性。

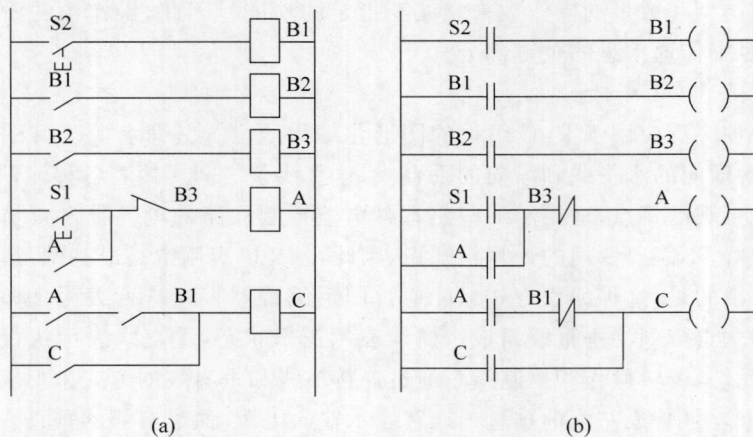

图 2-4 继电器控制的梯形图

总体而言,梯形图在 PLC 编程中起到了至关重要的作用,成为工业自动化领域中常见的编程语言之一。

(3) 逻辑功能图。

在 PLC 编程中,逻辑功能图(Logic Function Diagram)是一种图形化的编程语言,用于展示和控制系统中的逻辑关系和操作。逻辑功能图主要包括各种逻辑元件以及它们之间的连接,形成一个图形表示的逻辑电路。实现三相异步电动机起停控制的逻辑功能图如图 2-5 所示。

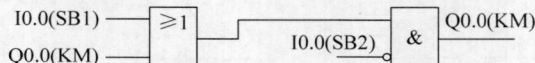

图 2-5 三相异步电动机起停控制的逻辑功能图

(4) 高级语言。

在一些大型 PLC 系统中,为了应对较为复杂的控制任务,采用功能强大的微处理器和大容量存储器,将逻辑控制、模拟控制、数值计算以及通信功能融合在一起。这些系统配备了 BASIC、Pascal、C 等计算机语言,使得工程师能够像使用通用计算机一样进行结构化编程,从而赋予 PLC 更为强大的功能。目前,各种类型的 PLC 基本上都同时支持两种或两种以上的编程语言。其中,梯形图和语句表的同时使用,在众多应用中占据主导地位。不同厂家和不同型号的 PLC,其梯形图和语句表达方式可能存在一些差异,使用的符号也各有不同,而配置的功能则因系统设计而异。因此,不同厂家、不同系列、不同型号的可编程控制器之间可能存在互不兼容的情况,但这并不影响它们共享相同的编程思想方法和原理。

▶ 2.3.1 PLC 编程软件

本项目使用 TIA Portal v16 软件进行编程。

▶ 2.3.2 PLC 编程语言

1. PLC 编程语言

(1) 梯形图语言。是采用顺控信号及软元件号,在图形画面上作出顺控电路图的方法。这种方法是用触点符号与线圈符号表示顺控回路,因而容易理解程序的内容。同时还可用回路显示的状态来监控可编程控制器的动作,直观方便,是大多数 PLC 编程人员和维护人员选择的方法。本节主要介绍梯形图编程语言。

（2）SFC语言。是用于记述顺控程序控制的图形语言，该语言可使顺控程序易于理解。该语言通过记述处理的步骤及移动至下一个步骤的转移条件进行记述，步骤及转移条件均可通过梯形图语言进行记述。

2．梯形图编程基础

（1）梯形图的构成。

在梯形图编程中，由图形符号代表各种指令，主要包括三种基本形式，如下所述。

① 触点。代表逻辑输入条件模拟开关、按钮、内部条件等。触点如图2-6所示。

② 线圈。通常代表逻辑输出结果模拟灯、电动机启动器、干预继电器、内部输出条件等。线圈如图2-7所示。

③ 方框：代表附加指令，例如，定时器、计数器或数学指令。方框如图2-8所示。

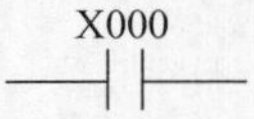

图2-6　触点 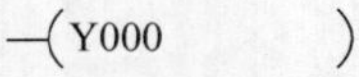　　　　　图2-7　线圈　　　　　　图2-8　方框

（2）梯形图的规则。

① 梯形图都是始于左母线，终于右母线（通常可以省掉不画，仅画左母线），每行的左边是触点组合，表示驱动逻辑线圈的条件。而表示结果的逻辑线圈只能接在右边的母线上，触点不能出现在线圈右边。

② 触点应画在水平线上，不应画在垂直线上。对于桥式电路，应按从左到右，从上到下的单向性原则，单独画出所有的去路。

③ 并联块串联时，应将接点多的去路放在梯形图左方（左重右轻原则）；串联块并联时，应将接点多的并联去路放在梯形图的上方（上重下轻的原则）。这样做的优点是程序简洁，从而缩短指令的扫描时间，这对于一些大型的程序尤为重要。

④ 不宜使用双线圈输出。若在同一梯形图中，同一组件的线圈使用两次或两次以上，则称为双线圈输出或线圈的重复利用。双线圈输出一般梯形图是初学者容易犯的毛病之一。因为在双线圈输出时，只有最后一次的线圈才有效，而前面的线圈是无效的，这是由PLC的扫描特性所决定的。

3．梯形图的编辑

（1）触点。

有关梯形图的编辑中触点部分如表2-3所示。

表2-3　梯形图的编辑-触点

图　　标	功　　能	图　　标	功　　能
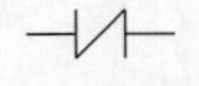 ─┤├─	常开触点	↑	运算结果上升沿
 ─┤/├─	常闭触点	↓	运算结果下降沿
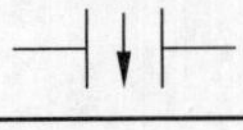 ─┤↑├─	上升沿脉冲	─/─	取反
─┤↓├─	下降沿脉冲		

（2）线圈。

有关梯形图的编辑中线圈部分如表 2-4 所示。

表 2-4　梯形图的编辑-线圈

图　标	功　能
─( )─	输出线圈、计时和计数

（3）横线与竖线。

有关梯形图的编辑中横线与竖线部分如表 2-5 所示。

表 2-5　梯形图的编辑——横线与竖线

图　标	功　能	图　标	功　能
─	插入横线	✳	删除竖线
│	插入竖线	└	鼠标画线
✕	删除横线	⌐✕⌐	鼠标删线

（4）其他操作。

① 插入行。

将方框移到需要插入新行的地方，如图 2-9 所示。

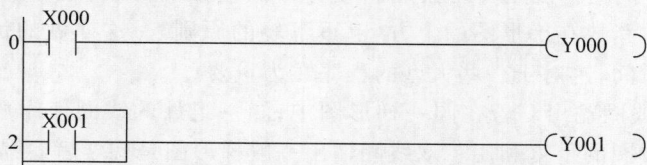

图 2-9　梯形图的编辑-插入行

插入行的效果，如图 2-10 所示。

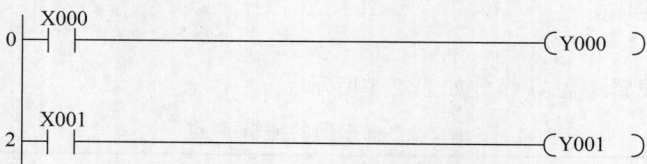

图 2-10　梯形图的编辑-插入行效果

② 删除行。

将方框移到需要删除行的地方，如图 2-11 所示。

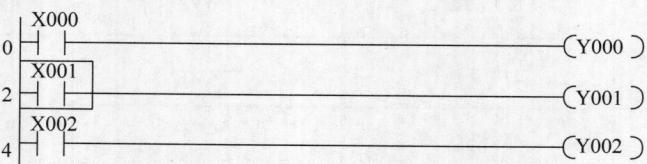

图 2-11　梯形图的编辑-删除行

删除行的效果,如图 2-12 所示。

③ 指令输入。

通过直接输入指令的方式,编辑梯形图。

例如,新增一个常开触点 X000,除了(1)中介绍的方法外,还可通过指令输入的方式。梯形图的编辑中指令输入的方式,如图 2-13 所示。

图 2-12　梯形图的编辑-删除行效果

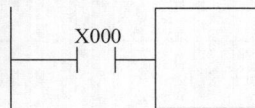

图 2-13　梯形图的编辑-指令输入

▶ 2.3.3　PLC 基础指令

本节主要介绍 PLC 基本顺控指令的种类及其功能,包括触点/线圈基础操作、脉冲基础操作等。

1. 触点/线圈基础操作

(1) 触点/线圈基础操作中,运算开始触点部分如表 2-6 所示。

表 2-6　触点/线圈基础操作-运算开始触点

助记符、名称	功　能	回　路　表　示
LD 取正	运算开始常开触点	
LDI 取反	运算开始常闭触点	

LD、LDI 指令用于将触点连接到母线上,加载触点当前状态,作为一行指令的开始。

LD 是取正指令,触点导通时线路导通;LDI 是取反指令,触点断开时线路导通。

(2) 触点/线圈基础操作中,串/并联触点部分如表 2-7 所示。

表 2-7　触点/线圈基础操作-串/并联触点

助记符、名称	功　能	回　路　表　示
AND 与	串联常开触点	
ANI 与反转	串联常闭触点	
OR 或	并联常开触点	
ORI 或反转	并联常闭触点	

用 AND、ANI 指令可串联连接两个触点,用 OR、ORI 指令可并联连接两个触点。串/并联触点数量不受限制,可多次使用。

通过串联连接的两个触点,两个触点所在线路全部导通时,整体线路导通;通过并联连接的两个触点,任意一个触点所在线路导通时,整体线路导通。

（3）触点/线圈基础操作中,线圈输出部分如表 2-8 所示。

表 2-8　触点/线圈基础操作-线圈输出

助记符、名称	功　能	回　路　表　示
OUT 输出	线圈驱动	
SET 置位	线圈接通保持指令	
RST 复位	线圈接通清除指令	

OUT 指令是对输出继电器、辅助继电器、状态、定时器、计数器的线圈驱动指令,对输入继电器不能使用。SET 指令是对线圈置位,将其设为接通状态;RST 指令是对线圈复位,将其设为断开状态。此外,定时器、计数器当前值的复位以及触点复位也可使用 RST 指令。

OUT 指令和 SET/RST 指令的区别,如下所述。

① 当 OUT 指令前面的触点满足条件导通时,线圈就接通;OUT 指令前面的触点不满足条件断开时,线圈就断开。

② 当 SET/RST 指令前面的触点满足条件导通时,线圈被置位/复位;SET/RST 指令前面的触点不满足条件断开时,线圈依旧保持置位/复位状态。

2. 脉冲基础操作

（1）脉冲基础操作中,边沿检出运算开始部分如表 2-9 所示。

表 2-9　脉冲基础操作-运算开始

助记符、名称	功　能	回　路　表　示
LDP 取脉冲上升沿	上升沿检出运算开始	
LDF 取脉冲下降沿	下降沿检出运算开始	

LDP、LDF 指令是进行上升沿、下降沿检出的触点指令,连接到母线上,作为一行指令的开始。LDP 是上升沿检测指令,检测到上升沿时线路导通;LDF 是下降沿检测指令,检测到下降沿时线路导通。

值得注意的是,检测到上升沿/下降沿后,对应的触点仅在当前扫描周期导通。下一个扫描周期,对应的触点断开,等待下一次上升沿/下降沿检出。

（2）脉冲基础操作中,边沿检出串/并联连接部分如表 2-10 所示。

表 2-10　脉冲基础操作-边沿检出串/并联连接

助记符、名称	功　能	回　路　表　示
ANDP 与脉冲上升沿	上升沿检出串联连接	

续表

助记符、名称	功　能	回　路　表　示
ANDF 与脉冲下降沿	下降沿检出串联连接	
ORP 或脉冲上升沿	脉冲上升沿检出并联连接	
ORF 或脉冲下降沿	脉冲下降沿检出并联连接	

用 ANDP、ANDF 指令可串联连接两个上升沿/下降沿检测触点,用 ORP、ORF 指令可并联连接两个上升沿/下降沿检测触点。串/并联触点数量不受限制,可多次使用。

(3)脉冲基础操作中,边沿微分输出部分如表 2-11 所示。

表 2-11　脉冲基础操作-边沿微分输出

助记符、名称	功　能	回　路　表　示
PLS 上升沿微分	上升沿检出后输出一个脉冲	X000 —[PLS | M0]—
PLF 下降沿微分	下降沿检出后输出一个脉冲	X000 —[PLF | M1]—

PLS、PLF 指令是上升沿、下降沿的微分输出。

其中,PLS 指令前面的触点由 OFF 变为 ON(上升沿)的第一个运算周期内,PLS 控制软元件输出高电平,随后恢复低电平(输出一个脉冲);PLF 指令前面的触点由 ON 变为 OFF(下降沿)的第一个运算周期内,PLS 控制软元件输出高电平,随后恢复低电平(输出一个脉冲)。

3. 其他常用基础指令

(1)脉冲基础操作中,线圈取反部分如表 2-12 所示。

表 2-12　脉冲基础操作-线圈取反

助　记　符	功　能	回路表示和可用软元件
ALT 取反	线圈取反	—‖— —[ALT | M0]—

执行 ALT 后可以将线圈的状态取反,即由原来的 ON 状态变成 OFF 状态,或由原来的 OFF 状态变成 ON 状态。

(2)脉冲基础操作中,回路块串并联部分如表 2-13 所示。

表 2-13　脉冲基础操作-回路块串并联

助记符、名称	功　能	回路表示和可用软元件
ORB 回路块或	串联回路块的并联连接	
ANB 回路块与	并联回路块的串联连接	

由两个以上的触点串联连接的回路被称为串联回路块。将串联回路块并联连接时,分支开始用 LD、LDI 指令,分支结束用 ORB 指令如图 2-14 所示。

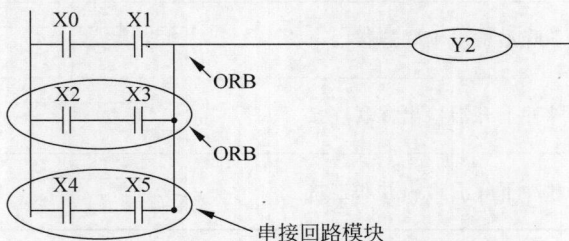

图 2-14　串联回路块

当分支回路(并联回路块)与前面的回路串联连接时,使用 ANB 指令。分支的起点用 LD、LDI 指令,并联回路块结束后,使用 ANB 指令与前面的回路串联连接,如图 2-15 所示。

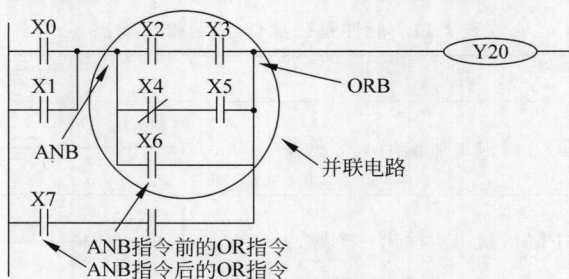

图 2-15　并联回路块

▶ 2.3.4　PLC 应用指令

本节主要介绍 PLC 常用应用指令的种类及其功能,包括常用程序流程指令、常用数据运算指令、常用数据传送指令等。

1. 程序流程指令

(1) 程序流程指令中,条件跳转部分如表 2-14 所示。

表 2-14　程序流程指令-条件跳转

条件跳转［CJ、CJP］			
16 位指令	CJ、CJP	32 位指令	-
执行条件	常开/闭、边沿触发		
操作数	作用		类型
Pn	跳转到目标标记的指针编号 P(P0~P4095,P63 除外)		指针编号

使用 CJ、CJP 指令,可以在满足条件时,让程序跳转到指定编号处。其中,CJ 为条件满足时连续执行,CJP 为检测到条件满足(上升沿)时执行一次。上述过程如图 2-16 所示。

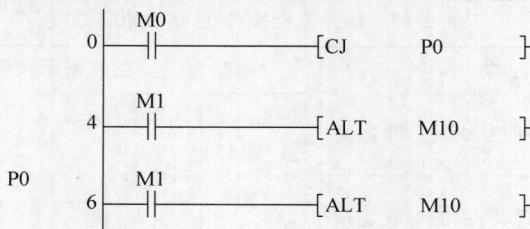

图 2-16　程序流程指令-条件跳转

在如图 2-16 所示的梯形图中,M1 条件满足,则当 M0 条件满足时,跳转到 P0 处将 M10 反转,最终 M10 的输出结果反转;M0 条件不满足时,连续两次将 M10 反转,最终 M10 的输出结果不变。

(2) 程序流程指令中,子程序部分如表 2-15 所示。

表 2-15　程序流程指令-子程序

子程序调用[CALL、CALLP]			
16 位指令	CALL、CALLP	32 位指令	-
执行条件	常开/闭、边沿触发		
操作数	作用		类型
Pn	跳转到目标标记的指针编号 P(P0~P4095,P63 除外)		指针编号
子程序返回[SRET]			
16 位指令	SRET	32 位指令	-
执行条件	-		
主程序结束[FEND]			
16 位指令	FEND	32 位指令	-
执行条件	-		

使用子程序调用,可以简化编程,可以将几个地方需要用的公共部分写在子程序中,再调用子程序即可实现。

要调用子程序,首先要定义一个子程序。如图 2-17 所示梯形图中,首先通过 FEND 结束主程序,然后定义一个标号为 P1 的子程序,并通过 SRET 返回结束子程序。子程序定义如图 2-17 所示。

然后,可以通过 CALL 指令调用子程序。调用子程序如图 2-18 所示。

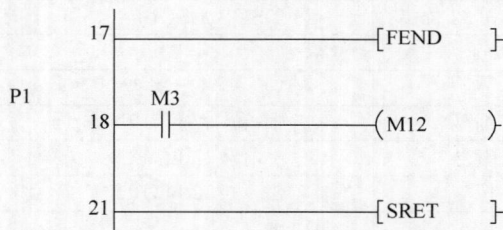

图 2-17　子程序定义　　　　图 2-18　调用子程序

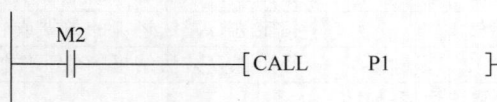

(3) 程序流程指令中,循环部分如表 2-16 所示。

表 2-16　程序流程指令-循环

循环开始[FOR]			
16 位指令	FOR	32 位指令	-
执行条件	常开/闭触发		
操作数	作用		类型
S	FOR-NEXT 之间程序循环执行的次数		16 位,二进制
循环结束[NEXT]			
16 位指令	NEXT	32 位指令	-
执行条件	常开/闭触发		

通过 FOR-NEXT 指令,可以循环多次执行一段指令。当 FOR-NEXT 指令之间的程序被执行指定次数(利用源数据指定的次数)后,才会处理 NEXT 指令后的程序,如图 2-19 所示。

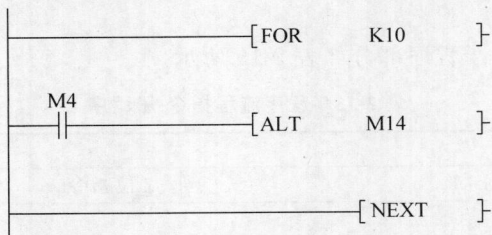

图 2-19　程序流程指令-循环

在如图 2-19 所示梯形图中,就是一个简单的循环,连续 10 次将 M14 取反。

值得注意的是,FOR、NEXT 必须配对使用,可以嵌套,嵌套层数最多为 5 层。

2. 数据运算指令

(1) 数据运算指令中,四则运算部分如表 2-17 所示。

表 2-17　数据运算指令-四则运算

加法运算［ADD］			
16 位指令	ADD、ADDP	32 位指令	DADD、DADDP
执行条件	常开/常闭、边沿触发		
操作数	作用		类型
S1	指定进行加法运算的数据或软元件地址编号		16 位/32 位,BIN
S2	指定进行加法运算的数据或软元件地址编号		16 位/32 位,BIN
D	指定保存加法结果的软元件地址编号		16 位/32 位,BIN
减法运算［SUB］			
16 位指令	SUB、SUBP	32 位指令	DSUB、DSUBP
执行条件	常开/常闭、边沿触发		
操作数	作用		类型
S1	指定进行减法运算的数据或软元件地址编号		16 位/32 位,BIN
S2	指定进行减法运算的数据或软元件地址编号		16 位/32 位,BIN
D	指定保存减法结果的软元件地址编号		16 位/32 位,BIN
乘法运算［MUL］			
16 位指令	MUL、MULP	32 位指令	DMUL、DMULP
执行条件	常开/常闭、边沿触发		
操作数	作用		类型
S1	指定进行乘法运算的数据或软元件地址编号		16 位/32 位,BIN
S2	指定进行乘法运算的数据或软元件地址编号		16 位/32 位,BIN
D	指定保存乘法结果的软元件地址编号		32 位/64 位,BIN
除法运算［DIV］			
16 位指令	DIV、DIVP	32 位指令	DDIV、DDIVP
执行条件	常开/常闭、边沿触发		
操作数	作用		类型
S1	指定进行除法运算的数据或软元件地址编号		16 位/32 位,BIN
S2	指定进行除法运算的数据或软元件地址编号		16 位/32 位,BIN
D	指定保存除法结果的软元件地址编号		16 位/32 位,BIN

四则运算最常用的用法就是将前两个操作数运算后传递给第三个操作数,如图 2-20
所示。

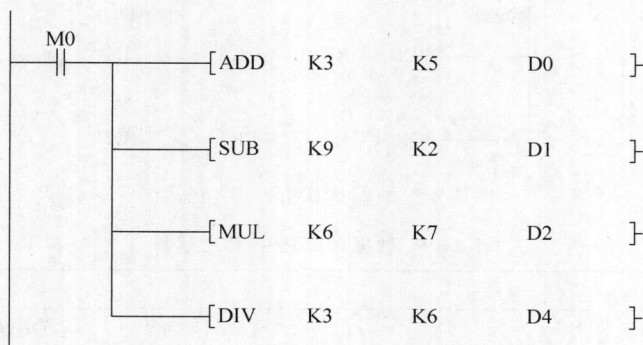

```
     M0
     ─┤├─────────[ADD      K3       K5       D0      ]┤

              ──[SUB      K9       K2       D1      ]┤

              ──[MUL      K6       K7       D2      ]┤

              ──[DIV      K3       K6       D4      ]┤
```

图 2-20　数据运算指令-四则运算

在如图 2-20 所示梯形图中,就是简单的四则运算的运用,将 3+5 的结果存入 D0,将 9-2
的结果存入 D1,将 6×7 的结果存入 D2,将 33/6 的商存入 D4。

（2）数据运算指令中,逻辑运算部分如表 2-18 所示。

表 2-18　数据运算指令-逻辑运算

逻辑与［AND］

16 位指令	WAND、WANDP		32 位指令	DAND、DANDP
执行条件	常开/常闭、边沿触发			
操作数	作用			类型
S1	逻辑与数据或保存数据的字软元件编号			16 位/32 位,BIN
S2	逻辑与数据或保存数据的字软元件编号			16 位/32 位,BIN
D	保存逻辑与结果的字软元件编号			16 位/32 位,BIN

逻辑或［OR］

16 位指令	WOR、WORP		32 位指令	DOR、DORP
执行条件	常开/常闭、边沿触发			
操作数	作用			类型
S1	逻辑或数据或保存数据的字软元件编号			16 位/32 位,BIN
S2	逻辑或数据或保存数据的字软元件编号			16 位/32 位,BIN
D	保存逻辑或结果的字软元件编号			16 位/32 位,BIN

逻辑异或［XOR］

16 位指令	WXOR、WXORP		32 位指令	DXOR、DXORP
执行条件	常开/常闭、边沿触发			
操作数	作用			类型
S1	要进行逻辑异或的数据,或保存数据的字软元件编号			16 位/32 位,BIN
S2	要进行逻辑异或的数据,或保存数据的字软元件编号			16 位/32 位,BIN
D	保存逻辑异或结果的字软元件编号			16 位/32 位,BIN

逻辑运算最常用的用法就是将前两个操作数运算后传递给第三个操作数,如图 2-21
所示。

在如图 2-21 所示梯形图中,就是简单的逻辑运算的运用,将 3 和 5 逻辑与的结果存入
D0,将 3 和 5 逻辑或的结果存入 D1,将 3 和 5 逻辑异或的结果存入 D2。

（3）数据运算指令中,移位运算部分如表 2-19 所示。

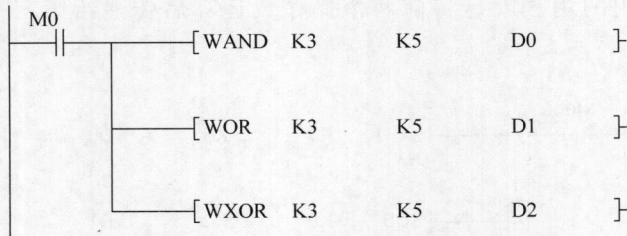

图 2-21　数据运算指令-逻辑运算

表 2-19　数据运算指令-移位运算

循环左移[ROL]

16 位指令	ROL、ROLP	32 位指令	DROL、DROLP
执行条件	常开/常闭、边沿触发		

操作数	作用	类型
D	指定源数据的软元件地址编号	16 位/32 位,BIN
n	指定循环左移的次数	16 位/32 位,BIN

循环右移[ROR]

16 位指令	ROR、RORP	32 位指令	DROR、DRORP
执行条件	常开/常闭、边沿触发		

操作数	作用	类型
D	指定源数据的软元件地址编号	16 位/32 位,BIN
n	指定循环右移的次数	16 位/32 位,BIN

带进位循环左移[RCL]

16 位指令	RCL、RCLP	32 位指令	DRCL、DRCLP
执行条件	常开/常闭、边沿触发		

操作数	作用	类型
D	指定源数据的软元件地址编号	16 位/32 位,BIN
n	指定循环左移的次数	16 位/32 位,BIN

带进位循环右移[RCR]

16 位指令	RCR、RCRP	32 位指令	DRCR、DRCRP
执行条件	常开/常闭、边沿触发		

操作数	作用	类型
D	指定源数据的软元件地址编号	16 位/32 位,BIN
n	指定循环右移的次数	16 位/32 位,BIN

　　移位运算是对第二个操作数进行移位操作,移位次数为第三个操作数。ROL、ROR 是使不包括进位标志在内的指定位数部分的位信息左/右移、循环的指令,RCL、RCR 是使包括进位标志位(M8022)在内的指定位数部分的位信息右移、循环的指令。移位运算如图 2-22 所示。

　　在如图 2-22 所示梯形图中,就是简单的移位运算的运用,每秒将 D0 循环左移 1 位,将 D1 循环右移 2 位,将 D2 带进位循环左移 3 位,将 D3 带进位循环右移 4 位(M8013:每 1 秒 500ms ON,500ms OFF)。

　　(4)数据运算指令中,其他运算部分如表 2-20 所示。

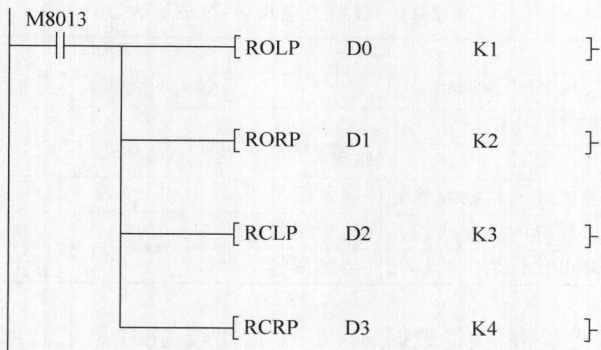

图 2-22 数据运算指令-移位运算

表 2-20 数据运算指令-其他运算

自增 1〔INC〕			
16 位指令	INC、INCP	32 位指令	DINC、DINCP
执行条件	常开/常闭、边沿触发		
操作数	作用		类型
D	指定进行自加 1 运算的软元件地址编号		16 位/32 位,BIN
自减 1〔DEC〕			
16 位指令	DEC、DECP	32 位指令	DDEC、DDECP
执行条件	常开/常闭、边沿触发		
操作数	作用		类型
D	指定进行自减 1 运算的软元件地址编号		16 位/32 位,BIN
求负〔NEG〕			
16 位指令	NEG、NEGP	32 位指令	DNEG、DNEGP
执行条件	边沿触发		
操作数	作用		类型
D	指定源数据的软元件地址编号		16 位/32 位,BIN

自增、自减、求负运算都只有 1 个操作数,对其自身进行操作,如图 2-23 所示。

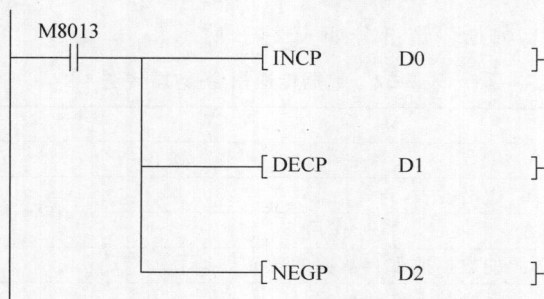

图 2-23 数据运算指令-其他运算

在如图 2-23 所示梯形图中,就是简单的自增、自减、求负运算的运用,每秒将 D0 自加 1,将 D1 自减 1,将 D2 求负。

3. 数据传送指令

(1) 数据传送指令中,数据比较部分如表 2-21 所示。

表 2-21　数据传送指令-数据比较

数据比较[CMP]			
16 位指令	CMP、CMPP	32 位指令	DCMP、DCMPP
执行条件	常开/常闭、边沿触发		
操作数	作用		类型
S1	指定被比较的数据或软元件地址编号		16/32,BIN
S2	指定比较源的数据或软元件地址编号		16/32,BIN
D	指定输出比较结果的软元件地址编号		位

CMP 指令是数据比较指令,将数据 S1 与 S2 相比较,比较结果输出到以 D 起始的三个线圈。具体过程如下所述。

① S1>S2 时,D 为 ON,D+1、D+2 为 OFF。

② S1=S2 时,D+1 为 ON,D、D+2 为 OFF。

③ S1<S2 时,D+2 为 ON,D、D+1 为 OFF。

数据比较的操作如图 2-24 所示。

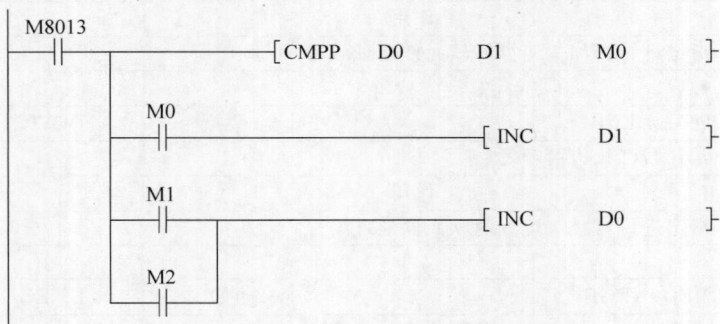

图 2-24　数据传送指令-数据比较

在如图 2-24 所示梯形图中,就是简单的数据比较指令的运用,每秒将 D0 和 D1 进行比较,结果存入 M0、M1、M2 中。D0>D1 时,M0 导通,D1 自加 1;D0≤D1 时,M1/M2 导通,D0 自加 1。

(2) 数据传送指令中,数据传送部分如表 2-22 所示。

表 2-22　数据传送指令-数据传送

传送[MOV]			
16 位指令	MOV、MOVP	32 位指令	DMOV、DMOVP
执行条件	常开/常闭、边沿触发		
操作数	作用		类型
S	指定传送源的数据或保存数据的软元件编号		16 位/32 位,BIN
D	指定传送的目标软元件地址编号		16 位/32 位,BIN

MOV 指令是数据传送指令,将数据 S 传送给 D,如图 2-25 所示。

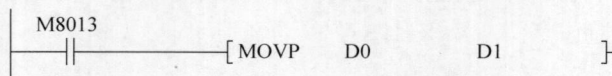

图 2-25　数据传送指令-数据传送

在如图 2-25 所示梯形图中,就是简单的数据传送指令的运用,每秒将 D0 中的数据复制到 D1。

(3)数据传送指令中,数据交换部分如表 2-23 所示。

表 2-23　数据传送指令-数据交换

交换[XCH]			
16 位指令	XCH、XCHP	32 位指令	DXCH、DXCHP
执行条件	常开/常闭、边沿触发		
操作数	作用		类型
D1	指定互换的软元件地址编号		16 位/32 位,BIN
D2	指定互换的软元件地址编号		16 位/32 位,BIN

XCH 指令是数据交换指令,将 D0、D1 中的数据进行交换,如图 2-26 所示。

图 2-26　数据传送指令-数据交换

在如图 2-26 所示梯形图中,就是简单的数据交换指令的运用,每秒将 D0 和 D1 中的数据交换 1 次。

▶ 2.3.5　PLC 定时器与计数器

1. PLC 定时器
(1)功能介绍。

PLC 中的定时器是一个用于计算时间的软元件,类似于继电器系统中的时间继电器。定时器在 PLC 编程中是一个非常常用的元件,主要用于时间控制,可以在一定的时间间隔内控制输出信号或执行特定操作。

定时器的符号是 T,定时单位有 1ms、10ms、100ms 三种,分为一般型和累计型两种类型。

一般型定时器的线圈被驱动时,它们会以增计数的方式对 PLC 内的时钟脉冲进行累计计时。如果当前寄存器内的累计值和设置值寄存器中设置的值相等,那么定时器的触点就会动作。然而,当定时器线圈失电时,其触点会断开,同时定时器的累计值会复位为 0。这意味着如果定时器的输入条件在未达到预定时间时被断开,定时器会重新开始计时,之前的累计时间会被清零。

累计型定时器也被称为停电保持型定时器,在累计时间的过程中,即使控制端断开,也不会自动复位清零。它们具有断电保持功能,即当触点 OFF 或断电时,定时器不会复位,而是在通电或触点 ON 后继续累积之前的时间。这种特性使得累计型定时器在需要连续计时的场合中非常有用,例如,在需要跨越多个操作周期或电源循环进行计时的应用中。此外,累计型定时器通常需要通过其他触点执行定时器的复位操作进行复位,这意味着用户可以在特定条件下手动或自动地重置定时器,以适应不同的控制需求。

从应用场景的角度来看,一般型定时器通常用于那些需要精确控制单个操作周期的场合,而累计型定时器则更适用于需要长时间连续计时,或对时间有累积需求的场景。

(2)定时器的编号。

定时器的类型和定时单位都是按编号来区分的,确定一个定时器的编号后,就可以知道其类型和定时单位。反之,选择定时器编号时,也要通过需要的类型和定时单位来选择。

FX3U 型号 PLC 的定时器编号如表 2-24 所示。

表 2-24　FX3U 型号 PLC 的定时器编号

定时器编号	类　型	定时单位	定 时 范 围
T0～T199	一般型	100ms	0.1～3276.7s
T200～T245	一般型	10ms	0.01～327.67s
T246～T249	累计型	1ms	0.001～32.767s
T250～T255	累计型	100ms	0.1～3276.7s
T256～T319	一般型	1ms	0.001～32.767s

(3) 编程方法。

定时器线圈通过线圈输出的方式编程。单击 ⚬ 图标(或按 F7 键),出现指令对话框后,在软元件输入框输入定时器编号和设定值即可。定时器线圈连续导通设定时间后,定时器触点导通。

例如,输入"T0 K20",就是创建了一个定时时间为 $20 \times 100ms = 2000ms$ 的一般型定时器;T0 线圈连续导通 2s 后,T0 触点导通。

下面以两个简单示例说明一般型定时器和累计型定时器的用法。

① 一般型定时器。

PLC 定时器中,一般型定时器编程方法如图 2-27 所示。

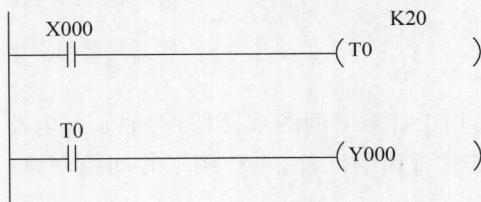

图 2-27　PLC 定时器-一般型定时器编程方法

当 X000 触点闭合时,T0 定时器输入为 ON,开始计时;如果当前计时值未到 2s(预定时间)时,X000 触点断开,T0 定时器输入为 OFF,则定时器 T0 停止计时,且当前计时值复位为 0;当 X000 触点再闭合时,T0 定时器重新开始计时;当计时值达到 2s 时,定时器 T0 的状态值变为 ON,T0 常开触点闭合,Y000 线圈得电。

② 累计型定时器。

PLC 定时器中,累计型定时器编程方法如图 2-28 所示。

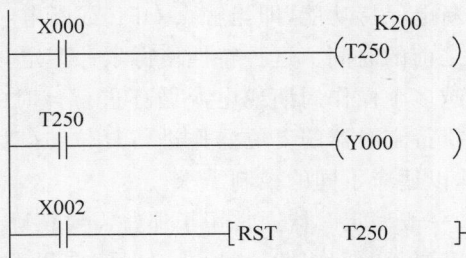

图 2-28　PLC 定时器-累计型定时器编程方法

当 X000 触点闭合时,T250 定时器开始计时;如果当前计时值未到 20s 时,X000 触点断开,或 PLC 断电,定时器 T250 停止计时,但当前计时值保持。当 X000 触点再闭合或 PLC 恢复供电时,定时器 T250 在先前保持的计时值基础上继续计时,直到累积计时值达到 20s,定时器 T250 的状态值变为 ON,常开触点闭合,Y000 得电。只有当 X002 触点闭合时,才会主动执行复位操作,将 T250 复位,计时值清零。

2. PLC 计数器

(1) 功能介绍。

PLC 计数器是一种用于计数控制的设备,主要在工业生产线上应用。PLC 计数器根据设定的计数值对输入的信号进行计数,当达到设定值时,输出触点会动作,以控制后续的设备或系统。编程时,用户可以通过设置计数器的设定值,控制计数的触发条件。同时,用户还可以通过访问计数器的存储地址,获取或修改当前的计数值。

计数器的符号是 C,可以分为一般用计数器和停电保持用计数器。

一般用计数器是一种常用的计数器类型,用于实现对某个事件或信号的计数。它通常具有基本的计数功能,可以根据输入信号的变化计数。在 PLC 编程中,一般用计数器的使用方式多种多样,可以根据实际需求选择合适的计数器类型和参数设置。这种计数器通常在电源断开时失去计数值。

停电保持用计数器是一种具有停电保持功能的计数器。在 PLC 系统中,当发生停电或故障时,停电保持用计数器能够保持当前的计数值,并在电源恢复后继续计数。这种计数器通常使用非易失性存储器来保存计数值,以确保在停电或故障情况下不会丢失计数信息。停电保持用计数器适用于需要长时间运行或在关键任务中使用的场景,以确保计数的准确性和可靠性。

综上所述,一般用计数器和停电保持用计数器的主要区别在于是否具备停电保持功能。一般用计数器在停电时会失去计数值,而停电保持用计数器则能够保持当前的计数值并在电源恢复后继续计数。

PLC 计数器按设定值范围分类,可分为 16 位计数器、32 位计数器。16 位计数器与 32 位计数器的特点如表 2-25 所示。

表 2-25　PLC 计数器的特点

项　目	16 位计数器	32 位计数器
计数方向	增计数	增/减计数
设定值	1～32 767	－2 147 483 648～＋2 147 483 647
指定的设定值	常数 K 或数据寄存器	同左,但是数据寄存器要一对
当前值的变化	计数值到后不变化	计数值到后,仍然变化(环状计数)
输出触点	计数到后置 ON,且将保持动作	增计数时保持,减计数时复位
复位动作	执行 RST 命令时,计数器的当前值为零,输出触点复位	
当前值寄存器	16 位	32 位

(2) 计数器的编号。

计数器的类型和位数是按编号来区分的,确定一个计数器的编号后,就可以知道其类型和位数。反之,选择计数器编号时,也要通过需要的类型和位数来选择。FX3U 型号 PLC 的计数器编号如表 2-26 所示。

表 2-26　FX3U 型号 PLC 的计数器编号

计数器编号	类　型	位　数	计数方式	计数范围
C0～C99	一般用	16 位	增计数	0～32 767
C100～C199	保持用	16 位	增计数	0～32 767
C200～C219	一般用	32 位	增/减计数	−2 147 483 648～＋2 147 483 647
C220～C234	保持用	32 位	增/减计数	−2 147 483 648～＋2 147 483 647

（3）编程方法。

计数器线圈通过线圈输出的方式编程。单击 ⤙ 图标（或按 F7 键），出现指令对话框后，在软元件输入框中输入计数器编号和设定值即可。计数器线圈累计接收到设定数量的上升沿后，计数器触点导通。

例如，输入"C0 K2000"，就是创建了一个计数值为 2000 的一般用计数器，C0 线圈累计接收到 2000 个上升沿后，C0 触点导通。

一般用计数器和停电保持用计数器的区别在于是否具备停电保持功能，编程方法上没有区别。16 位计数器与 32 位计数器的特性差别较大，编程方法不同。下面以两个简单示例说明 16 位计数器和 32 位计数器的用法。

① PLC 计数器编程方法中，16 位计数器用法如图 2-29 所示。

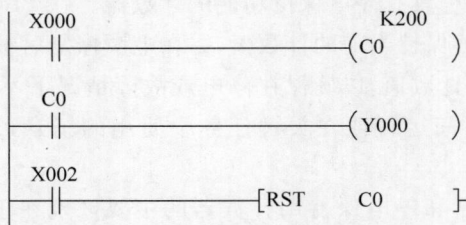

图 2-29　PLC 计数器编程方法-16 位计数器

每次 X000 触点从断开变为闭合时，C0 计数器捕获到上升沿，计数值加 1；如果当前计数值未到 2000（设定计数值），C0 常开触点断开；当计数值达到 2000 时，C0 常开触点闭合，Y000 线圈得电；计数值记满 2000 后，再接收到上升沿，计数值不变，C0 触点保持动作；检测到 X002 闭合时，计数值清零，C0 触点复位（断开）。

② 32 位计数器。

32 位计数器可设为增/减计数，计数方向可通过驱动对应的特定寄存器的方式切换。32 位寄存器的编号范围为 C200～C234，对应的特定寄存器范围为 M8200～M8234。以 C200 为例，不驱动 M8200 时，C200 为增计数；驱动 M8200 使其导通时，C200 为减计数。

PLC 计数器编程方法中，32 位计数器用法如图 2-30 所示。

每次 X000 触点从断开变为闭合时，C200 计数器捕获到上升沿，计数值加 1；如果当前计数值未到 2000（设定计数值），C200 常开触点断开；当计数值达到 2000 时，C200 常开触点闭合，Y000 线圈得电；计数值记满 2000 后，再接收到上升沿，计数值继续增加，C0 触点保持动作；计数值一直增加到 2 147 483 647 后，再接收到上升沿，计数值变为−2 147 483 648（环状计数）；检测到 X002 闭合时，计数值清零，C200 触点复位（断开）。

X001 触点闭合时，M8200 导通，C200 变为减计数。减计数时，大部分表现和增计数相同，但计数值达到设定值（2000）后，再接收到上升沿，计数值继续减小，C200 触点复位。

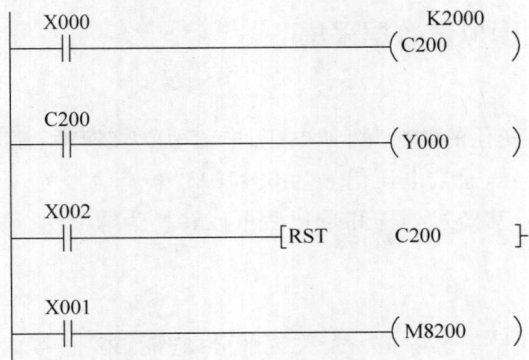

图 2-30　PLC 计数器编程方法-32 位计数器

2.4　工业 PLC 数据采集

工业 PLC 数据采集的关键要素,如下所述。

(1) 数据类型。

工业生产中的数据主要分为模拟量和数字量两种类型。模拟量通常代表连续变化的物理量,如温度、压力、流量等,而数字量表示离散状态,如开关状态、按钮触发等。PLC 数据采集系统需要能够同时处理这两种类型的数据,以全面监控生产过程。

(2) 采集方案与流程。

PLC 数据采集的方案设计包括明确定义采集目标、选择适当的传感器与接口、设计采样率和时间间隔等关键步骤。流程包括数据采集、传输和存储等环节,确保采集到的信息能够及时、安全地传递至中央控制系统,并提供历史数据用于分析。

(3) 模拟量采集。

模拟量采集涉及传感器的选择与接口设计,以及对模拟信号的处理,如放大、滤波和校准。这一过程保证了从实际生产环境中获得的模拟数据具有高精度和可靠性。

(4) 数字量采集。

数字量采集涉及数字传感器的接口设计与逻辑处理。对数字信号的准确捕捉和处理能够实现对生产过程中开关状态、按钮触发等关键信息的监测。

(5) 设备控制。

通过 PLC 设备控制,工业生产过程能够实现自动化与智能化。逻辑控制程序的设计是其中的核心,确保设备在不同工作状态下按照预定的程序进行自动控制,提高生产效率。

(6) 远程控制与监测。

通过网络通信技术,PLC 数据采集系统实现了对工业生产过程的远程监测与控制。这使得操作人员能够随时随地通过互联网访问系统,及时响应异常情况,提高生产的灵活性和可控性。

目前,工业 PLC 数据采集是现代工业自动化中不可或缺的一部分。通过对生产过程中的关键信息进行实时监测和精确控制,企业能够更加高效地运营,提高产品质量,降低生产成本,从而在竞争激烈的市场中占据优势地位。本书从模拟量采集、数字量采集、设备控制三方面来讲解。

▶ 2.4.1 基于 PLC 的模拟量数据采集

1. 模拟量

模拟量是指一些连续变化的物理量,如电压、电流、压力、速度、流量等信号量,模拟信号是幅度随时间连续变化的信号,通常电压信号为 0～10V,电流信号为 4～20mA,可以用 PLC 的模拟量模块进行数据采集,其经过抽样和量化后可以转换为数字量。

2. 模拟量输入

(1) 基本原理。

模拟量输入模块在 PLC 系统中是一个关键部分,它能够将连续的模拟量信号(如电压、电流、温度等)转换成 PLC 可以处理的数字量信号。这些模块一般包含一个模拟/数字转换器(ADC),用于将模拟信号转换成数字信号。

模拟量输入模块的接线方式通常根据输入信号的类型和数量来确定。一般来说,模拟量输入模块会有多个通道,每个通道可以接收一路模拟量信号。在接线时,需要将模拟量信号接入对应通道的输入端子,同时还需要为每个通道提供适当的参考电压或电流。

在模拟量输入模块中,ADC 的主要功能是将模拟量信号转换成数字量信号。ADC 的实现方式有多种,例如,逐次逼近型、积分型和并行比较型等。在 PLC 系统中,通常采用逐次逼近型 ADC 来实现模拟量输入模块的功能。

除了 ADC 之外,模拟量输入模块还包含一些其他的功能单元,例如,滤波器、放大器等。滤波器用于消除外部信号中的噪声和干扰,提高信号的稳定性和可靠性。放大器则用于将模拟量信号进行放大或缩小,以便于 ADC 进行转换。

在 PLC 编程中,模拟量输入模块通常被映射到 PLC 的内部地址中。通过使用编程语言,可以编写程序来读取或写入这些地址,从而实现对外部设备的控制和监测。例如,当一个温度传感器的输出电压发生变化时,相应的模拟量输入模块会将这个电压信号转换成数字量信号,并将其传输到 PLC 的处理器中。在处理器中,这个数字量信号可以被读取并用于控制其他设备或执行相应的操作。

除了基本的模拟量输入功能外,一些高级的模拟量输入模块还具有其他附加功能。例如,一些模块可以提供温度补偿功能,用于修正温度对模拟量信号的影响;一些模块还可以提供校准功能,用于对模拟量输入模块进行校准和标定;另外还有一些模块具有诊断功能,可以检测模拟量输入模块本身的状态和故障,为维护和故障排查提供方便。

此外,在使用模拟量输入模块时,还需要注意以下几点。

① 确认输入信号的类型和范围,以确保模块能够正确地转换信号。

② 确认模块的参考电压或电流是否与外部设备匹配。

③ 确认模块的增益和偏移量是否合适,以便于得到正确的数字量信号。

④ 定期对模块进行校准和维护,以确保其正常工作。

总之,模拟量输入模块是 PLC 系统中不可或缺的一部分,它能够将连续的模拟量信号转换成数字量信号,以便于 PLC 进行处理和分析。使用模拟量输入模块时,需要注意接线方式、信号类型和范围、参考电压或电流匹配等问题,并定期校准和维护。

(2) 主要描述。

FX3U 系列 PLC 的模拟量输入模块主要由输入端子台和模拟/数字转换器组成,如图 2-31 所示。

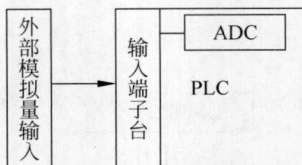

图 2-31　FX3U 系列 PLC 模拟量输入模块

模拟/数字转换器是用于接收外部的模拟信号并转换成数字信号的模块。在基本单元中，有 4 个模拟量输入通道，CH1～CH4 对应 8030～8033 号寄存器。其中，CH1 接内部电位器，CH2、CH3 接输入端子台（AI0、AI1），CH4 接内部温度传感器。

（3）开发方法。

模拟量输入，首先要使能通道对应的辅助继电器，然后可以通过通道对应的数据寄存器获取模拟量数值。例如，读取 CH1（电位器）的模拟量输入值，应先使能 M8030 线圈，再读取 D8030 的值，如图 2-32 所示。

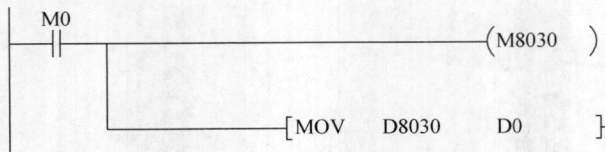

图 2-32　FX3U 系列 PLC 模拟量输入模块

关键代码如图 2-33 所示。

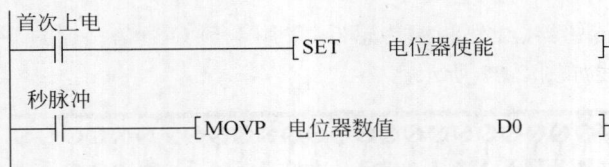

图 2-33　关键代码

图 2-33 的程序首先在初始化（"首次上电"）时，使能线圈"电位器使能"，打开 CH1 模拟/数字转换器的电源；然后每秒将"电位器数值"寄存器的值复制到 D0 寄存器。

其中，"首次上电"对应 M8002 特殊辅助继电器，只在启动后的第一次运行时导通；"秒脉冲"对应 M8013 特殊辅助继电器，每 1s 导通 500ms、断开 500ms；"电位器使能"对应 M8030 辅助继电器；"电位器数值"对应 D8030 数据寄存器，程序与继电器对应关系如图 2-34 所示。

	类	标签名	数据类型	常量	软元件
1	VAR_GLOBAL	首次上电	Bit	…	M8002
2	VAR_GLOBAL	电位器使能	Bit	…	M8030
3	VAR_GLOBAL	秒脉冲	Bit	…	M8013
4	VAR_GLOBAL	电位器数值	Word[Signed]	…	D8030

图 2-34　程序与继电器对应关系图

（4）实现过程。

旋转电位器旋钮，有三个现象，具体如下所述。

① 程序调试（监视）D0 的值发生变化。

② 通过 Modbus Poll 工具连接 PLC（Modbus TCP），D0 对应寄存器值改变。

③ Y010～Y012 的输出灯根据旋钮扭动变化。

PLC 模拟量采集实验，需要用到 SIMATIC S7-1200PLC 设备，通过接口读取温度传感器、激光传感器的模拟量数值。

PLC 模拟量采集如图 2-35 所示。

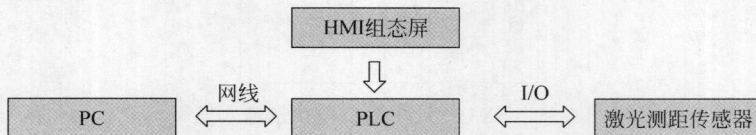

图 2-35　PLC 模拟量采集

激光测距传感器与红外测温传感器如图 2-36 所示。

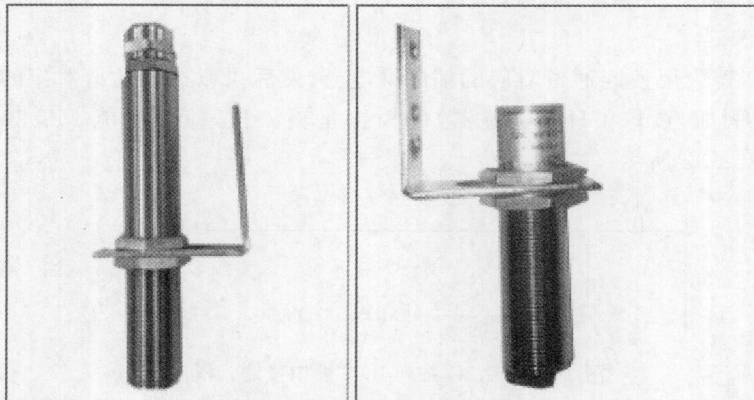

图 2-36　激光测距传感器与红外测温传感器

PLC 的激光测距传感器、红外测温传感器,采用 I/O 口通信。通过 PLC 的外部 I/O 与行程开关通信。具体接线如图 2-37 所示。

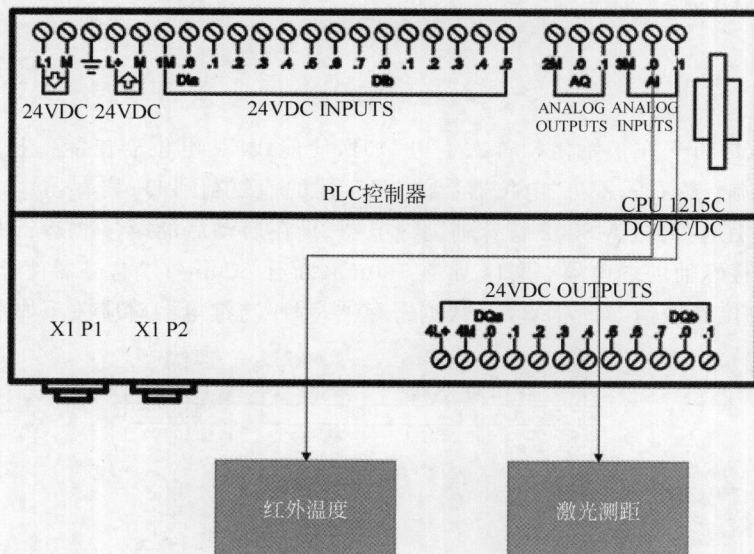

图 2-37　PLC 的激光测距传感器、红外测温传感器接线图

图 2-37 中,AI 0.0 与 AI 0.1 为激光测距传感器和红外测温传感器。

通过实验掌握 PLC 模拟量的数据采集,实验步骤具体如下。

① 硬件连接:将红外测温传感器、激光测距传感器分别接入 PLC 控制的 PA1 0.0 与

PA1 0.1 通道。

② 程序调试：编写 PLC 程序,实现红外测温传感器、激光测距传感器的模拟通道的数据采集,并进行实际数据转换。

实现了硬件设计,需要进行软件设计。PLC 编程时首先需要配置地址和变量。设置好变量及其地址后需要根据梯形图编程,根据自己的需要编写自己的程序并编译。编译成功之后可以通过仿真来查看现象,也可以通过 PC 与 PLC 硬件连接来查看现象。PLC 模拟量采集程序如图 2-38 所示。

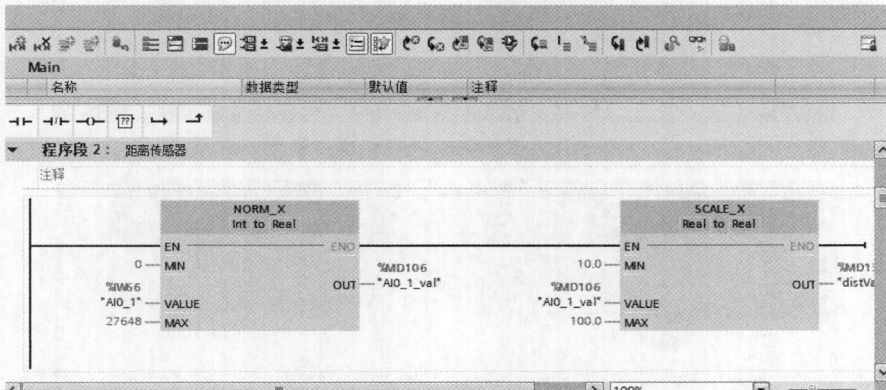

图 2-38　PLC 模拟量采集程序

程序流程图如图 2-39 所示。

具体实验步骤如下所述。

① 实现界面如图 2-40 所示。

② 在工业物联网平台项目视图中,可以通过设备组态查看 PLC 的属性和型号,如图 2-41 所示。

③ 编译完成之后零错误零警告,如图 2-42 所示。

④ 注意观察程序块"红外温度为满足状态"(绿色实线),程序块"激光测距"为满足状态(绿色实线),同时程序块会显示当时的红外温度值数据与激光距离值数据。工业物联网平台启动监视如图 2-43 所示。

通过 HMI 组态屏查看可以看到实验效果,如图 2-44 所示。

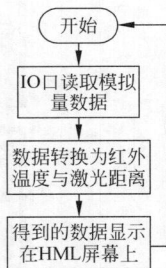

图 2-39　程序流程图

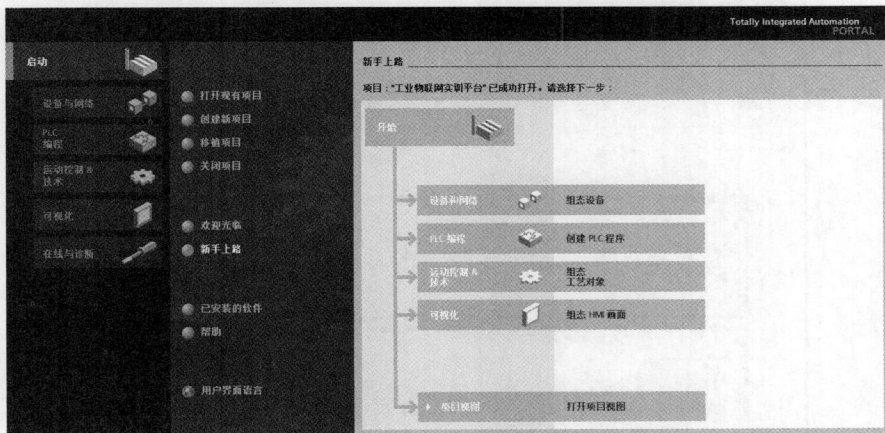

图 2-40　工业物联网平台界面

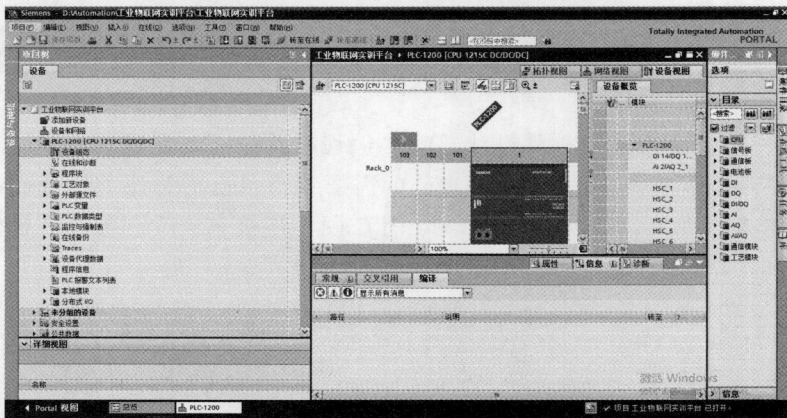

图 2-41　工业物联网平台项目视图

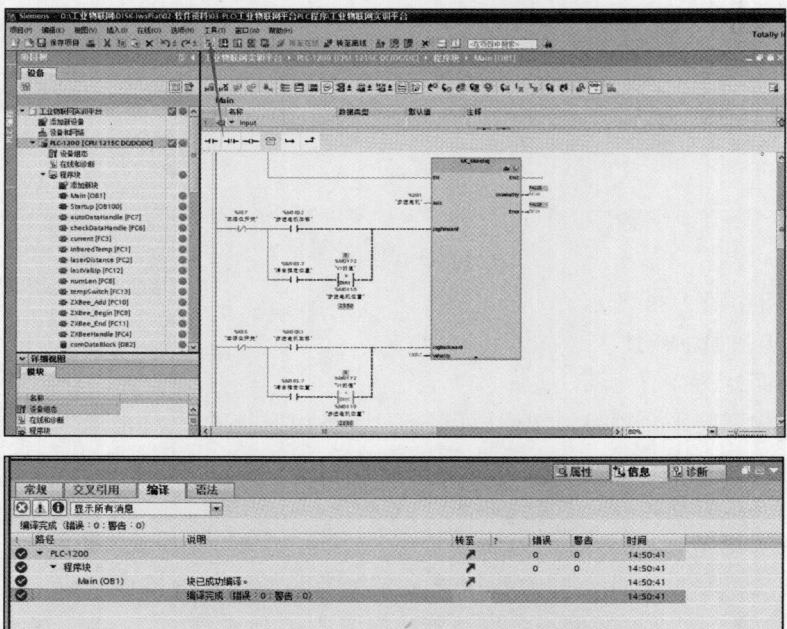

图 2-42　工业物联网平台项目编译图

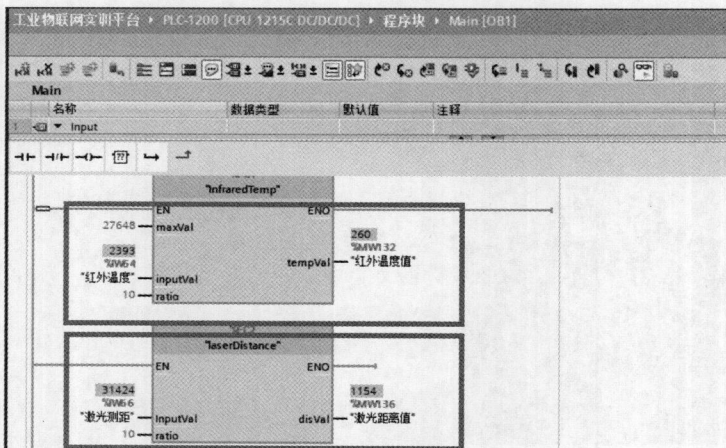

图 2-43　工业物联网平台启动监视

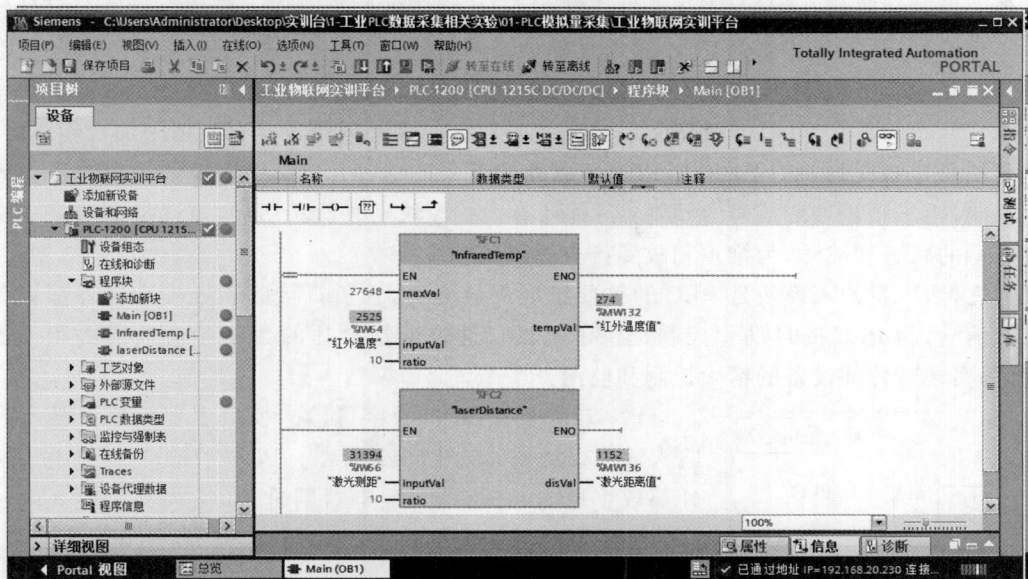

图 2-44 实验现象-红外测温传感器的温度数据

▶ 2.4.2 基于 PLC 的数字量数据采集

1. 数字量

在时间上和数量上都是离散的物理量称为数字量。把表示数字量的信号叫作数字信号。把工作在数字信号下的电子电路叫作数字电路。数字量由多个开关量组成。如 3 个开关量可以组成表示 8 个状态的数字量。数字量的形式可以是 0 或 1。

2. 数字量输入

数字量输入模块是 PLC 中的重要组成部分,用于接收和处理来自外部设备的开关量信号。这些开关量信号通常是由按钮、接近开关、行程开关等设备产生的。数字量输入模块的主要功能是将这些外部信号转换成 PLC 可以识别的数字量信号。

数字量输入模块通常由光电耦合器或继电器等隔离元件组成。这些隔离元件的作用是避免外部信号对 PLC 内部电路的干扰,从而提高 PLC 的稳定性和可靠性。在数字量输入模块中,隔离元件将外部开关量信号转换成 PLC 可以识别的数字信号,然后通过电缆或网络将信号传输到 PLC 的处理器中。

数字量输入模块还可以具有滤波功能,以消除外部信号中的噪声和干扰。滤波器可以是有源滤波器或无源滤波器,根据不同的需要选择不同的滤波器类型。有源滤波器通常需要外部电源,而无源滤波器则不需要外部电源。滤波器的作用是减少信号中的高频噪声和干扰,从而提高信号的稳定性和可靠性。

数字量输入模块的数量和类型可以根据实际需要选择。根据输入信号的类型和数量,数字量输入模块可以分为直流输入模块和交流输入模块。直流输入模块适用于接收直流电流或电压信号,而交流输入模块适用于接收交流电流或电压信号。此外,数字量输入模块的数量也可以根据实际需要选择,以满足不同的控制需求。

在 PLC 编程中,数字量输入模块通常被映射到 PLC 的内部地址中。通过使用编程语言(如 Ladder Logic、Structured Text 等),可以编写程序来读取或写入这些地址,从而实现对外部设备的控制和监测。例如,当一个按钮被按下时,相应的数字量输入模块会将这个信号转换成数字量信号,并将其传输到 PLC 的处理器中。在处理器中,这个数字量信号可以被读取并用于控制其他设备或执行相应的操作。

除了基本的数字量输入功能外,一些高级的数字量输入模块还具有其他附加功能。例如,一些模块可以提供脉冲计数功能,用于计数外部设备的脉冲信号;一些模块还可以提供频率测量功能,用于测量外部信号的频率;另外还有一些模块具有诊断功能,可以检测数字量输入模块本身的状态和故障,为维护和故障排查提供方便。

总之,数字量输入模块是 PLC 的重要组成部分之一,它负责接收和处理来自外部设备的开关量信号,为 PLC 的自动化控制提供了基础。通过选择合适的数字量输入模块和编程语言,可以实现对外部设备的精确控制和监测。

图 2-45　FX3U 系列 PLC 的
数字量输入模块

FX3U 系列 PLC 的数字量输入模块主要由输入端子台和输入继电器组成,如图 2-45 所示。PLC 的输入端子用于接收外部数字量输入,而输入继电器则是 PLC 内部与输入端子相连的一种光绝缘的光耦。

输入继电器,是用于接收外部的开关信号的接口,以符号 X 表示。在基本单元中,共有 4 组共 28 个输入端子,按 X0～X7、X10～X17、X20～X27、X30～X33 八进制数的方式分配输入继电器地址号。

数字量输入一般通过输入继电器来获取,作为接点存在。可通过常开节点、常闭节点、上升沿检测、下降沿检测等多种方式检测。数据量输入如图 2-46 所示。

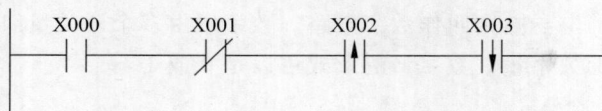

图 2-46　数据量输入

关键代码如图 2-47 所示。

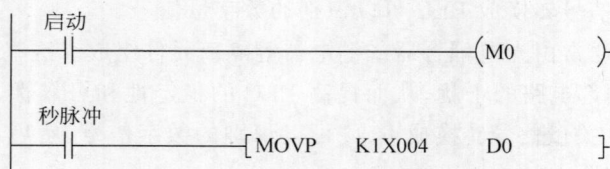

图 2-47　关键代码

在图 2-47 中,程序获取数字量输入"启动"的状态。当"启动"导通时,将 M0 辅助继电器导通;当"启动"关断时,将 M0 辅助继电器断开。同时,每秒将 X004 开始的 4 个数字量输入(X004～X007)的值传入 D0。

其中,"启动"对应 X005 数字量输入接口;"秒脉冲"对应 M8013 特殊辅助继电器,每 1 秒导通 500ms、断开 500ms。数字量输入中,启动部分如图 2-48 所示。

	类	标签名	数据类型	常量	软元件
1	VAR_GLOBAL ▼	秒脉冲	Bit	...	M8013
2	VAR_GLOBAL ▼	启动	Bit	...	X005

图 2-48　数字量输入-启动

其中,限位开关接入 PLC 控制器的数字量接口,实现数据的采集。限位开关如图 2-49
所示。

图 2-49　限位开关

PLC 控制器的 DI0.5、DI0.6、DI0.7 通道分别接入限位开关。PLC 控制器限位开关指示
图如图 2-50 所示。

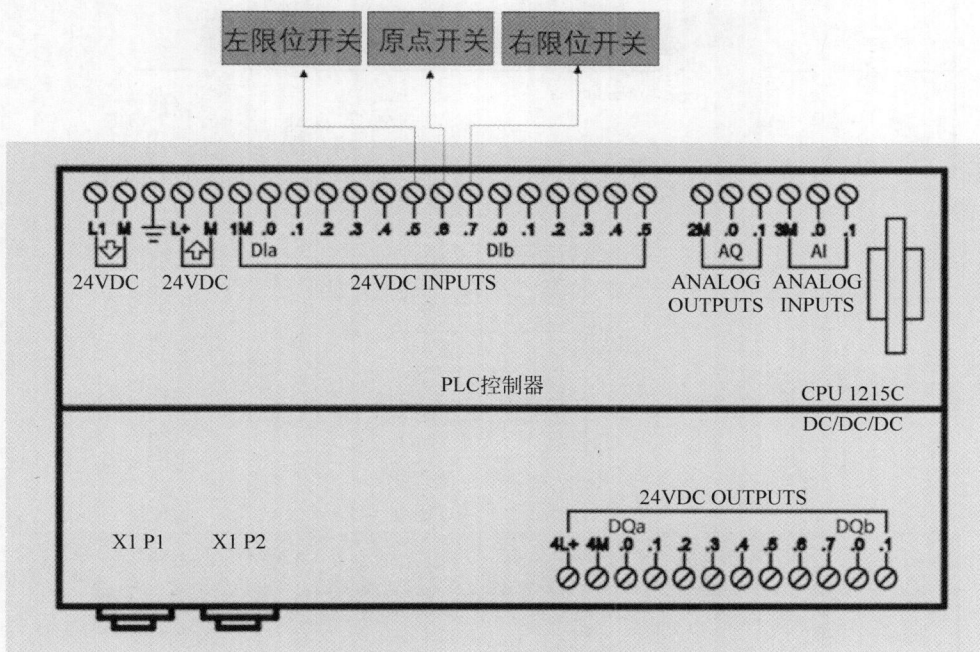

图 2-50　PLC 控制器限位开关指示图

① 硬件连接。将限位开关分别接入 PLC 控制的 DI0.5、DI0.6、DI0.7 通道。

② 程序调试。编写 PLC 程序,实现限位开关的数字通道的数据采集,并进行实际数据
转换。

PLC 数字量采集的程序如图 2-51 所示。

程序流程图如图 2-52 所示。

工业物联网平台启动监视如图 2-53 所示。

单击 HMI 屏幕的"控制"界面,打开"滑台"控制,单击"滑台左移"观察代码块变化:"步进
电机左移"程序块导通且参数"步进电机位置"发送变化,数据变化与 HMI 屏幕"当前位置"
一致。

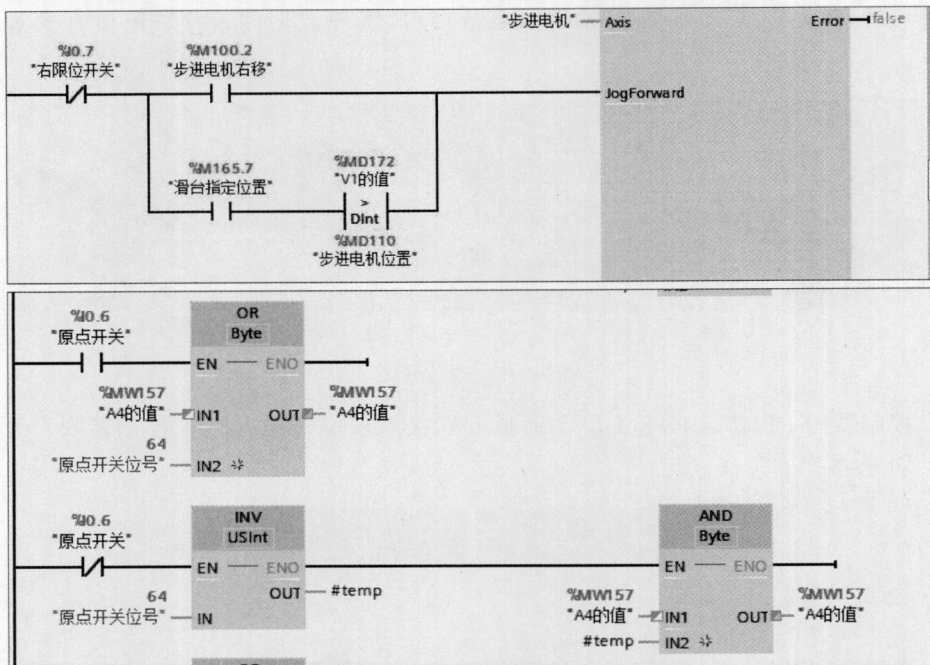

图 2-51　PLC 数字量采集的程序

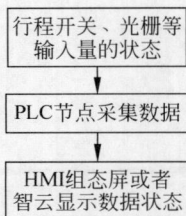

图 2-52　程序流程图

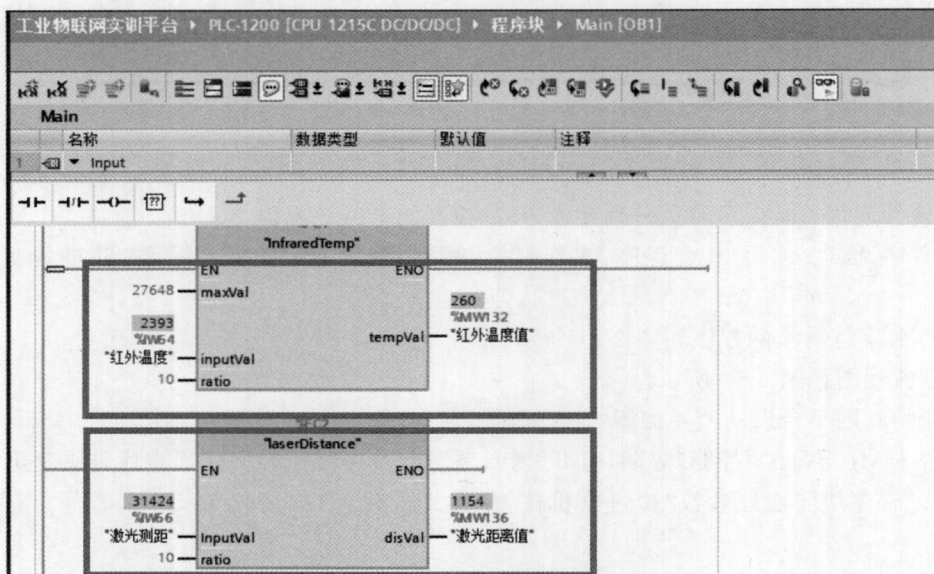

图 2-53　工业物联网平台启动监视

习　题

一、单选题

1. PLC 的英文全称是什么？（　　）
   - A. Personal Logic Controller
   - B. Programmable Logic Controller
   - C. Power Line Converter
   - D. Processed Loop Controller

2. 以下哪个不是影响 PLC 响应时间的因素？（　　）
   - A. 输入滤波器的时间常数
   - B. 输出继电器的机械滞后
   - C. CPU 的工作频率
   - D. PLC 的循环扫描方式

3. PLC 的基本构成中，负责控制 PLC 整体运行、执行用户编写的程序的核心是什么？（　　）
   - A. 输入模块
   - B. 输出模块
   - C. 中央处理器
   - D. 存储器

4. PLC 的扫描周期通常是多久一次？（　　）
   - A. 几秒
   - B. 几十毫秒
   - C. 几分钟
   - D. 几小时

5. 以下哪个是西门子 PLC 的工程平台？（　　）
   - A. TIA Portal
   - B. GX Works3
   - C. Profibus
   - D. Edgecross

6. 三菱 PLC 的 CC-Link 是用于什么目的的？（　　）
   - A. 图形化编程
   - B. 现场总线通信
   - C. 模拟信号处理
   - D. 数据传输

7. 西门子 S7-1500 系列 PLC 的特点之一是什么？（　　）
   - A. 多核技术
   - B. 高速计数器
   - C. 模拟输入输出
   - D. Edgecross 支持

8. 西门子 PLC 的工业云平台是什么？（　　）
   - A. TIA Portal
   - B. Edgecross
   - C. e-F@ctory
   - D. MindSphere

9. PLC（可编程逻辑控制器）编程软件的主要特点之一是什么？（　　）
   - A. 编程语言支持
   - B. 操作系统要求
   - C. 音频处理功能
   - D. 图形设计工具

10. PLC 编程软件的仿真和调试工具的作用是什么？（　　）
    - A. 实时监视系统运行状态
    - B. 提供图形用户界面
    - C. 创建 PLC 程序
    - D. 上传和下载程序

二、填空题

1. 国际电工委员会（IEC）于 1985 年对 PLC 做了明确定义："可编程控制器是一种数字运算操作的电子系统，专为在_____环境下应用而设计。"

2. 西门子公司创始人是维尔纳·冯·西门子和约翰·乔治·哈尔斯克，于_____年在柏林创立。

3. SIMATIC S7 系列 PLC 引入了基于工业以太网的通信协议，提高了系统的通信速度和_____。

4. 三菱 PLC 的第一款产品 MELCOM 900 系列，推出于_____年。

5. 西门子 PLC 的 Totally Integrated Automation(TIA)概念旨在提供全面的自动化解决方案,包括控制、传感、驱动、通信和_____。

6. 三菱 PLC 的 CC-Link 是一种广泛采用的_____总线,用于 PLC 和其他自动化设备之间的通信。

7. PLC 的核心部件是_____。

8. 在梯形图中,最右侧的垂直线通常表示_____。

9. 在 PLC 编程中,助记符(Mnemonic)是一种基于字母符号的语言,类似于计算机的_____语言。

10. 逻辑功能图中,各种逻辑元件以及它们之间的连接形成一个图形表示的_____电路。

习题 2

在工业自动化领域,数据采集是实现对工业生产过程实施监控和控制的重要手段之一。而工业以太网作为一种高性能、高可靠性的通信技术,已成为工业数据采集的主流选择之一。本章将深入探讨工业以太网数据采集技术与应用,包括工业以太网、PROFINET 和 EtherCAT 的工作原理,以及工业以太网数据采集的相关内容。

3.1 工业以太网概述

工业以太网,通常指在技术层面与传统商业以太网(严格遵循 IEEE 802.3 标准)具有兼容性,但在产品设计和应用方面却专为满足工业环境的严苛需求而打造的以太网技术。这种技术不仅深入考虑了材料选择、产品强度和工业现场的适用性,更在实时性、数据传输的安全性以及安装的便利性上进行了深度的优化和提升。

作为工业自动化领域的核心技术之一,工业以太网是在传统以太网技术和 TCP/IP 栈的基础上进一步发展的。它的出现,主要是为了克服现场总线技术标准化不足以及不同网络间通信障碍的问题,从而有力地推动了工业控制系统向更为快速、高效的方向发展。

相较于普通的以太网,工业以太网在网络通信的速度与稳定性、数据传输的实时性、系统的可靠性以及网络安全性等多个重要方面都设定了更高的标准,并提出了更为严格的要求。这使得工业以太网能够在各种复杂、恶劣的工业环境中稳定运行,确保数据传输的准确性和时效性。

工业以太网的应用范围极其广泛,它已经深度渗透到工厂自动化、过程控制、智能制造、能源管理等诸多关键领域。在这些领域中,工业以太网发挥着不可替代的作用,成为支撑工业生产核心网络的重要支柱,也是确保数据通信顺畅无阻的基础保障。通过工业以太网,企业能够实现生产设备的智能互联,提升生产效率,降低运营成本,从而在激烈的市场竞争中占据有利地位。

▶ 3.1.1 工业以太网协议

1. 工业以太网协议概况

工业以太网的通信协议,作为数据交互的基石,涵盖 TCP/IP 协议簇、以太网协议以及 UDP 等核心组成部分。这些协议经过工业环境的专门优化与定制,旨在满足工业数据通信的独特需求。TCP/IP 协议簇作为工业以太网的基础,不仅提供了网络通信的根基,还涵盖了数据传输、路由选择及错误检测等关键功能。以太网协议则明确了数据在网络中的流转规则和格式,稳固了工业以太网的物理层与数据链路层。而 UDP,以其对实时数据传输的专注,确保了数据的时效性和可靠性,在工业控制系统与实时监测系统中发挥着不可或缺的作用。

鉴于商用计算机普遍采用的应用层协议并不适应工业过程控制领域中设备间的实时通信需求,因此还必须在以太网和 TCP/IP 的架构上,构建全面且高效的通信服务模型。这需要设计出有效的实时通信服务机制,以妥善协调工业现场控制系统中实时与非实时信息的传输。如此,方能形成广受认可的应用层协议,即所说的工业以太网协议。

为了响应实时以太网市场的迫切需求,IEC/SC65C 于 2003 年 5 月成立了 WG11 工作组,致力于制定实时以太网应用行规的国际标准。这一标准在 IEC 61158(工业控制系统中现场总线的数字通信标准)的基础上孕育而生,最终被定名为 IEC 61784-2。

经过严格的审议与投票,IEC 实时以太网系列标准于 2005 年 3 月作为可公开获得的规范(Public Available Specification,PAS)文件获得通过。同年 5 月,在加拿大的会议上,该 PAS 文件被正式确立为实时以太网国际标准 IEC 61784-2,标志着工业以太网协议迈向了新的里程碑。

2. 常用工业控制网络介绍

HMS(Hardware Meets Software,硬件实现软件功能)公司发布的 2023 年工业网络市场份额报告显示,工业以太网市场份额增加,现场总线市场份额下降,无线市场份额呈现增长。从新安装节点来看,工业以太网的市场份额增加到了 68%(2022 年为 66%),而现场总线的市场份额下降到了 24%(2019 年为 27%)。主流工业以太网 PROFINET 和 EtherNet/IP 以 18% 的份额并列第一,EtherCAT 持续攀升,以 12% 稳居第三;无线技术的市场份额增加到了 8%(2022 年为 7%)。2023 年度工业网络市场份额分析如图 3-1 所示。

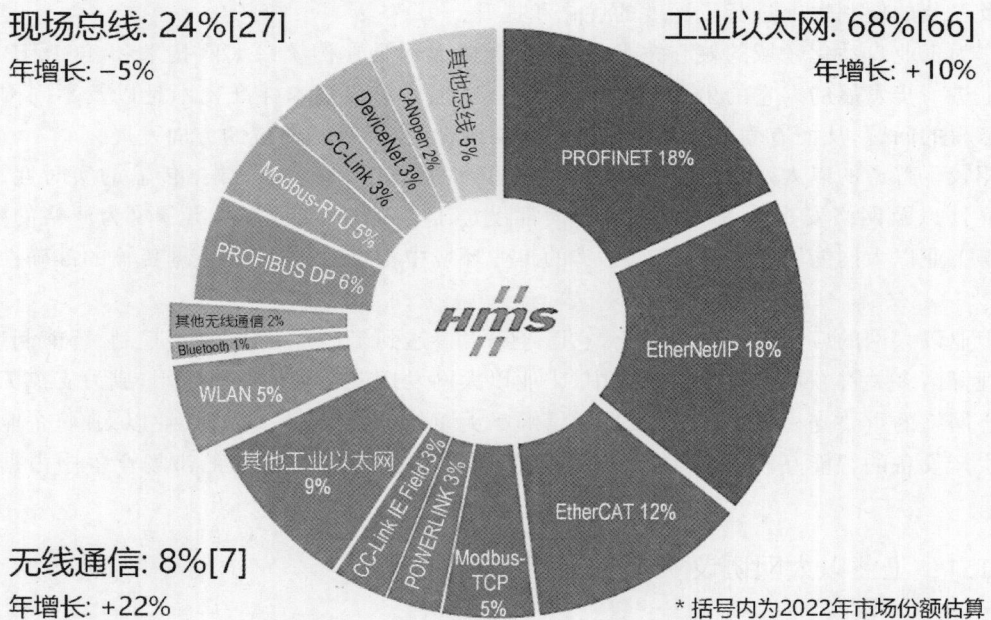

图 3-1　2023 年度工业网络市场份额分析

主流工业以太网协议,如下所述。

(1) PROFINET。

① 开发背景。由西门子公司联手 PROFIBUS&PROFINET 国际协会共同研发,它依托于标准以太网技术,为工业自动化领域带来了卓越的网络通信性能。

② 核心特性。PROFINET 融合了 PROFIBUS 的经典主从通信模式与以太网的灵活网络布局,确保了控制器与设备间数据的高效交互。

③ 技术优势。采纳了 TCP/IP 及其他信息技术标准,确保了实时通信的可靠性,并从

2003 年开始,成为 IEC 61158 和 IEC 61784 标准的重要组成部分。

支持三种通信方式:A 类通过代理连接 PROFIBUS 网络,非常适合基础设施和楼宇自动化管理;B 类(实时)则适用于工厂和过程自动化,其周期时间约为 10ms;C 类(等时实时)利用特定硬件为运动控制应用提供支持,其周期时间可短至 1ms 以下。

④ 注意事项。PROFINET 兼容多种网络布局,如星状、树状、总线型等,与 PROFIBUS 的总线型结构相比,它提供了更高的灵活性和扩展性。在规划网络时,应仔细考虑布局对系统性能的影响,特别是在确保实时和等时实时通信时,需要精心选择网络设备和设计网络结构。

(2) EtherNet/IP。

① 开发背景。由罗克韦尔自动化公司主导开发,并由 ODVA 负责管理。它基于以太网标准,旨在支持工业自动化领域的数据高效交互。

② 核心特性。EtherNet/IP 在 TCP/IP 的基础上,实现了应用层的通信协议,并采纳了标准的以太网通信芯片和物理介质,主要支持星状网络布局。

③ 技术优势。采纳了标准的以太网和 TCP/IP 协议栈,从而简化了实现和维护工作;借助 CIP 提供了一套通用的消息传递和服务机制,支持在各种物理介质上进行工业自动化控制;支持高效的对等通信,能够无限制地扩展系统节点,非常适合跨工厂车间的大规模应用。

④ 注意事项。尽管 EtherNet/IP 能够实现高效的数据通信,但实时性和确定性相对有限,更适用于那些对实时性要求不是特别严格的自动化网络。

(3) EtherCAT。

① 开发背景。由德国倍福自动化公司主导开发,EtherCAT 技术因其出色的通信效率而在工业以太网领域迅速崭露头角。

② 核心特性。EtherCAT 是一个开放但需授权的技术,为设备研发提供了极大的灵活性。它利用独特的"在过"通信方式,实现了数据的快速交换。

③ 技术优势。EtherCAT 技术对数据传输过程进行了优化,使得从站设备能够在数据包经过时,即时进行数据的读取或插入,从而显著减少了通信延迟。

该技术支持多种网络布局,如总线型、树状、星状等,并且不受级联交换机或集线器数量的限制,能够支持多达 65 535 个节点的连接。此外,它适用于那些需要极短响应时间和高数据传输效率的应用场景,尤其在运动控制等实时性要求严苛的领域具有出色表现。

④ 注意事项。规划 EtherCAT 网络时,应全面考虑网络的布局和节点配置,以确保达到最佳的通信性能和系统稳定性。

▶ 3.1.2　工业以太网应用

工业以太网技术在推动现代工业生产进步中发挥着举足轻重的作用。它不仅显著提升了生产效率与产品质量,更为工厂的智能化与柔性化生产奠定了坚实基础。以下便是工业以太网在多个领域中的具体应用实例,充分展现了其广泛的应用范畴与深远的影响力。

1. 工业机器人技术

在工业机器人技术领域,工业以太网展现了卓越的能力,实现了机器人间的高速数据互通与实时控制。这一技术的引入,大幅提升了生产线的自动化水准与灵活性,从而优化了生产流程,确保了产品质量的稳步提升。工业以太网的诞生,使得机器人能够实时响应生产需求的变化,从而使整个生产过程更为高效、精准。

2. 智能制造

智能制造是工业以太网技术的另一大舞台。通过支持设备间的实时协同与数据共享,工业以太网极大地加速了决策流程,提高了生产效率。这种即时的信息流通让生产过程变得更加透明,助力企业实时监控并调整生产活动,以灵活应对市场的多变需求。

3. 工厂自动化与过程控制

在工厂自动化与过程控制方面,工业以太网的应用实现了工厂设备间的实时通信与数据交换,推动了工厂的智能化升级,并显著提升了生产效率。同时,该技术还与 MES(Manufacturing Execution System,制造执行系统)和 ERP(Enterprise Resource Planning,企业资源计划)系统实现了无缝集成,使得生产过程的信息化管理与控制成为可能,进一步优化了企业的生产管理流程。

4. 能源管理与安全监控

工业以太网技术在能源管理与安全监控领域也发挥着不可或缺的作用。通过实时的数据交换与通信,该技术确保了工厂能源的高效利用与生产环境的安全稳定。实时的监控与数据分析功能,可以帮助企业及时发现并解决潜在的安全隐患,从而保障了生产环境的稳定性与员工的人身安全。

5. 展望未来

随着科技的不断进步,尤其是交换技术与高速以太网的持续发展,工业以太网在工业自动化领域的应用正在迅速拓展。得益于高性能微处理器与实时嵌入式操作系统的不断创新,工业以太网正日益贴近现场级设备,成为控制系统网络发展的主流方向。工业以太网与 TCP/IP 的结合,已在智能设备与 I/O 模块中得到广泛应用,使得工厂信息管理系统能够实现直接、无缝的连接,彻底消除了企业内部的各种自动化孤岛现象。

综上所述,工业以太网作为一种高性能、高可靠性的通信技术,在工业自动化领域已展现出巨大的应用价值与广阔的发展前景。随着工业互联网技术的持续演进与普及,人们有理由相信,工业以太网将在未来的工业生产中扮演更为关键的角色,为企业带来更加高效、智能的解决方案,共同开创工业自动化的新篇章。

3.2 PROFINET 工作原理

PROFINET 是一种基于以太网的工业通信协议,被广泛应用于工业自动化领域。作为一种先进的工业以太网技术,PROFINET 具有高速、实时性强、灵活性好等特点,适用于各种工业应用场景。本节将介绍 PROFINET 的工作原理,包括设备连接和自动识别、通信协议和数据传输、实时通信机制、网络拓扑结构和冗余机制等内容。

▶ 3.2.1 设备连接和自动识别

1. PROFINET 基本术语

PROFINET 中重要设备的常用名称如图 3-2 所示。PROFINET I/O 环境中组件名称如表 3-1 所示。

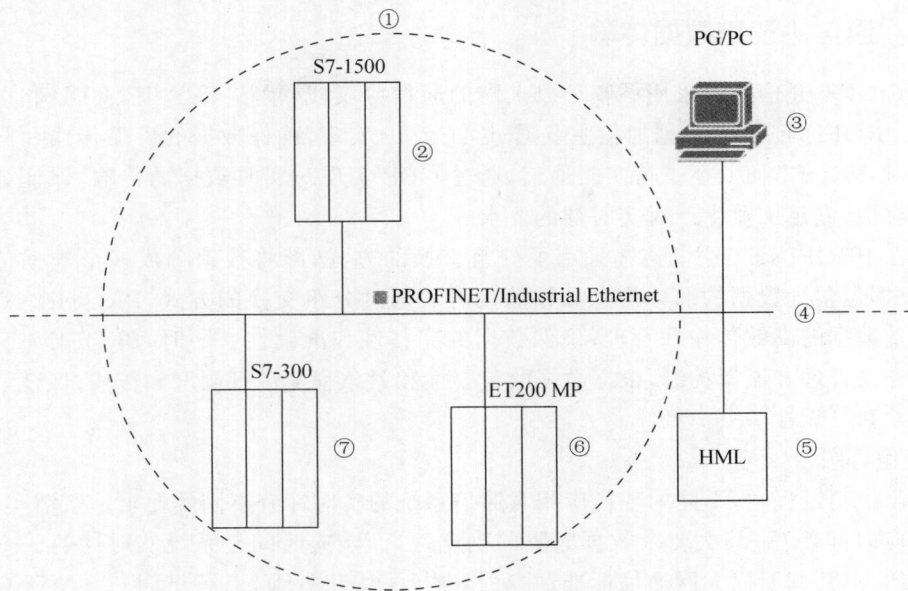

图 3-2 PROFINET 重要设备常用名称

表 3-1 PROFINET I/O 环境中组件名称

编号	PROFINET	说　明
①	PROFINET I/O 系统	
②	I/O 控制器	用于对连接的 I/O 设备进行寻址的设备。 这意味着：I/O 控制器与现场设备交换输入和输出信号
③	编程设备/PC(PROFINET I/O 监控器)	用于调试和诊断的 PG/PC/HMI 设备
④	PROFINET/工业以太网	网络基础结构
⑤	HMI(人机界面)	用于操作和监视功能的设备
⑥	I/O 设备	分配给其中一个 I/O 控制器(例如,具有集成 PROFINET I/O 功能的 Distributed I/O、阀终端、变频器和交换机)的分布式现场设备
⑦	智能设备	智能 I/O 设备

通过 I/O 通信,经由 PROFINET I/O 来读取和写入分布式 I/O 设备的输入和输出。

2. 设备连接

网络中的设备连接采用标准的以太网物理层接口,通常使用双绞线或光纤进行连接。PROFINET 设备之间的连接可以采用直接连接或通过交换机连接的方式,以构建一个完整的网络拓扑结构。在 PROFINET 中,设备之间的连接是通过介质访问控制(Media Access Control Twisted Pair,MAC)地址进行识别和通信的,每个 PROFINET 设备都具有唯一的 MAC 地址,以确保网络中设备的唯一性和通信的可靠性。

3. 自动识别

PROFINET 中的设备连接通常采用自动识别的方式,即设备上电后会自动进行网络识别和配置。通过自动识别功能,PROFINET 设备可以自动获取网络参数、地址信息和设备配置等,无须人工干预,简化了网络的部署和维护工作。同时,自动识别功能还可以实现设备的热插拔和动态配置,提高了网络的灵活性和可靠性。

▶ 3.2.2 通信协议和数据传输

PROFINET 通信协议采用了基于以太网的通信协议栈,包括 TCP/IP、UDP 和以太网协议等。在 PROFINET 中,数据通信主要通过 TCP/IP 实现,确保数据的可靠传输和网络的稳定性。同时,PROFINET 还支持实时通信,通过 UDP 实现对实时数据的传输,保证数据的及时性和可靠性,满足工业生产对实时性的要求。

数据在 PROFINET 中的传输采用了分组交换的方式,即将数据分成多个数据包进行传输,每个数据包包含数据的部分信息和校验码等。通过分组交换的方式,PROFINET 可以实现对大容量数据的高效传输和管理,确保数据的完整性和准确性。同时,PROFINET 还支持数据的优先级管理和流量控制,根据数据的重要性和紧急程度进行调度和传输,保证了网络通信的稳定性和可靠性。

1. 通信等级

在工业控制过程中,不同的现场应用对通信系统的实时性有不同的要求。所谓实时性,首先要求响应时间要短;其次要求数据间隔的确定性,而响应时间是系统实时性的一个重要指标。PROFINET 基于以太网通信标准,并对其进行了优化处理,以满足同一系统所有不同级别实时通信的要求。根据响应时间的不同,PROFINET 通信性能等级、实时性与应用如图 3-3所示。

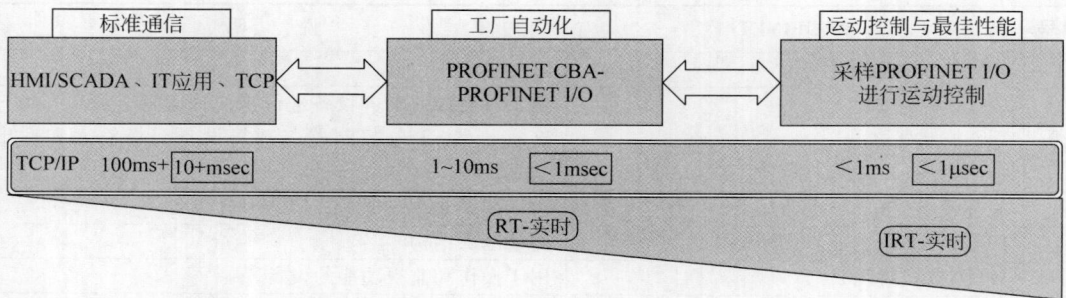

图 3-3　PROFINET 通信性能等级、实时性与应用

（1）TCP/IP 标准通信。

基于工业以太网技术的 PROFINET 符合 TCP/IP 和 IT 标准,其响应时间大约为 100ms,以解决非苛求时间的数据通信,如组态、参数赋值等,其完全能满足工厂控制级的应用。

（2）实时(RT)通信。

RT 通信是解决苛求时间的数据通信,如传感器和执行器设备之间以及控制器之间的数据交换。因此 PROFINET 提供了一个优化的、基于以太网数据链路层的实时通信通道,通过该实时通道,极大地缩短了数据在通信栈中的处理时间,其典型响应时间为 1～10ms。

RT 通信主要依靠 PROFINET 中各设备自身的时钟进行计时,此参数可通过 STEP7 硬件组态软件对 PROFINET 设备 I/O 刷新时间进行设定。当达到刷新时间时,提供者会向客户发送数据,实现数据的实时传送。

（3）等时同步实时(IRT)通信。

IRT 通信是解决对时间要求严格同步的数据通信,如现场级通信中的运动控制,它要求通信网络在 100 个节点下,响应时间要小于 1ms,抖动误差要小于 $1\mu s$,以此保证及时、确定的响应。

在 PROFINET 中，PROFINET CBA（PROFINET Component Based Automation，PROFINET 基于组件的自动化）采用 TCP/IP（非实时）和实时（RT）通信，它允许时钟周期由 TCP/TP 的 100s 量级提升到 RT 的 10ms 量级，从而更适合于 PLC 之同的通信。PROFINET I/O 采用 RT 交换数据，其时钟周期达到了 10ms 量级，非常适合在工厂自动化的分布式 I/O 系统中应用。等时同步实时（IRT）通信能够使时钟周期达到 1ms 量级，所以其适合于运动控制系统使用。

2. PROFINET 协议栈

ISO 的 OSI 模型和 PROFINET 通信系统模型对比如表 3-2 所示。

表 3-2　ISO 的 OSI 模型和 PROFINET 通信系统模型对比

应用层 B	PROFINET I/O 服务 PROFINET I/O 协议		PROFINET CBA
应用层 A		无连接 RPC	DCOM 面向连接的 RPC
表示层			
会话层			
传输层		UDP	TCP
网络层		IP	
数据链路层		根据 IEC 617842 的实时增强型	
物理层		IEEE 802.3 100BASE-TX、100BASE-FX	

由表 3-2 可见，PROFINET 物理层采用了快速以太网的物理层，数据链路层则在遵循 IEEE 802.3 标准的同时，采取了一些优化措施，如遵循 IEEE 802.1p 的标准，结合网络第二层硬件的支持，即西门子等时同步实时 ASIC 芯片，将 PROFINET 上传输的数据次序按优先级进行区分，实时数据具有较高的优先级，保证数据的实时性。

网络层和传输层采用 IP/TCP/UDP，OSI 模型中的第 5 层、第 6 层未使用，并根据分布式系统中 PROFINET 控制对象的不同，应用层又分为无连接（PROFINET I/O）和有连接（PROFINET CBA）两种。

3. 通信通道模型

PROFINET 通信通道模型如图 3-4 所示。

PROFINET 实时协议保证了周期数据和控制消息（报警）的高性能传输。标准 IT 的应用层协议用于 PROFINET 和 MES、ERP 等高层网络的数据交换，标准 TCP/UDP/IP 通道用于设备的参数化、组态、诊断数据读取及 HMI 访问等非周期的数据交换。PROFINET 的实时功能分为 RT 和 IRT，它抛弃了 TCP/IP 部分，而采用 IEEE 802.3 优化的第二层协议，由硬件和软件实现相应的协议栈，从而使数据帧的长度大大减小，以最大限度地缩短通信栈的循环时间。其中，RT 用于高性能的数据通信，如循环数据传输和事件控制信号等，利用标准的网络设备作为基础架构部件即可实现，具有实时（RT）通信功能的 PROFINET I/O 是集成 I/O 系统的最优解决方案。

等时同步实时通道 IRT 用于抖动时间小于 1μs 的等时模式，适用于实现高性能的控制任务和运动控制任务，它需要特殊的硬件支持，如西门子公司生产的网管型二层工业以太网交换

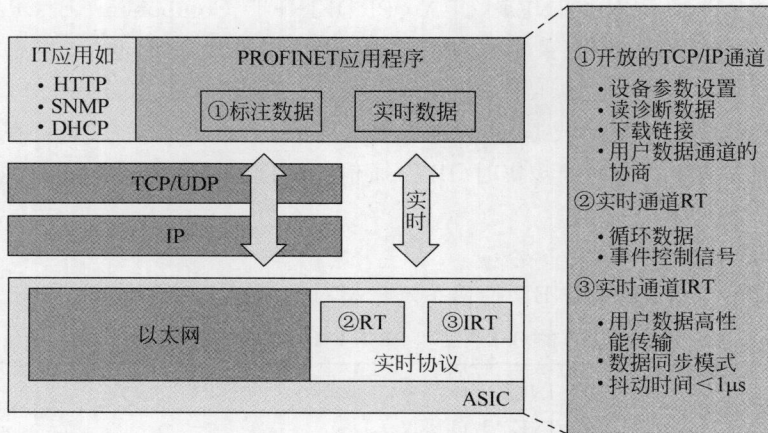

图 3-4　PROFINET 通信通道模型

机 SCALANCE X200IRT 等。

3.2.3　实时通信机制

PROFINET 支持实时通信机制,通过 UDP 实现对实时数据的传输和控制。在 PROFINET 中,实时数据具有高优先级和固定的传输周期,确保数据的及时性和可靠性。通过实时通信机制,PROFINET 可以实现对工业生产过程的实时监测和控制,提高了生产线的灵活性和响应速度。

PROFINET 中的实时通信机制的优势主要体现在以下三个方面。

(1)实时数据传输。PROFINET 通过 UDP 实现对实时数据的高速传输,确保数据的及时性和准确性。实时数据具有高优先级和固定的传输周期,可以满足工业生产对实时性的要求。

(2)实时数据控制。PROFINET 可以实现对实时数据的实时监测和控制,通过设备之间的实时通信实现对生产过程的实时调整和优化,提高了生产效率和产品质量。

(3)实时数据同步。PROFINET 可以实现对多个设备之间的实时数据同步,确保数据的一致性和同步性。通过实时数据同步功能,PROFINET 可以实现设备之间的协同工作和数据共享,提高了生产线的整体效率和性能。PROFINET I/O 是一个基于快速以太网第二层协议的可扩展实时通信系统。通过用于时间要求较高的过程数据的 RT 传输过程以及用于准确性较高的等时同步过程的 IRT,可以实现两个性能级别的实时支持。

1. 实时通信

具有实时通信功能的 PROFINET I/O 是集成 I/O 系统的最优解决方案。该解决方案也可使用设备中的标准以太网以及市场上可购买到的工业交换机作为基础架构部件,不需要特殊的硬件支持。

如果希望使用全部的 PROFINET 功能,必须采用可根据标准 IEC 61158 支持 PROFINET 标准的交换机。在 PROFINET 设备的集成交换机和 PROFINET 交换机中,可执行符合 PROFINET 标准的 PROFINET 功能,且无须对 PROFINET I/O 系统中的集成进行限制即可使用该功能。

根据标准 IEEE 802.1q,PROFINET I/O 消息帧优先于标准消息帧。这可以确保自动化技术中要求的确定性。数据通过优先的以太网消息帧来传输。使用 RT 功能,可实现起始值

为 $250\mu s$ 的更新时间。

对于工业以太网,要求具备实时的确定性传输很重要。PROFINET 符合这些要求。因此,PROFINET 可以用作确定的实时通信系统,其功能如下。

(1) 在保证的时间间隔内传输对时间要求严格的数据。

为实现此目的,PROFINET 为实时通信提供优化的通信通道。

(2) 确保使用其他标准协议的通信可以在同一网络中无故障进行。

2. 等时同步实时通信

PROFINET 使用等时同步实时(Isochronous Real Time,IRT)技术以满足苛刻的响应时间。在每个循环周期内,IRT 通道时间是确定的,为了保证高质量的等时通信,网络上所有站点必须实现很好的同步,才能确保数据在精确相等的时间间隔内被传送到目的地。PROFINET 在快速以太网的第二层协议上定义了基于时间间隔控制的传输方法 IRT,从每个循环的开始即实现非常精确的时间同步,其同步精度可达微秒级。PROFINET 使用等时同步实时通信,如图 3-5 所示。

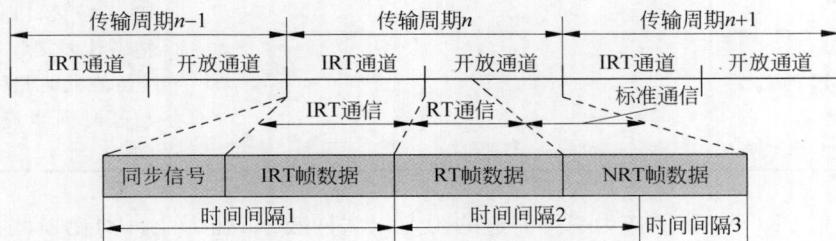

图 3-5　等时同步实时通信

在 IRT 循环周期中,传输时间分为时间确定的等时通信(IRT 通信)和开放的标准通信两部分,对时间要求苛刻的实时数据在 IRT 通道传输,而对时间要求不高的数据在开放性通道中传输。

在图 3-5 中,时间间隔 1 是用于传输 IRT 帧的时间间隔,它由站点数和周期数确定;时间间隔 2 是用于传输 RT 帧以及遵循 IEEE 802.1p 且分配了优先级的非实时帧(NRT 帧)的时间间隔,其中具有优先级的 NRT 帧传输时间不能延续至时间间隔 3;时间间隔 3 是用于传输 NRT 帧的时间间隔,其传输任务必须在传输周期结束前终止。该时间间隔应确保至少一个具有最大长度的以太网数据帧能够被完整地传输。

等时同步实时通信又可细分为具有高度灵活性的 IRT 和高性能 IRT。

(1) 具有高度灵活性的 IRT。

在确定的周期中,循环发送消息帧(等时实时)。此外,将为传输资源预留固定的传输带宽,无须进行系统的拓扑组态。原则上,如果希望评估用户程序中的拓扑错误,可以组态拓扑。

此程序可确保在规划和扩展系统方面具有最大灵活性这一优势。

使用具有高度灵活性的 RT 功能,可实现起始值为 $250\mu s$ 的更新时间。

(2) 高性能 IRT。

除预留带宽之外,还会交换来自定义的传输路径的报文,以便进一步优化数据传输。为此,可使用组态中的拓扑信息对通信进行计划。这样就会保证每个通信节点处每个数据报文的发送和接收点。通过这种方式,可以更好地利用带宽,并获得 PROFINET I/O 系统中的最佳性能。将 IRT 与预留传输带宽和拓扑组态结合使用,可以实现从 $250\mu s$ 开始的高确定性的更新时间。

实时通信和等时同步实时通信对比如表 3-3 所示。

表 3-3 实时通信和等时同步实时通信对比

属　　性	RT	具有高度灵活性的 IRT	高性能 IRT
传输方法	通过以太网优先级来确定 RT 消息帧的优先级（VLAN 标签）	通过预留只用于传输 IRT 通信的时间段（例如不用于传输 TCP/IP 帧）来预留传输带宽	根据一个通信路径计划来执行基于路径的切换；在 IRT 通信时间内不传送 TCP/IP 帧
确定性	通过与其他协议（例如 TCP/IP）共用传输带宽所带来的传输持续时间的差别	通过预留传输带宽确保实现在当前循环中传输 IRT 消息帧	精确和有计划的传输，可保证所有拓扑的发送和接收时间
在所有的特殊以太网控制器中需要硬件支持	不需要	必需	必需
等时同步应用	-	无	有（仅适用于 CPU 的集成 PN I/O 接口）
等时同步应用的起始时间	-	-	精确计划接收数据的时间点。在此时间后，可直接启动等时同步应用（类似于 DP）

　　综上所述，PROFINET 作为一种先进的工业以太网技术，在工业自动化领域具有重要的应用价值和发展前景。通过设备连接和自动识别、通信协议和数据传输、实时通信机制、网络拓扑结构和冗余机制等方面的介绍，读者可以深入了解 PROFINET 的工作原理和应用特点，为工业生产提供更加高效、可靠的网络通信解决方案。

3.3 EtherCAT 工作原理

　　EtherCAT（Ethernet for Control Automation Technology，以太网控制自动化技术）是由德国 BECKHOFF 自动化公司于 2003 年开发的先进工业以太网技术。它巧妙地采用了标准的以太网数据帧，并严格遵循 IEEE 802.3 物理层标准。针对工业自动化领域的独特挑战——诸如确保严格的实时响应时间、高效处理多节点系统中各节点的周期性少量过程数据，以及对硬件成本的严格控制——EtherCAT 提供了卓越的解决方案。

　　在传统的以太网中，现场级应用的特殊需求往往难以满足。尤其是当每个节点需要独立传输少量的周期性过程数据时，有效数据的利用率会大幅下降。举例来说，当一个驱动器发送 4B 的位置和状态信息，并同时接收 4B 的目标位置和控制指令时，由于以太网报文的最短长度为 84B（含帧间距），且仅 46B 可用于传输过程数据，因此有效数据的利用率竟低至 4.8%。此外，从接收目标值到触发实际值的传输过程中，驱动器所需的响应时间也进一步降低了 100Mb/s 带宽的利用效率。

　　在 IT 领域广泛采用的路由（IP）和连接（TCP）协议栈中，每个节点都需要附加的协议头，这无疑增加了传输延时。这些因素共同制约了传统以太网在工业自动化领域的应用效率。然而，EtherCAT 技术的出现打破了这一局限。它采用了一种独特的通信机制，即数据包在经过节点时，可以直接进行数据的读取或插入，从而省去了接收、解码和复制过程数据的烦琐步骤。

这一创新显著减少了通信延迟,实现了极为迅速的响应和高效的数据传输。

　　作为一种表现出色的工业以太网协议,EtherCAT 凭借其低延迟、高带宽和易实施等显著特点,在工业控制和数据采集领域具有广泛的应用前景。本节将深入剖析 EtherCAT 的运作机制和技术特性,并通过实际工业应用案例,展示其如何精准满足工业自动化领域对高性能通信的严苛需求。

▶ 3.3.1　设备简介

　　EtherCAT 是一种实时以太网技术,其系统架构包括一个主站设备和多个从站设备。在这个系统中,任何配备了网络接口卡的计算机或内置以太网控制器的嵌入式设备,均具备作为主站的资格。而从站则通过使用从站控制器(ESC)来接入系统,这些控制器可以是专用集成芯片,如 ET1100 或 ET1200,或者是利用 FPGA 技术集成了 EtherCAT 通信功能的 IP-Core。在物理层方面,EtherCAT 采用了标准的以太网物理层组件,其中传输介质常使用符合 100BASE-TX 规范的 5 类 UTP 线缆。

1. EtherCAT 主站

　　(1) 主站设备的开发平台主要分为两大类。

　　基于 PC 的主站:这类主站通常采用人们日常使用的计算机主机。在工业环境中,为确保系统的稳定性,一般会选择工业级主机;而在个人学习或研究环境中,普通 PC 即可满足需求。

　　基于 SOC 系统的主站:这类主站可进一步细分为两种,一种是能够运行嵌入式操作系统的主站,如 Embedded Windows Compact、打了实时补丁的 Linux 等;另一种是在一些对性能要求不高的场合,可以使用单片机系统作为主站。

　　(2) 在选择主站时,也主要有两种类型可供选择。

　　工业级付费主站:例如,广泛使用的 TwinCAT 3,它基于微软的 Visual Studio IDE 开发工具;同时,工业级自动化控制系统 Codesys 也集成了 EtherCAT 主站功能。

　　开源主软件包:这些软件包可以在多种操作系统上运行,如 SOEM 和 IgH。需要注意的是,与工业级主站相比,这些开源软件包在安全性方面可能存在一定差距。

　　(3) EtherCAT 主站设备除了具备通信功能外,还需具备对从站设备进行控制的功能。EtherCAT 物理层连接原理如图 3-6 所示。

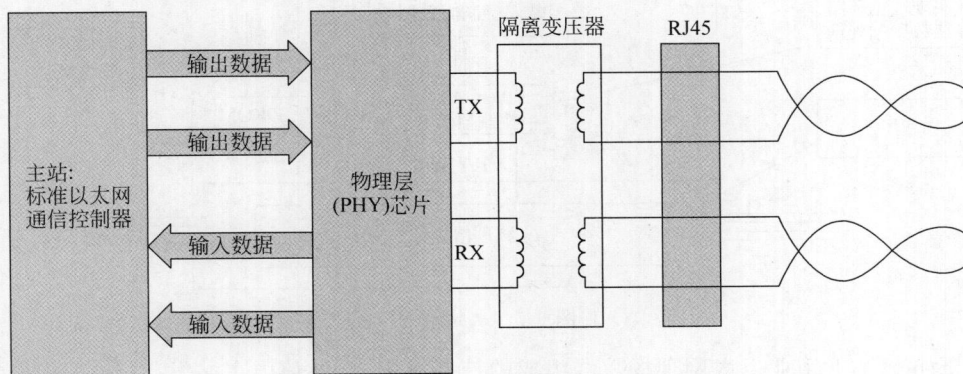

图 3-6　EtherCAT 物理层连接原理

　　通信控制器完成以太网数据链路的介质访问控制功能,物理层(Physical Layer,PHY)芯片实现数据的编码译码和收发,它们之间通过一个介质无关接口(Media Independent

Interface,MI)交互数据。MI 是标准的以太网物理层接口,定义了与传输介质无关的标准电气和机械接口,使用这个接口将以太网数据链路层和物理层完全隔离开,使以太网可以方便地选用任何传输介质。隔离变压器用于实现信号隔离,提高通信的可靠性。

(4) EtherCAT 主站运行需具备以下几个基本功能。

① 读取从站设备的 XML 描述文件并对其进行解析,获取其中的配置参数。

② 捕获和发送 EtherCAT 数据帧,完成 EtherCAT 子报文解析、打包等。

③ 管理从站设备状态,运行状态机,完成主从站状态机的设置和维护。

④ 可进行非周期性数据通信,完成系统参数配置,处理通信过程中的突发事件。

⑤ 实现周期性过程数据通信,实现数据实时交换、实时监控从站状态、从站反馈信号实时处理等功能。

2. EtherCAT 从站

EtherCAT 从站设备是工业以太网控制系统中的关键组成部分,这些设备采用了如 Microchip 公司 LAN9252 芯片这样的专业控制芯片,用以确保精准的控制与数据传输。它们能够直接接收并处理由主站发出的报文,高效地从报文中提取或插入必要数据,并依次将报文传递给网络中的下一个 EtherCAT 从站。这种独特的数据处理方式,结合 EtherCAT 从站设备的高速传输能力和高数据效率,不仅保障了数据的高速传输,同时也满足了实时工业以太网对效率的严苛要求。

EtherCAT 从站设备一般由物理层器件、EtherCAT 从站控制器(ESC)和微处理器 (MCU)三部分组成。物理层器件负责以太网连接,ESC 是实现 EtherCAT 协议栈的专用 ASIC,而从站控制微处理器则主要实现应用层(如 CANopen)和用户自定义的程序。在系统通信过程中,网络数据的处理都在 ESC 内部由硬件完成,因此通信网络的性能并不取决于从站使用的微处理器性能。这种设计使得 EtherCAT 从站设备能够提供高速、动态的网络数据通信和控制任务功能。从站结构如图 3-7 所示。

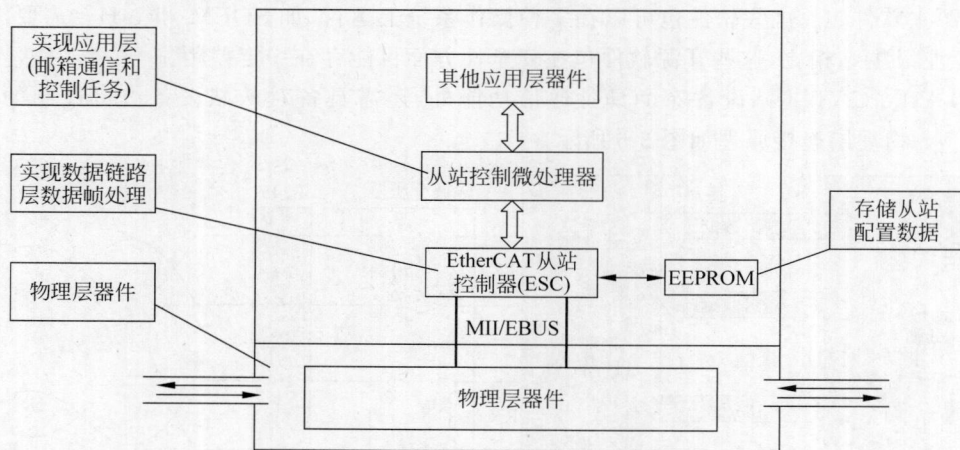

图 3-7　从站结构

在 EtherCAT 工业以太网现场总线组成的控制系统中,通信由主站发起,通过过程数据通信控制从站设备的工作状态,以完成系统任务。EtherCAT 从站设备可以直接接收来自工业以太网的网络数据报文,提取控制信息和命令,插入本地设备信息及采集的数据,并在处理完成后将报文传输到下一个 EtherCAT 从站设备。当报文传送到最后一个从站并完成操作后,会按原路返回,最终由第一个 EtherCAT 从站设备将处理过的报文作为响应发送给主站。这种通信方式充分利用了以太网全双工处理网络数据的通信特点。

此外,ESC 的 4 个数据收发端口可以构成多种物理拓扑结构,如树状、总线型和星状结构等,提供了卓越的灵活性和可扩展性。同时,EtherCAT 还支持多种应用层通信协议,如 FoE、EoE、SoE 和 CoE 等,进一步拓宽了其应用场景并增强了系统的兼容性。因此,EtherCAT 技术在工业应用场合中表现出众,特别是在多节点生产线和多轴伺服控制等复杂应用场景中具有显著优势。

3. 端口管理

一个从站控制器最多可以有 4 个端口,如果一个端口关闭了,控制器主动连接下一个端口。端口可以随着 EtherCAT 命令主动地打开或者关闭。逻辑端口设置决定了 EtherCAT 帧的处理和发送顺序。

▶ 3.3.2　运行原理

EtherCAT 技术的核心优势在于其独特的通信机制,它能够在单个数据帧内完成对所有节点的控制数据传输,从而显著提升了通信效率,有效地解决了传统以太网在工业自动化应用中面临的挑战。

EtherCAT 的工作原理基于标准以太网技术,但它采用了一种独特的通信方式,突破了其他以太网解决方案的系统限制,使得数据传输更加高效。在 EtherCAT 网络中,数据是通过一个环状或线性的网络结构传递的,每个从站(slave)设备都会读取它需要的数据,然后立即将数据包传递给下一个从站,这个过程称为"在通过时处理"。这种高速动态地插入过程数据的方式,意味着数据帧的传输延迟主要受到硬件传输延迟的限制,从而大大降低了总体通信延迟。EtherCAT 运行原理如图 3-8 所示。

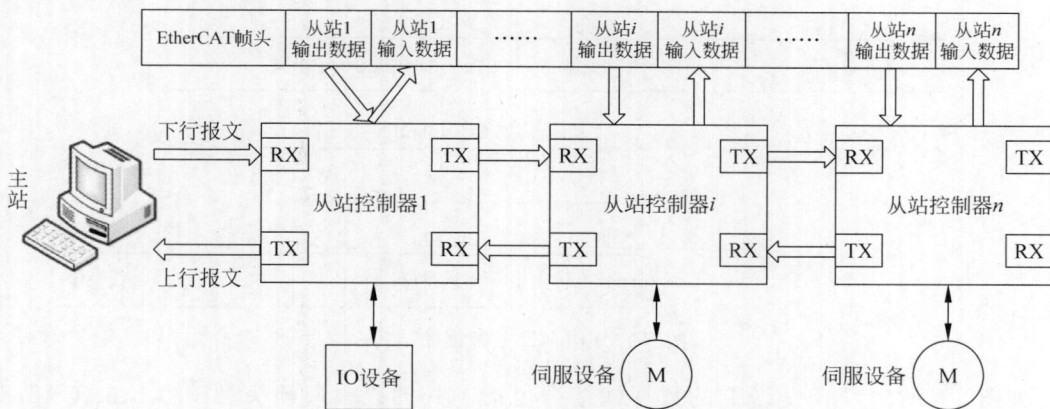

图 3-8　EtherCAT 运行原理

当数据帧到达网络的末端,且没有更多的从站需要接收数据时,该帧会利用以太网的全双工特性被返回至主站。这一设计使得 EtherCAT 能够实现高于 90% 的数据利用率,并且从理论上讲,它能够支持超过 100Mb/s 的数据传输速率。

EtherCAT 网络采用主从结构,其中,主站是网络中唯一能够主动发起数据帧传输的节点。这种设计消除了不可预测的延迟,确保了网络的高实时性能。主站使用标准的以太网介质访问控制器(MAC),不需要专用的通信处理器,因此任何配备了以太网接口的硬件平台都可以作为 EtherCAT 主站,这与其运行的实时操作系统或应用软件无关。

从站通过 EtherCAT 从站控制器(ESC)在硬件层面处理数据帧,这保证了网络性能的可预测性和各个从站性能的独立性。每个从站都有唯一的节点地址和设备 ID,便于主站进行识别和管理。在每个通信周期内,主站会向所有从站广播数据帧,从站处理这些数据后将结果返回给主站,从而实现了对从站的实时监控和控制。

通信周期的长度由主站控制,通常在几微秒到几毫秒之间。主站还负责向所有从站发送同步信号,确保所有从站在同一时间点进行数据处理和通信。这种同步机制使得 EtherCAT 网络能够实现设备间的精确实时同步和数据交换,保证了网络通信的高可靠性和实时性。

总而言之,EtherCAT 技术的高效、可靠的通信机制使其成为工业以太网领域的一项重要创新,为工业自动化提供了强有力的技术支持。随着技术的不断进步和应用的广泛推广,EtherCAT 在工业通信网络中发挥着越来越重要的作用,推动着工业生产向更高效、智能化的方向发展。

1. EtherCAT 协议

EtherCAT 将其报文嵌入标准的以太网数据帧中,形成 EtherCAT 数据帧。设备通过帧类型 0x88A4 识别 EtherCAT 数据帧。由于 EtherCAT 协议被优化为适用于短周期性的过程数据,因此不需要庞大的协议堆栈,如 TCP/IP 或 UDP/IP。采用 IEEE 802.3 定义的标准以太网帧传输 EtherCAT 报文。EtherCAT 数据帧结构如图 3-9 所示。

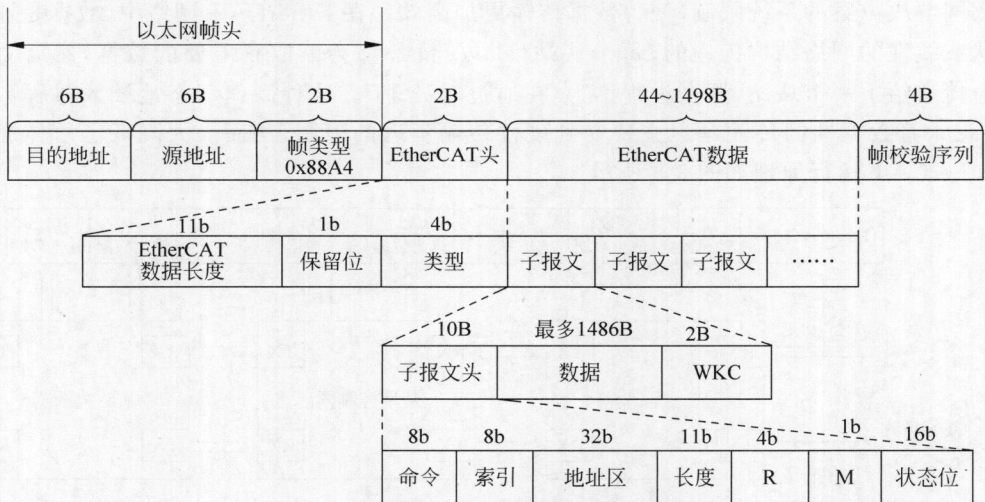

图 3-9　EtherCAT 数据帧结构

如图 3-9 所示,EtherCAT 的数据帧结构包括 14B 的以太网帧头,2B 的 EtherCAT 头,44~1498B 的 EtherCAT 数据,4B 的帧校验序列。以太网帧头中包含 6B 的目的地址,6B 的源地址和 2B 的帧类型。目的地址是接收方的 MAC 地址,源地址是发送方的 MAC 地址,帧类型为 0x88A4,是 EtherCAT 的以太网的帧类型。EtherCAT 头包括三部分:11B 的 EtherCAT 数据长度(所有子报文的数据长度的总和),1B 的保留位,4B 的类型(类型固定为 1,表示和 EtherCAT 从站通信)。每个子报文包含三部分:10B 的子报文头,最多 1486B 的数据,2B 的 WKC(工作计数器,记录子报文被从站操作的次数)。其中,子报文头可分为 7 部分,子报文头释义如表 3-4 所示。

表 3-4　子报文头释义

名　称	含　义
命令	寻址方式及读写方式
索引	帧编码
地址区	从站地址
长度	报文数据区长度
R	保留位
M	后续报文标志
状态位	中断到来标志

主站设置 WKC 的初始值为 0,当子报文被从站处理后,WKC 都会增加一定的数量,当数据帧返回到主站后,主站会比较 WKC 的实际值和预期值是否一致,从而判断报文是否被正确处理。

2. 寻址方式

EtherCAT 的数据通信机制是依赖于主站发送 EtherCAT 报文来读写从站设备的内部寄存器。此过程首先通过网段寻址确定从站所在的 EtherCAT 网段,随后利用设备地址定位到具体的从站设备,最后根据报文中的内存偏移地址来读写该设备的内部寄存器数据,从而完成数据交换。

(1) EtherCAT 网段寻址。

EtherCAT 主站与从站网段的连接方式主要分为直连模式和开放模式两种。

① 在直连模式下,从站所在的 EtherCAT 网段通过网线直接与主站的以太网控制器相连。此时,主站使用广播 MAC 地址(即以太网帧头的目的地址设为 0xFFFFFFFFFFFF)来定位 EtherCAT 从站网段。

② 在开放模式下,EtherCAT 的主站和从站网段均连接至同一个标准的以太网交换机。每个 EtherCAT 从站网段的起始从站设备都拥有一个代表该网段的 MAC 地址,这类设备被称为段地址从站。在这种模式下,主站在发送 EtherCAT 报文时,需将以太网帧头的目的地址设置为目标从站网段的段地址。

(2) 设备寻址。

EtherCAT 数据帧的子报文头中包含一个 32b 的地址区域,其中,前 16b 表示从站设备的设备地址,后 16b 表示该设备的内存偏移地址。通过前 16b,EtherCAT 报文能够定位到特定的从站设备,而后 16b 则用于确定数据应写入或读出的具体内存位置。设备寻址方式可分为顺序寻址和设置寻址。

① 顺序寻址中,从站设备的地址是根据其物理连接顺序来确定的。

② 设置寻址则与物理连接顺序无关,地址是在系统初始化时由主站配置的,或从站设备从其自身的 EEPROM 配置文件中读取的。

在一个 EtherCAT 从站网段内,每个从站设备都拥有一个唯一的设备地址,以确保能够准确接收并处理 EtherCAT 数据帧中相应的子报文。

3. EtherCAT 状态机

EtherCAT 状态机主要用于管理 EtherCAT 主站与从站的邮箱数据和过程数据的通信。EtherCAT 设备必须支持 4 种状态,以协调主站和从站应用程序在初始化和运行状态时的关系。

（1）EtherCAT 状态机 4 种操作状态。

① Init：初始化状态，简称 I。

② Pre-Operation：预运行状态，简称 P。

③ Safe-Operation：安全运行状态，简称 S。

④ Operation：运行状态，简称 O。

EtherCAT 状态机转换如图 3-10 所示。

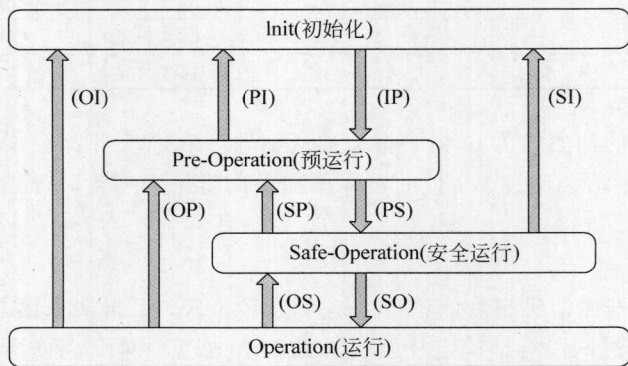

图 3-10　EtherCAT 状态机转换

（2）EtherCAT 状态机转换特点。

① 从初始化到运行状态时，必须按照"初始化→预运行状态→安全运行状态→运行状态"的顺序进行转换，不可越级转换。而在运行状态返回时则可以越级转换。

② 状态转换由主站发起，从站响应主站请求。如果主站请求的状态转换失败，从站发起错误信息给主站。

状态和状态转换过程及操作如表 3-5 所示。

表 3-5　状态和状态转换过程及操作

状态和状态转换	操作描述
初始化（I）	应用层无通信，从站只能读取 ESC 信息
初始化→预运行（IP）	主站配置从站点地址
	配置邮箱通道
	配置 DC 分布时钟
	请求预运行状态
预运行（P）	应用层邮箱数据通信（SDO）
预运行→安全运行（PS）	主站使用 SDO 通信配置过程数据映射
	主站配置从站的过程数据通信的 SM 通道
	主站配置 FMMU
	请求安全运行
安全运行（S）	有过程数据输入，无过程数据输出
	SDO 通信

续表

状态和状态转换	操 作 描 述
安全运行→运行(SO)	主站传输有效的过程数据输出
	请求运行状态
运行(O)	SDO 邮箱数据通信
	PDO 过程数据通信

4. 数据包刷新时间的计算

一个 Ethernet 数据包最小为 84B,不足 84B 会补齐 84B。由于 EtherCAT Frame 中有一些公共开销,84B 的数据包最多含 18B 的过程数据。考虑到数据包必须经过每个从站两次才能回到主站,所以数据包以固定的波特率 100Mb/s 在网络上传输两次的时间,就是它的总线刷新时间。

基于这个原则,计算包含 1000 路开关量信号的数据包的刷新时间的过程,如例 3-1 所示。

【例 3-1】　计算包含 1000 路开关量信号的数据包的刷新时间的过程。

过程数据长度:1000/8 = 125B
数据包长度:84 − 18 + 125 = 191B = 191×8b = 1528b
总线刷新时间:(1528b/100 000 000B/s) × 2 = 15.28μs×2 = 30.56μs

注意,通常的数字量模块,都是单纯的输出或者输入模块,而不是混合模块。所以 1000 个数字量信号,Frame 中就会分配 125B。

再以包含 100 个 EtherCAT 伺服驱动器过程数据的 EtherCAT 数据包为例,假如每个伺服的过程数据只包括控制字(2B)、状态字(2B)、目标位置(4B)、实际位置(4B),总线刷新时间的计算过程,如例 3-2 所示。

【例 3-2】　总线刷新时间的计算过程。

过程数据长度:100×(2 + 4) = 600B
数据包长度:84 − 18 + 600 = 666 B = 666×8b = 5328b
总线刷新时间:(5328b/100 000 000B/s) × 2 = 106.56μs

注意,Frame 中只为一个伺服分配了 6B,这是因为根据 Beckhoff 公司的控制软件 TwinCAT 中关于 EtherCAT 的默认设置是从站的 Input 和 Output 使用同一数据段,所以数据包进入伺服驱动器时该数据段存放的是控制字和目标位置,而出来时则存放伺服的状态字和实际位置。

以上两个数据 30.56μs 和 106.56μs 就是 EtherCAT 官方宣传资料中,刷新 1000 个数字量需要 30μs,刷新 100 个伺服轴只需要 100μs 的数据由来。实际上,根据从站的类型、是否包含分布时钟、是否启用时钟同步、时钟同步的参数设置不同,在数据包中有可能还会增加 8~12B 用于传输同步时钟值,以及相应地为每个从站增加 1b 的标记等,会增加几个微秒的刷新时间,暂且忽略不计。

以上计算只是数据包传输需要的理论时间,实际上,数据包经过每个从站会产生短暂的硬件延时。100M 超五类网线接口的从站延时约 1μs,而 EBus 的 I/O 模块类从站延时约 0.3μs,在毫秒级以下的控制任务中如果从站数量较多,这个时间也相当可观,计算刷新周期时应该考虑进去。

5. 通信模式

EtherCAT 通信是以主从模式进行的,其中,主站控制着 EtherCAT 的系统通信。在实际自动化控制应用中,通信数据一般可分为时间关键和非时间关键,EtherCAT 中利用周期性过程数据通信进行时间关键数据通信,采用非周期性邮箱通信来实现非时间关键数据通信。

(1) 周期性过程数据通信。周期性过程数据通信通常使用现场总线内存管理单元(FMMU)进行逻辑寻址,主站可以通过逻辑读写命令来操作从站。周期性过程数据通信使用两个存储同步管理单元(SM)来保证数据交换的一致性和安全性,通信模式采用缓存模式。在缓存模式下使用三个相同大小的缓冲区,由 SM 统一管理,缓存模式的运行原理如图 3-11 所示。

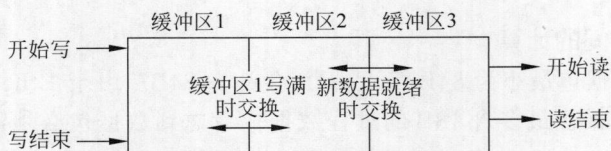

图 3-11   缓存模式的运行原理

(2) 非周期性邮箱通信。邮箱数据通信模式只使用一个缓冲区,为保证数据不丢失,数据交换采用握手机制,即在一端完成对缓冲区数据操作后,另一端才能操作缓冲区。通过这种轮流方式进行读写操作,来实现邮箱数据交换。

6. 应用层协议

EtherCAT 应用层直接面向应用任务,它定义了应用程序与网络接口,为应用程序访问网络提供手段和服务。通常对常用协议进行简单修改,与 EtherCAT 通信协议兼容,从而可得 EtherCAT 多种应用层协议,主要包括 EoE、CoE、SoE 以及 FoE 等。

EtherCAT 协议本身具有良好的同步特性和数据传输速度,非常适用于伺服系统的控制。其中,CoE 与 SoE 可实现交流伺服驱动器控制的应用层,CoE 是在 CANopen 协议基础上,对协议进行了一些补充,CoE 完全遵从 CANopen 的应用行规,其中,CiA402 行规用于伺服和运动控制。

▶ 3.3.3   技术特征

EtherCAT 主要优势可概括如下。

(1) 低延迟。EtherCAT 网络采用了分布式时钟同步技术和快速数据传输技术,实现了数据传输的低延迟和高效率。通常,EtherCAT 网络的通信周期在几微秒到几毫秒之间,可以满足工业生产对实时性的要求。

(2) 高带宽。EtherCAT 网络支持高速数据传输和大容量数据交换,具有较高的通信带宽和数据吞吐量。通过支持多种数据传输模式和优化数据帧结构,EtherCAT 网络可以实现对大容量数据的高效传输和管理。

(3) 简单易用。EtherCAT 网络采用了简单的通信协议和数据格式,易于实现和部署。EtherCAT 设备之间的通信和控制通过简单的数据帧实现,无须复杂的配置和编程,降低了网络的部署和维护成本。

(4) 灵活可扩展。EtherCAT 网络具有良好的灵活性和可扩展性,支持多种网络拓扑结构和通信模式。EtherCAT 网络可以根据实际应用需求灵活配置和部署,支持多种工业控制和数据采集应用场景。

这些优势的建立来源于 EtherCAT 的技术特征。

1. 灵活的拓扑结构

EtherCAT 是一种灵活的现场总线系统,它支持多种拓扑结构,包括总线型、树状、星状和菊花链型,能够很好地适应不同的网络连接需求。

EtherCAT 允许构建包含大量节点的纯总线型或线性网络,且无须依赖级联交换机或集线器,从而提高了网络的可扩展性。

在线形、分支或树状拓扑结构中,EtherCAT 表现出了高效性。其特别之处在于,用于分支连接的端口已直接集成在设备中,不需要额外的交换机或其他有源设备。同时,它也兼容传统的以太网星状拓扑。

在需要动态连接或断开节点的应用场景,如组合机床或换刀装置中,EtherCAT 从站控制器设计了热插拔功能。当一个节点被移除时,其对应的端口会自动关闭,而网络的其他部分则保持正常运行,检测时间小于 $15\mu s$,确保了网络的平稳运行。

EtherCAT 还提供了多样化的电缆选项,以满足各种网段的需求。它支持使用成本效益高的工业以太网电缆,在 100BASE-TX 模式下可以连接距离长达 100m 的节点。此外,通过实施与 IEEE 802.3af 标准兼容的 Power over EtherCAT 协议,可以使用单条线缆为传感器等设备供电和传输数据。对于节点间距超过 100m 的情况,EtherCAT 还支持使用光纤(如100BASE-FX)。

EtherCAT 网络具有强大的连接能力,最多可连接 65 535 个设备,几乎没有网络容量的限制。这一特性使得可以将模块化的 I/O 设备设计为独立的 EtherCAT 从站,每个模块包含多个设备。因此,高性能的 EtherCAT 可以直接访问每个模块,而无须本地扩展总线或网关,减少了潜在的延迟。

2. 诊断和错误定位

传统现场总线的长期应用经验显示,诊断功能在机器的可用性和调试时间方面具有决定性的影响。在故障排除流程中,错误的及时检测和准确定位显得至关重要。EtherCAT 能够在系统启动时扫描并识别网络拓扑结构,与预期的拓扑进行比对,从而提供初步的系统健康检查。

EtherCAT 系统还集成了多项先进的诊断功能。在每个节点,EtherCAT 从站控制器都会利用校验码对数据帧进行错误检查。只有当数据帧被准确无误地接收后,从站应用才会处理相关信息。如果发现位错误,系统会自动增加错误计数器,并通知后续节点数据帧中存在错误。同时,主站也会检测到这一错误,并丢弃错误数据。通过分析各节点的错误计数器,主站能够精确地定位到系统中首次出现错误的位置。这一特点相较于传统现场总线系统具有显著优势,因为传统系统在发生错误时,错误信号会沿着共享线缆传播,使得错误定位变得困难。EtherCAT 则能有效检测和定位偶发干扰,从而减少对机器运行的潜在影响。

得益于其独特的工作原理,EtherCAT 展现了高效的带宽利用效率。与传统的以太网相比,EtherCAT 通过采用一种高效的传输方式,使得每个节点无须使用独立的数据帧,从而大幅提升了传输效率。在相同的循环周期内,EtherCAT 帧内发生位错误导致干扰的可能性显著降低。此外,在典型的 EtherCAT 应用场景中,由于循环周期更短,系统从错误中恢复所需的时间也明显减少。这一特性简化了主站在面对潜在问题时的处理流程。

在数据帧中,工作计数器被用于监控子报文信息的一致性。当被数据报文寻址的节点内存可用时,工作计数器会自动递增。这允许主站定期验证所有节点数据的完整性。如果检测到实际工作计数器的值与预期不符,主站将阻止该数据报文传递给控制应用程序。随后,主站会根据节点状态和错误信息,以及链路状态,自动检测异常状态的原因。

值得一提的是,EtherCAT 采用了标准的以太网数据帧结构,这意味着以太网网络流量可以通过免费的以太网软件工具进行记录和分析。例如,广受欢迎的 Wireshark 软件支持 EtherCAT 协议解析,使得协议相关信息(如工作计数器、命令等)能够以纯文本形式清晰展示。

3. 高可用性

对于具备高可用性的机器或设备,当出现线缆损坏或节点故障时,不应影响对某个网段的访问或整个网络的失效。

EtherCAT 可通过简单的措施实现线缆的冗余性。通过将网络中最后一个节点与主站设备中的以太网端口连接,可以将线形拓扑结构扩展为环状拓扑结构。在需要冗余的情况下,例如,当线缆损坏或节点故障发生时,可被主站堆栈中的附加软件检测到。仅此而已,而各节点无须为此而改变,甚至不会意识到网络通信正在冗余线路中运行。

位于从站设备中的链路检测功能会自动地检测并解决冗余问题,且恢复时间不超过 $15\mu s$,因此最多破坏一个通信周期。这意味着即使是周期时间很短的运动控制应用,在线缆损坏时,也可以平稳地继续工作。

使用 EtherCAT 还可以通过热备份实现主站设备的冗余。对于比较脆弱的网络部件,例如通过拖链连接的部件,可以使用分支线缆连接,确保在线缆损坏时,机器的其他部分仍能继续运行。

▶ 3.3.4 应用场景

EtherCAT 技术在工业自动化领域有着广泛的应用,包括机械制造、自动化装配、过程控制等多个领域。EtherCAT 网络可以实现对工业生产过程的实时监控和控制,提高了生产线的灵活性和自动化水平。其常见的应用领域如下。

(1)机械制造。在机械制造领域,EtherCAT 网络可以实现对机器人和数控设备的实时控制和监控,提高了生产线的自动化水平和生产效率。通过 EtherCAT 网络,机械制造企业可以实现生产过程的智能化和柔性化,适应不同产品和生产需求。

(2)自动化装配。在自动化装配领域,EtherCAT 网络可以实现对生产线的实时控制和调度,提高了装配过程的精度和效率。通过 EtherCAT 网络,自动化装配企业可以实现对各个装配环节的实时监控和控制,优化生产流程和提高产品质量。

(3)过程控制。在过程控制领域,EtherCAT 网络可以实现对生产过程的实时监测和调节,提高了生产过程的稳定性和可靠性。通过 EtherCAT 网络,过程控制企业可以实现对生产参数和设备状态的实时监控和控制,确保生产过程的安全和稳定。

综上所述,EtherCAT 作为一种高性能、实时性强的工业以太网通信协议,在工业自动化领域具有重要的应用价值和发展前景。通过对 EtherCAT 的运行原理、技术特征和应用实例的介绍,读者可以深入了解 EtherCAT 的工作原理和应用特点,为工业生产提供更加高效、可靠的网络通信解决方案。

3.4 工业以太网数据采集

▶ 3.4.1 PROFINET 应用实例

1. 设备部署

使用西门子公司生产的基本型控制器 SIMATIC S7-1200PLC，PROFINET 节点，色标、光电反射传感器作为数字量输入检测设备，可实现 PLC 数字量采集。PLC 数字量采集设备部署示意如图 3-12 所示。

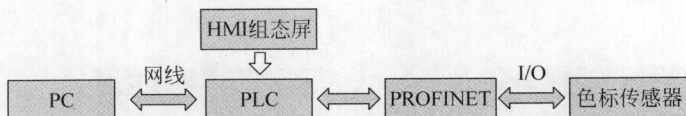

图 3-12 PLC 数字量采集设备部署示意

其中，色标传感器如图 3-13 所示。

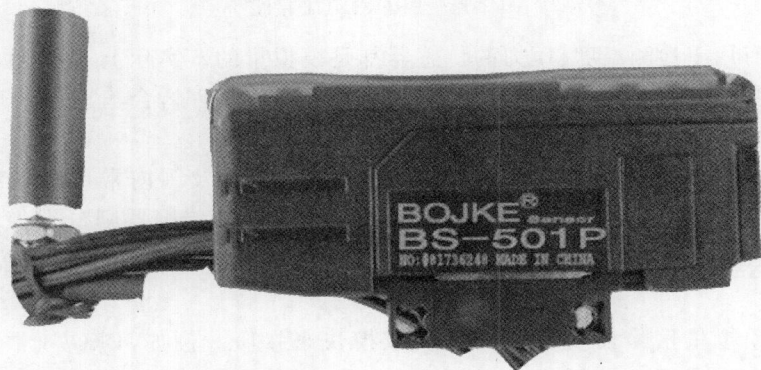

图 3-13 色标传感器

PROFINET 的色标传感器、光电传感器，采用 I/O 口通信。通过 PROFINET 的外部 I/O 通信。PROFINET 接线如图 3-14 所示。

2. 实验原理

PLC 数字量采集实验，使用 SIMATIC S7-1200PLC 设备，PROFINET 节点，色标、光电反射传感器作为数字量输入检测设备，按要求接好线。

（1）模拟量。

模拟量指的是一系列连续变化的物理参数，例如，电压、电流以及电阻等信号量。这些模拟信号的特点是其幅度会随着时间进行连续的变化。在实际应用中，常见的电压信号范围通常维持在 0～10V，而电流信号则一般在 4～20mA 波动。为了对这些模拟信号进行有效的数据采集，可以利用 PLC 的模拟量模块。经过抽样和量化处理后，这些模拟信号可以便捷地转换为数字量，便于后续的数据处理和分析。

（2）模拟量信号输入。

模拟量输入信号包括电流信号和电压信号，它们代表的是连续而非离散的状态。在工业生产环境中，常见的模拟量输入检测信号涉及温度、压力和流量等多个方面。

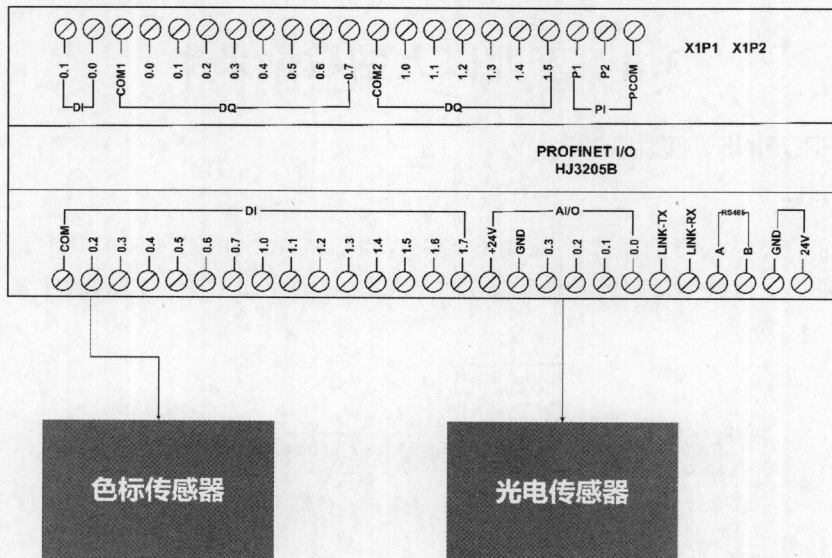

图 3-14　PROFINET 接线

① 并非所有用于检测温度、压力的传感器都是模拟量的。实际上,也存在一些压力触点和温度触点传感器,这类传感器在达到特定的压力或温度阈值时,会输出一个开关量信号,这些信号属于数字量。

② 在模拟量传感器的接线方面,存在两线制、四线制以及国内常用的三线制等多种方式。在两线制传感器中,电源和信号共享两根线;而四线制传感器则分别为电源和信号各使用两根线。三线制是在四线制的基础上,将电源的负极与信号的负极短接,从而简化为三根线。

③ 特定的模拟量信号需要特定的设备或模块来接收。例如,PLC 通常可以接收 4~20mA 或 0~10V 的信号。然而,对于检测高温的热电偶或称重传感器等设备,由于其工作原理产生的信号可能仅为 mV 级别的电压,因此需要特定的模块或仪表进行信号转换。这一点需要依赖实践经验来逐渐积累。

（3）软件设计。

在进行 PLC 编程时,首要任务是配置地址和变量。一旦这些变量及其地址被正确设置,用户就可以参照梯形图来编写满足特定需求的程序。完成编程后,用户进行编译以确保程序的正确性。若编译成功,用户既可以通过仿真来观测程序运行时的各种现象,也可以通过 PC 与 PROFINET 节点的连接,直接查看 PLC 在硬件环境中的实际表现。软件流程如图 3-15 所示。

图 3-15　软件流程

本实验基于工业物联网实验平台(ZC-IwsPlat),该平台是一款工业物联网综合教学实验平台,包含完整的工业物联网架构,包括感知设备、执行机构、无线传感网络、有线传感网络、工业主控机构、工业物联网云平台、工业大数据分析平台。

（1）硬件部署。

实验平台接 220V 电源线，确保电源总开关已开启，然后按下按键群组的所有电源开关，确保实验平台的各个工作单元正常上电。

（2）程序调试。

① 启动"工业物联网实验平台"工程，工业物联网实验平台启动界面如图 3-16 所示。

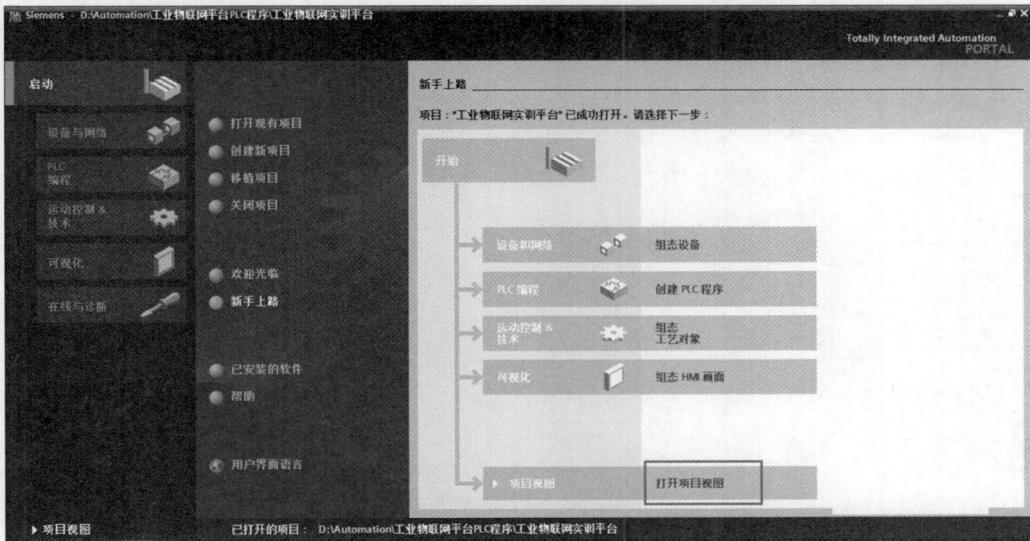

图 3-16　工业物联网实验平台启动界面

② 单击"打开项目视图"进入项目，然后单击"设备组态"，通过设备组态查看 PLC 的属性和型号。PLC 属性和型号查看界面如图 3-17 所示。

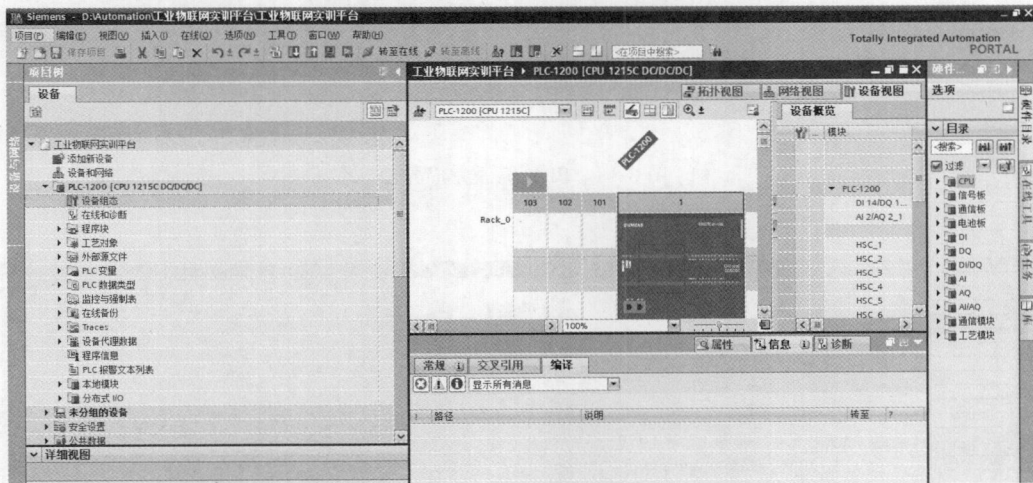

图 3-17　PLC 属性和型号查看界面

③ 单击 ![icon] 图标实现程序的编译，编译查看界面如图 3-18 所示。

④ 编译完成之后 0 错误 0 警告，PLC 编译完成界面如图 3-19 所示。

⑤ 单击 ![icon] 图标进行下载设备，下载设备完成界面如图 3-20 所示。

⑥ 在不同的情况下继续单击，进入装载界面，装载组态界面如图 3-21 所示。

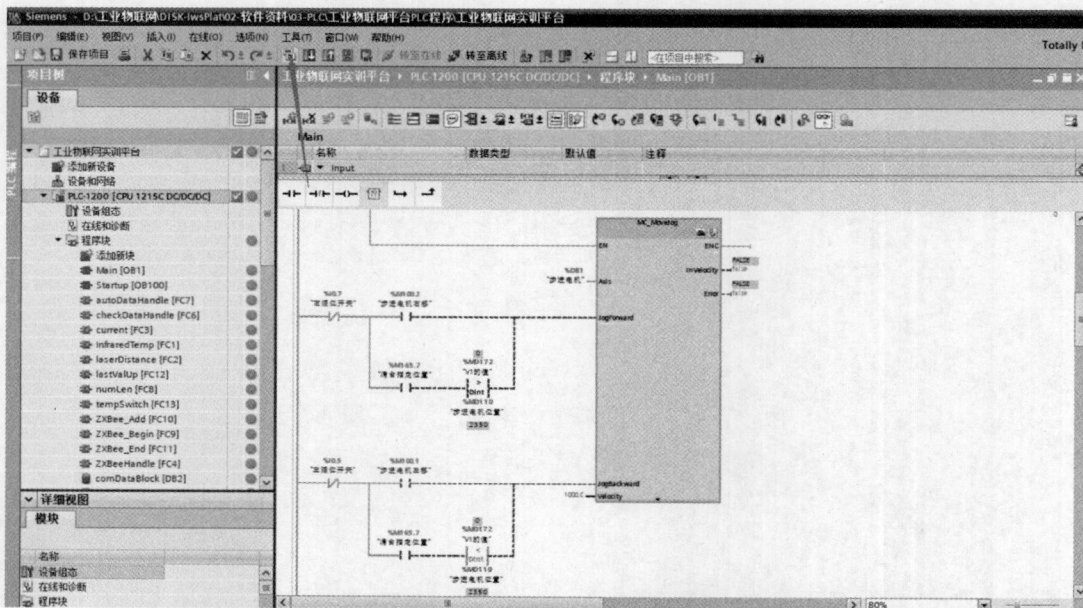

图 3-18　编译查看界面

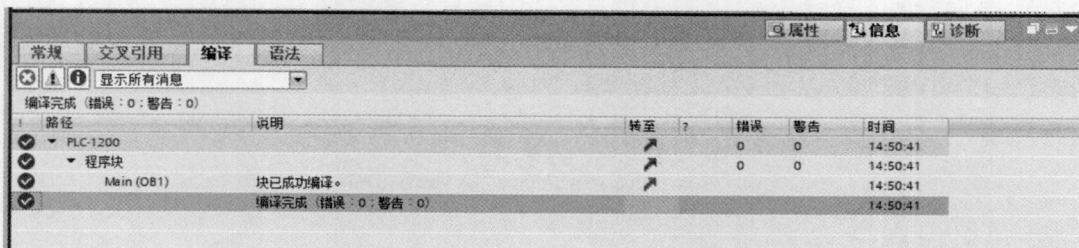

图 3-19　PLC 编译完成界面

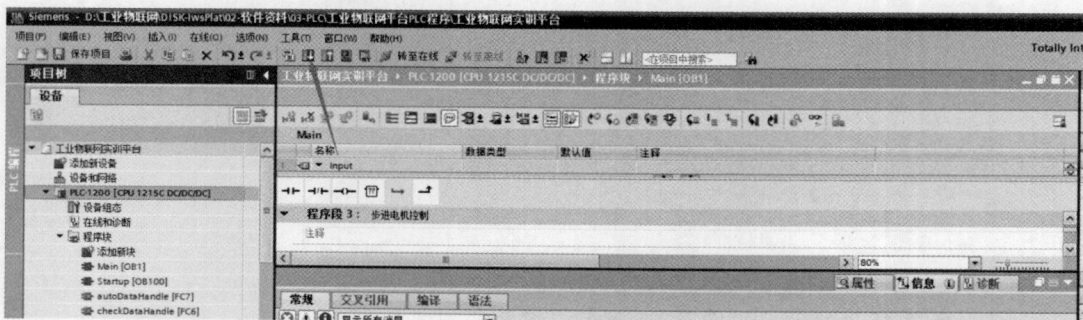

图 3-20　下载设备完成界面

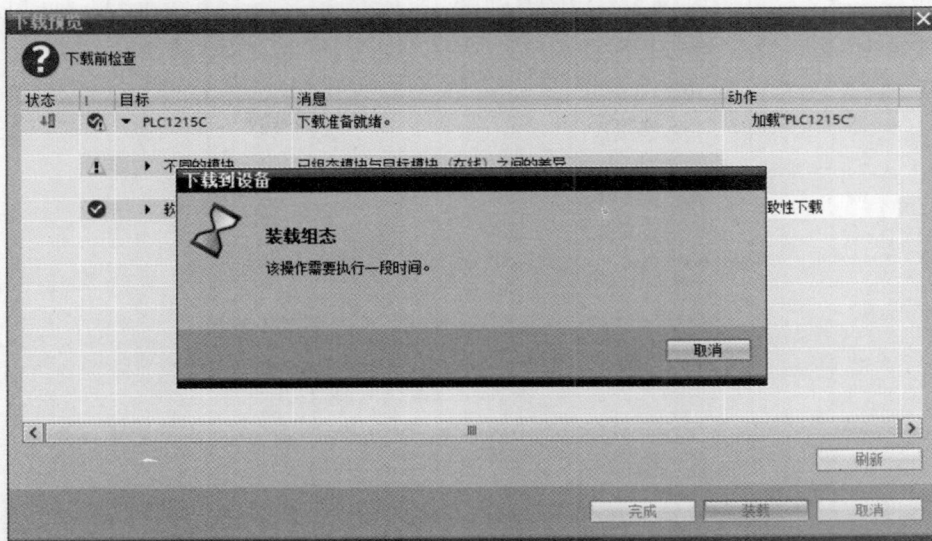

图 3-21　装载组态界面

⑦ 装载完毕之后单击 ⬛ 按钮启动,PLC 启动界面如图 3-22 所示。

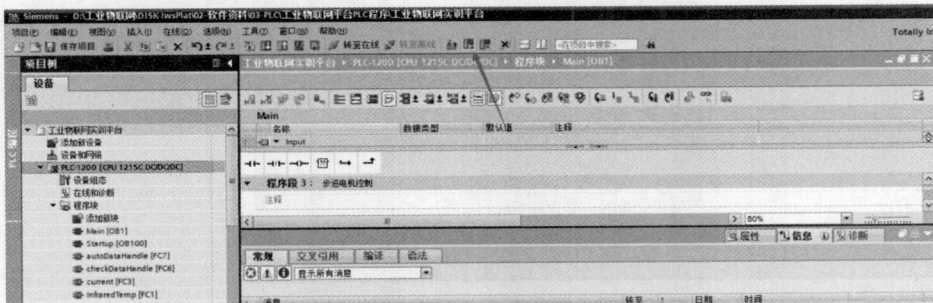

图 3-22　PLC 启动界面

启动后,得到确定切换 RUN 模式界面,如图 3-23 所示。

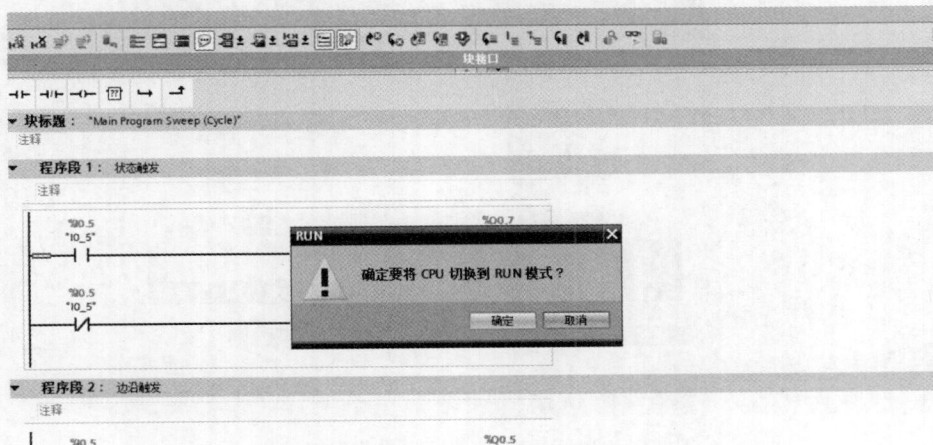

图 3-23　确定切换 RUN 模式界面

⑧ 单击 PLC_1200［CPU 1215C DC/DC/DC］下的"程序块"，再单击"Main［OB1］程序块"，找到"程序段 6：传感器状态翻转处理"。程序段 6 界面如图 3-24 所示。

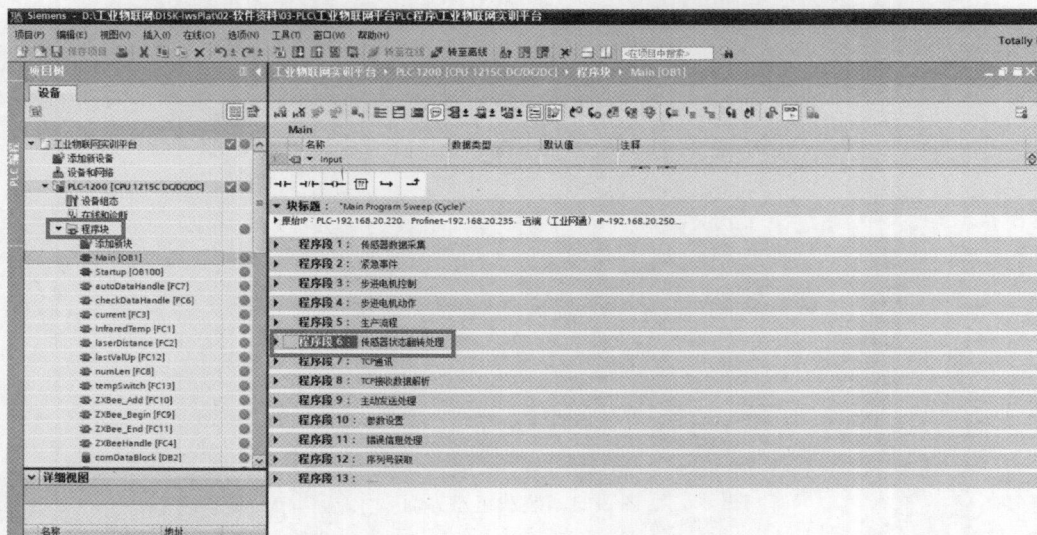

图 3-24　程序段 6 界面

⑨ 单击"转至在线"图标，接着再单击图标启用监视，注意观察程序块"色标"为不满足状态（蓝色实线），即表示没有检查到对应颜色，程序块"光电"为不满足状态（蓝色实线），即表示没有检查到对应报警。

3．数据交互

使用 RGB 色标电眼颜色光纤传感器时，首先需设置目标颜色并按下 set 键以记录。当传送带上的物品颜色与预设颜色匹配时，传感器会反馈数据。这些数据将在 HMI 组态屏上以颜料形式直观显示。用户既可通过软件仿真观察颜色识别情况，也可直接在 PLC 连接的 HMI 组态屏上查看实时反馈。PROFINET 数字量采集反馈结果如图 3-25 所示。

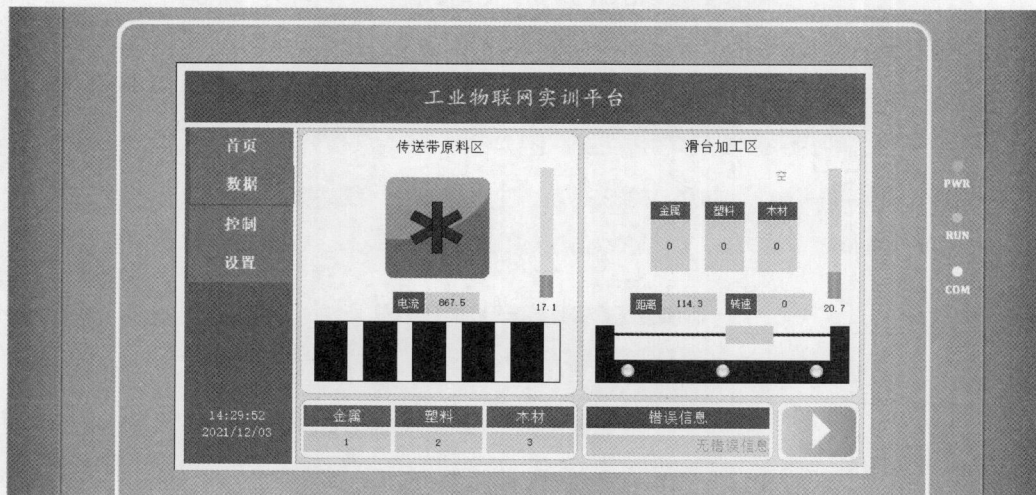

图 3-25　PROFINET 数字量采集反馈结果

▶ 3.4.2　EtherCAT 应用实例

1. 设备部署

（1）EtherCAT 电机。

IHSS-EC 一体化总线混合式步进伺服电机系列产品，是深度融合 EtherCAT 总线通信控制技术的前沿产品。该系列步进电机驱动器遵循标准的 EtherCAT 总线通信协议（CoE）及 DS402 控制协议，通过先进的控制算法实现精准运动控制。相较于传统的步进驱动器与步进电机组合，本产品在成本控制和安装简便性上有着显著提升。其核心技能有效解决步进电机的丢步问题，控制电机温度上升，显著降低振动，并大幅增强电机在高速运转时的性能。此一体化步进电机不仅集成了总线通信控制、简洁接线、步进稳定、温升控制、高转速、大转矩等技术优势，还兼具低成本和易维护的特点，堪称高性价比的运动控制解决方案。IHSS-EC 一体化总线混合式步进伺服电机如图 3-26 所示。

图 3-26　IHSS-EC 一体化总线混合式步进伺服电机

EtherCAT 电机网络接口定义如表 3-6 所示。

表 3-6　EtherCAT 电机网络接口定义

名称	示　意　图	引脚	符号	说　　明
RJ45网络接口端		1,9	E_TX+	EtherCAT 数据发送正端
		2,10	E_TX−	EtherCAT 数据发送负端
		3,11	E_RX+	EtherCAT 数据接收正端
		4,12	/	/
		5,13	/	/
		6,14	E_RX−	EtherCAT 数据接收端
		7,15	/	/
		8,16	/	/
		Shell	PE	屏蔽地
注意	LED1 为绿色，亮起表示"RUN"状态 LED2 为黄色，亮起表示"Link/Activity OUT"状态 LED3 为红色，亮起表示"ERROR"状态 LED4 为黄色，亮起表示"Link/Activity IN"状态			

（2）电子齿轮。

电子齿轮是上位主机输入的位置指令乘以通过对象设定的电子齿轮比，作为位置控制的位置指令。EtherCAT 从站根据 CIA402 规定的对象字典 608Fh（编码器分辨率）、6091h（齿轮比）、6092h（反馈常量）设定电子齿轮比。

电子齿轮比的计算方式如下。

$$电子齿轮比＝编码器分辨率×齿轮比÷反馈常量$$

$$从站内部位置给定值＝用户给定位置值×电子齿轮比$$

注意：电子齿轮比在 1000～1/1000 倍的范围内有效，如果超出该范围的值，将发生异常保护；电子齿轮比需要在"预运行"状态下设置才有效。

电子齿轮比设定的两种方式举例如下。

【例 3-3】 给定电机每旋转 1 次的指令脉冲的电子齿轮比。

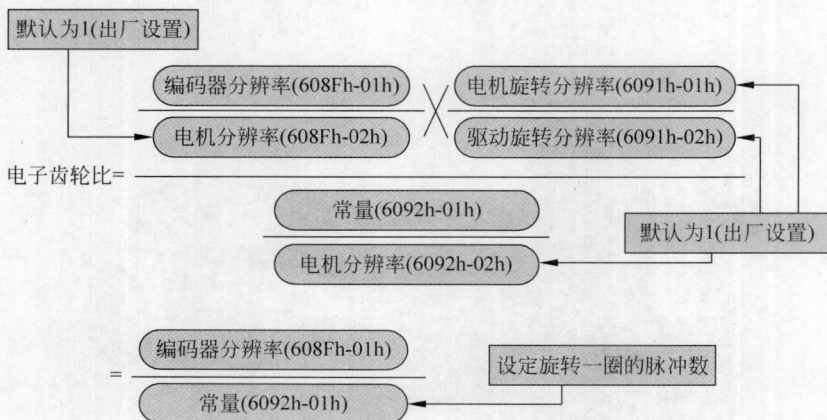

上述计算公式中，608Fh-01h 为编码器分辨率，其默认值为 4000。608Fh-02h 电机分辨率、6091h-01h 电机旋转分辨率和 6091h-02h 驱动器旋转分辨率、6092h-02h 驱动器旋转分辨率均默认设置为 1，6092h-01h 反馈常量设置为电机每旋转 1 圈的指令脉冲数。

【例 3-4】 给定电子齿轮分子、电子齿轮分母时的电子齿轮比。

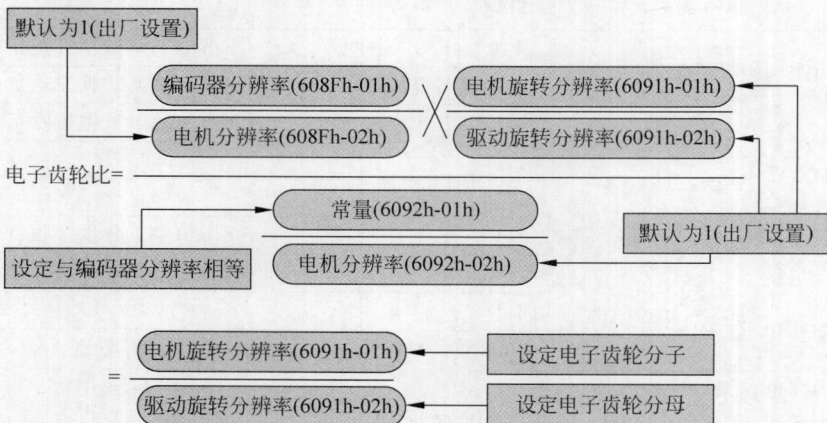

上述计算公式中,608Fh-01h 为编码器分辨率,其默认值为 4000。6092h-01h 反馈常量设置为与 608Fh-01h 编码器分辨率相等,608Fh-02h 电机分辨率、6092h-02h 驱动器旋转分辨率均默认设置为 1,用户可设置 6091h-01h 电机旋转分辨率作为电子齿轮比的分子,6091h-02h 驱动器旋转分辨率作为电子齿轮比的分母来确定电子齿轮比。

2. 环境设置

本实验基于工业物联网实验平台(ZC-IwsPlat),旨在实现 EtherCAT 从站设备与边缘计算网关之间的有效 EtherCAT 通信,并确保所有相关设备均处于同一局域网络环境。为确保实验的顺利进行,应遵循的步骤如下。

(1) 确保边缘计算网关运行的是原始出厂镜像。若网关的 Linux 系统因之前的实验而遭到修改或损坏,务必重新刷入出厂镜像。

(2) 完成边缘计算网关及计算机的网络配置工作,以确保所有设备都处于同一局域网内,并记录下边缘计算网关的 IP 地址,例如 192.168.1.200,以备后用。

(3) 准备 EtherCAT 电机,并使用 DC24V 电源适配器为其单独供电。随后,使用网线将电机的 IN 口与工业物联网实验平台的板载路由器的 LAN 口进行正确连接。

(4) 准备工业物联网实验平台,确保电源连接正确,并为实验平台上电以启动。

3. 实验步骤

1) 实验目的

(1) 通过本实验掌握 EtherCAT 通信技术。

(2) 通过移植 EtherCAT 主站工程,连接从站设备,掌握 EtherCAT 通信。

(3) 通过编写 EtherCAT 从站程序,实现 EtherCAT 电机设备交互,掌握 EtherCAT 的编程。

2) 背景知识补充

除在本章前半部分介绍的 EtherCAT 工作原理之外,还应了解以下知识。

(1) SOEM 协议栈。

SOEM(Simple Open EtherCAT Master)是一种开源的 EtherCAT 主站协议栈,SOEM 提供了在 PC 或嵌入式系统上实现 EtherCAT 主站功能的软件库。它是一个轻量级的、可定制的协议栈,适用于不同的操作系统平台,如 Linux、Windows 和 RTOS 等。SOEM 库中的代码是用 C 语言编写的,并且具有相对简单易懂的 API。使用 SOEM,开发人员可以构建自己的 EtherCAT 主站应用程序,并与 EtherCAT 从站(分布式 I/O 设备)进行通信。主站应用程序可以发送和接收 EtherCAT 数据包,实现实时数据采集、控制以及与从站之间的同步通信。

SOEM 库采用分层设计,并且提供了一个抽象层,将 SOEM 协议栈与具体操作系统和硬件分开。抽象层由 OSAL 和 OSHW 两个模块组成,OSAL 是操作系统抽象层,OSHW 是硬件抽象层,移植的主要内容就是对 OSAL 和 OSHW 具体 API 实现,在新的操作系统和硬件平台上的重写。SOEM 的层级架构如图 3-27 所示。

(2) SOEM 源码。

SOEM 源码整体目录如图 3-28 所示。

① soem 目录主要包含 EtherCAT 主站的核心代码,包括 COE、FOE 等,具体如下。

EtherCATbase.c:基于 ether 功能函数,将数据封装成 EtherCAT 帧。

EtherCATmain.c:EtherCAT 的初始化,从站数据的读取;定义 ec_slave[],所有从站信息都在这个结构体内。

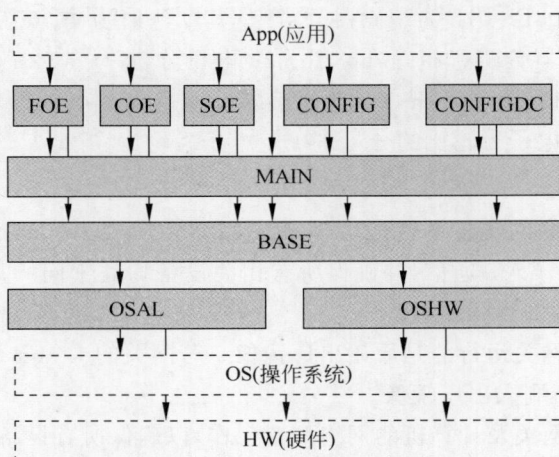

图 3-27　SOEM 的层级架构

图 3-28　SOEM 源码整体目录

EtherCATcoe.c：CoE 模块，应用层 CoE 协议。

EtherCATfoe.c：FoE 模块。

EtherCATeoe.c：EoE 模块（设置、获取 IP 函数，发送、接收以太网帧）。

EtherCATdc.c：EtherCAT 分布式时钟，实现主从站之间时钟同步。

② osal 目录主要是操作系统抽象层，主要是用于符合 OSADL 和实时进程创建。

③ oshw 目录主要是硬件抽象层，主要是实现网卡的接口封装，具体如下。

oshw.c：网卡管理模块。

nicdrv.c：EtherCAT 原始套接字驱动。

osal.c：定时器，延时函数。

④ test 目录主要是一些测试程序和分析工具。

4．源码分析

1）工作流程

SOEM EtherCAT 主站项目工作流程，如下所述。

（1）配置 EtherCAT 网络。根据 EtherCAT 网络拓扑和从站设备的配置，使用 SOEM 提供的配置文件或 API 进行 EtherCAT 网络的配置，主要涉及指定从站设备的物理连接和硬件参数。

（2）初始化 EtherCAT 主站。在主站应用程序中，使用 SOEM 库的 API 进行 EtherCAT

主站的初始化,包括打开 EtherCAT 主站设备、设置主站参数和初始化 EtherCAT 通信。

(3) 站扫描和配置。使用 SOEM 的 API 执行 EtherCAT 站扫描,以发现网络上的所有从站设备,并获取有关每个从站的详细信息。然后,根据需要进行从站配置和分配。

(4) 数据通信和控制。通过 SOEM 提供的 API,可以发送和接收 EtherCAT 数据包来与从站设备进行实时数据通信和控制,包括读取和写入从站的 I/O 数据,发送命令和接收反馈等操作。

2) 数据处理与应用

关键的函数处理和应用 API,如下所述。

(1) EtherCAT 网络初始化函数。

原型: int ec_init(const char * ifname)
功能: 初始化 EtherCAT 主站环境,分配所需的资源。
参数: ifname,网络接口名称。
返回: 成功返回 1,错误返回 0。

(2) 发现设备并做初始配置。

原型: int ec_config(uint8 usetable, void * pIOmap)
功能: 枚举初始化所有从设备。
参数: usetable,是否使用 configtable 初始化从设备; pIOmap,指向 iomap 的指针。
返回: 返回发现的从设备个数。

(3) 配置分布式时钟。

原型: boolean ec_configdc(void)
功能: 定位 DC 从属设备,测量传播延迟。
参数: 无。

(4) 检查实际从站状态。

原型: uint16 ec_statecheck(uint16 slave, uint16 reqstate, int timeout)
功能: 检测从站是否处于请求的状态。
参数: slave,从站索引; reqstate,请求的状态; timeout,超时时间(微秒)。
返回: 请求的状态,或者超时。

(5) 读取从站状态。

原型: int ec_readstate(void)
功能: 读取所有从站的状态到 ec_slave 中。
返回: 找到的最低状态。

(6) 更新从站状态。

原型: int ec_writestate(uint16 slave)
功能: 更新指定从站状态。
参数: slave,待更新从站状态索引。
返回: 无。

(7) 写设备对象。

原型: int ec_SDOwrite(uint16 slave, uint16 index, uint8 subindex,boolean CA, int psize, const void * p, int timeout)
功能: CoE SDO 写入,阻塞。单个子索引或完全访问。
参数: slave,从 1 编号; index,要写入的索引; subindex,要写入的子索引,如果使用 CA,则必须为 0 或 1; CA,为 FALSE 时表示单个子索引,为 TRUE 时表示完全访问,写入所有子索引; psize,参数缓冲区的大小(以字节为单位); p,指向参数缓冲区的指针。
timeout,超时时间,标准为 EC_TIMEOUTRXM。
返回: 上次从机响应的 Workcounter。

(8) 读设备对象。

原型：int ec_SDOread(uint16 slave, uint16 index, uint8 subindex,boolean CA, int * psize, void * p, int timeout)
功能：CoE SDO 读取，阻塞。单个子索引或完全访问。
参数：slave,从 1 编号; index,要读取的索引; subindex,要读取的子索引,如果使用 CA,则必须为 0 或 1; CA,为 FALSE 时表示单个子索引,为 TRUE 时表示完全访问,写入所有子索引;psize,参数缓冲区的大小(以字节为单位);p,指向参数缓冲区的指针; timeout,超时时间,标准为 EC_TIMEOUTRXM。
返回：上次从机响应的 Workcounter。

（9）发送过程数据。

原型：int ec_send_processdata(void)
功能：发送过程数据到从属设备。
参数：无。
返回：如果传输了 processdata,则为 0。

（10）读取过程数据。

原型：int ec_receive_processdata(int timeout)
功能：从从属设备读取过程数据。
参数：timeout,超时时间。
返回：上次从机响应的 Workcounter。

（11）关闭协议栈释放系统资源。

原型：void ec_close(void)
功能：关闭协议栈。
参数：无。
返回：无。

5．数据交互

1）示例程序

SOEM 项目中提供了 slaveinfo 和 simple_test 例程,主要用于 EtherCAT 通信开发指引。

（1）slaveinfo 例程。

slaveinfo 例程主要用于检测 EtherCAT 从站设备的连接,并查看设备信息,关键函数代码如例 3-5 所示。

【例 3-5】 slaveinfo 例程代码示例。

```
void slaveinfo(char * ifname)
{
  int cnt, i, j, nSM;
  uint16 ssigen;
  int expectedWKC;

  printf("Starting slaveinfo\n");

  /* initialise SOEM, bind socket to ifname */
  if (ec_init(ifname))                                    //初始化 EtherCAT 协议栈
  {
    printf("ec_init on % s succeeded. \n",ifname);
    /* find and auto-config slaves */
    if ( ec_config(FALSE, &IOmap) > 0 )                  //发现并且自动配置从设备
    {
      ec_configdc();                                      //配置从站分布式时钟
      while(EcatError) printf(" % s", ec_elist2string()); //检查错误状态,并输出错误信息
      printf(" % d slaves found and configured. \n",ec_slavecount);  //输出发现的从设备数
      expectedWKC = (ec_group[0]. outputsWKC * 2) + ec_group[0]. inputsWKC;
      printf("Calculated workcounter % d\n", expectedWKC);
```

```c
/* wait for all slaves to reach SAFE_OP state */
ec_statecheck(0, EC_STATE_SAFE_OP, EC_TIMEOUTSTATE * 3);
//等待从设备进入安全运行状态
if (ec_slave[0].state != EC_STATE_SAFE_OP )
{
  printf("Not all slaves reached safe operational state. \n");
  ec_readstate();                                      //读取从站状态
  for(i = 1; i <= ec_slavecount ; i++)
  {
   if(ec_slave[i].state != EC_STATE_SAFE_OP)
    {
      printf("Slave %d State = %2x StatusCode = %4x : %s\n",
      //输出没有进入安全运行状态的从设备
      i, ec_slave[i].state, ec_slave[i].ALstatuscode,
      ec_ALstatuscode2string(ec_slave[i].ALstatuscode));
        }
     }
   }

ec_readstate();                                        //再次读取设备状态
for(cnt = 1 ; cnt <= ec_slavecount ; cnt++)
{                                                      //输出从设备信息
  printf("\nSlave: %d\n Name: %s\n Output size:
  %dbits\n Input size: %dbits\n State: %d\n Delay: %d[ns]\n Has DC: %d\n",
  cnt, ec_slave[cnt].name, ec_slave[cnt].Obits, ec_slave[cnt].Ibits,
  ec_slave[cnt].state, ec_slave[cnt].pdelay, ec_slave[cnt].hasdc);
  if (ec_slave[cnt].hasdc) printf("DCParentport: %d\n", ec_slave[cnt].parentport);
  printf("Activeports: %d. %d. %d. %d\n", (ec_slave[cnt].activeports & 0x01) > 0 ,
      (ec_slave[cnt].activeports & 0x02) > 0 ,
      (ec_slave[cnt].activeports & 0x04) > 0 ,
      (ec_slave[cnt].activeports & 0x08) > 0 );
  printf("Configured address: %4.4x\n", ec_slave[cnt].configadr);
  printf("Man: %8.8x ID: %8.8x Rev: %8.8x\n",
      (int)ec_slave[cnt].eep_man,
      (int)ec_slave[cnt].eep_id, (int)ec_slave[cnt].eep_rev);
       for(nSM = 0 ; nSM < EC_MAXSM ; nSM++)
{
    if(ec_slave[cnt].SM[nSM].StartAddr > 0)
    printf("SM %1d A: %4.4x L: %4d F: %8.8x Type: %d\n",nSM,
    etohs(ec_slave[cnt].SM[nSM].StartAddr),
    etohs(ec_slave[cnt].SM[nSM].SMlength),
    etohl(ec_slave[cnt].SM[nSM].SMflags), ec_slave[cnt].SMtype[nSM]);
     }
    for(j = 0 ; j < ec_slave[cnt].FMMUunused ; j++)
    {
      printf("FMMU %1d Ls: %8.8x Ll: %4d Lsb: %d Leb: %d Ps: %4.4x Psb: %d Ty: %2.2x
Act: %2.2x\n", j,
            etohl(ec_slave[cnt].FMMU[j].LogStart),
            etohs(ec_slave[cnt].FMMU[j].LogLength),
            ec_slave[cnt].FMMU[j].LogStartbit,
            ec_slave[cnt].FMMU[j].LogEndbit,
            etohs(ec_slave[cnt].FMMU[j].PhysStart),
            ec_slave[cnt].FMMU[j].PhysStartBit,
            ec_slave[cnt].FMMU[j].FMMUtype,
            ec_slave[cnt].FMMU[j].FMMUactive);
      }
    printf("FMMUfunc 0: %d 1: %d 2: %d 3: %d\n",
        ec_slave[cnt].FMMU0func, ec_slave[cnt].FMMU1func,
        ec_slave[cnt].FMMU2func, ec_slave[cnt].FMMU3func);
```

```
            printf("MBX length wr: % d rd: % d MBX protocols : % 2.2x\n",
                ec_slave[cnt].mbx_l, ec_slave[cnt].mbx_rl, ec_slave[cnt].mbx_proto);
            ssigen = ec_siifind(cnt, ECT_SII_GENERAL);
            /* SII general section */
            if (ssigen)
            {
                ec_slave[cnt].CoEdetails = ec_siigetbyte(cnt, ssigen + 0x07);
                ec_slave[cnt].FoEdetails = ec_siigetbyte(cnt, ssigen + 0x08);
                ec_slave[cnt].EoEdetails = ec_siigetbyte(cnt, ssigen + 0x09);
                ec_slave[cnt].SoEdetails = ec_siigetbyte(cnt, ssigen + 0x0a);
                if((ec_siigetbyte(cnt, ssigen + 0x0d) & 0x02) > 0)
                {
                    ec_slave[cnt].blockLRW = 1;
                    ec_slave[0].blockLRW++;
                }
                ec_slave[cnt].Ebuscurrent = ec_siigetbyte(cnt, ssigen + 0x0e);
                ec_slave[cnt].Ebuscurrent += ec_siigetbyte(cnt, ssigen + 0x0f) << 8;
                ec_slave[0].Ebuscurrent += ec_slave[cnt].Ebuscurrent;
            }
            printf("CoE details: % 2.2x FoE details: % 2.2x EoE details: % 2.2x SoE details:
% 2.2x\n",
                    ec_slave[cnt].CoEdetails, ec_slave[cnt].FoEdetails,
                     ec_slave[cnt].EoEdetails, ec_slave[cnt].SoEdetails);
            printf("Ebus current: % d[mA]\n only LRD/LWR: % d\n",
                    ec_slave[cnt].Ebuscurrent, ec_slave[cnt].blockLRW);
            if ((ec_slave[cnt].mbx_proto & ECT_MBXPROT_COE) && printSDO)
                    si_sdo(cnt);
                if(printMAP)
            {
                    if (ec_slave[cnt].mbx_proto & ECT_MBXPROT_COE)
                        si_map_sdo(cnt);
                    else
                        si_map_sii(cnt);
            }
        }
    }
    else
    {
        printf("No slaves found!\n");
    }
    printf("End slaveinfo, close socket\n");
    /* stop SOEM, close socket */
    ec_close();
    }
    else
    {
    printf("No socket connection on % s\nExcecute as root\n",ifname);
    }
}
```

（2）EtherCAT_test 程序。

EtherCAT_test 程序是基于 simple_test 例程修改而来的，实现了与 EtherCAT 电机从站设备的通信和交互，关键函数代码如例 3-6 所示。

【例 3-6】 EtherCAT_test 程序代码示例。

```
/ ***********************************************************************
 * 函数名: simpletest
 * 功能: EtherCAT 主程序控制电机运行的状态机
 * 参数: ifname: 接入 EtherCAT 网络的网卡名称
 * 返回: 无
 *********************************************************************** /
void simpletest(char * ifname)
{
 int app = 0;
 int firstflag = 1;

    if(ec_init(ifname))
    {
    printf("start ethernet at % s\n", ifname);
    if(ec_config_init(FALSE) > 0)
    {
        ec_slavet * slave;
        printf("found % d slave on the bus\n", ec_slavecount);
        ec_slave[0].state = EC_STATE_PRE_OP;
        ec_writestate(0);
        ec_send_processdata();
        ec_receive_processdata(EC_TIMEOUTRET);
        slave = &ec_slave[1];
        slave -> PO2SOconfig = pdo_config;
        ec_config_map(&IOmap);
        ec_configdc();
        ec_dcsync0(1, TRUE, 2000000, 5000);
        slavetop(0);
        if(ec_slave[0].state == EC_STATE_OPERATIONAL)
        {
            printf("all slave to op\n");
            tpdo = (TxPdo_t * )ec_slave[1].outputs;
            rpdo = (RxPdo_t * )ec_slave[1].inputs;
            while(run)
            {
                app++;
                ec_receive_processdata(EC_TIMEOUTRET);
                if(firstflag)
                {
                    firstflag = 0;
                    tpdo -> control = 0x00;
                    tpdo -> control = 0x40;
                }
                else if(((rpdo -> status)&0x4f) == 0x40)       //初始化完成
                {
                    tpdo -> control = 0x06;                    //关机抱闸
                    tpdo -> tposition = rpdo -> cposition;
                }
                else if(((rpdo -> status)&0x6f) == 0x21)       //准备运行
                {
                    tpdo -> control = 0x07;                    //输出电压解除抱闸
                    tpdo -> tposition = rpdo -> cposition;
                }
                else if(((rpdo -> status)&0x6f) == 0x23)       //可以启动
                {
                    tpdo -> control = 0x0f;                    //上电使能
                }
                else if(((rpdo -> status)&0x6f) == 0x27)       //运行使能
                {
                    tpdo -> mode = 9;
```

```
                    tpdo - > velocity = sspeed;
                    rspeed = rpdo - > cvelocity;
//printf("ppppppp % d, % d\n", rspeed,rpdo - > cposition);
                        else
                        {
                            tpdo - > control = 0x40;
                            tpdo - > mode = 0;
                        }

                        ec_send_processdata();
                        usleep(2000);                    //周期大小
                    }
                    printf("cyclic task end\n");
                    do{
                        ec_slave[1].state = EC_STATE_SAFE_OP;
                        ec_writestate(1);
                    }while(ec_slave[1].state == EC_STATE_OPERATIONAL);
                    do{
                        ec_slave[1].state = EC_STATE_PRE_OP;
                        ec_writestate(1);
                    }while(ec_slave[1].state == EC_STATE_SAFE_OP);
                    do{
                        ec_slave[1].state = EC_STATE_INIT;
                        ec_writestate(1);
                    }while(ec_slave[1].state == EC_STATE_PRE_OP);
                    ec_close();
                }
                else
                {
                    printf("slave again to op\n");
                }
            }
            else
            {
                printf("no slave on the bus\n");
            }
        }
        else
            {
            printf("no ethernet card\n");
            }
    }
```

2）项目测试

在 SOEM 项目中有一些测试程序，如 slaveinfo，主要用于查询网络中的从设备信息。可以使用 SSH 方式登录边缘计算网关，在终端输入以下命令，运行 slaveinfo，从边缘计算网关的 eth 网卡对应的网络下查询 EtherCAT 从站，并打印相关信息。上述操作示例代码如例 3-7 所示。

【例 3-7】 slaveinfo 测试程序代码示例。

```
$ cd ~/iiot - exp/soem/SOEM
$ sudo ./build/test/linux/slaveinfo/slaveinfo eth0
SOEM (Simple Open EtherCAT Master)
Slaveinfo
Starting slaveinfo
ec_init on eth0 succeeded.
1 slaves found and configured.
```

```
Calculated workcounter 3

Slave:1
Name:IHSS42 - EC
Output size: 136bits
Input size: 248bits
State: 4
Delay: 0[ns]
Has DC: 1
DCParentport:0
Activeports:1.0.0.0
Configured address: 1001
Man: 66668888 ID: 20230321 Rev: 20230509
SM0 A:1000 L: 128 F:00010026 Type:1
SM1 A:1200 L: 256 F:00010022 Type:2
SM2 A:1400 L: 17 F:00010064 Type:3
SM3 A:1600 L: 31 F:00010020 Type:4
FMMU0 Ls:00000000 Ll: 17 Lsb:0 Leb:7 Ps:1400 Psb:0 Ty:02 Act:01
FMMU1 Ls:00000011 Ll: 31 Lsb:0 Leb:7 Ps:1600 Psb:0 Ty:01 Act:01
FMMUfunc 0:1 1:2 2:3 3:0
MBX length wr: 128 rd: 256 MBX protocols : 04
CoE details: 2f FoE details: 00 EoE details: 00 SoE details: 00
Ebus current: 0[mA]
only LRD/LWR:0
End slaveinfo, close socket
End program
```

3) 设备交互

本实验开发了 EtherCAT_test 用于与一体化步进伺服驱动电机进行通信交互,可参考如下步骤。

(1) 完成 SOEM 服务的部署。

(2) 通过 SSH 将本实验代码 EtherCAT_test 文件夹上传到边缘计算网关的～/iiot-exp/soem/SOEM/test/linux 目录下。

(3) 修改 SOEM 工程的编译配置文件 SOEM/CMakeLists. txt,增加 EtherCAT_test 例程的编译。上述操作示例代码如例 3-8 所示。

【例 3-8】　修改 SOEM 工程的编译配置文件代码示例。

```
if(BUILD_TESTS)
    add_subdirectory(test/simple_ng)
    add_subdirectory(test/linux/slaveinfo)
    add_subdirectory(test/linux/eepromtool)
    add_subdirectory(test/linux/simple_test)
    add_subdirectory(test/linux/EtherCAT_test)

endif()
```

在 SSH 终端使用如下命令重新编译 SOEM 工程,代码如例 3-9 所示。

【例 3-9】　重新编译 SOEM 工程代码示例。

```
$ cd ～/iiot - exp/soem/SOEM
$ mkdir - p build
$ cd build
$ cmake ..
$ make
```

(4) 编译完成后在 build/test/linux/EtherCAT_test/目录下将会生成 EtherCAT_test 程

序文件，EtherCAT_test 程序通过接收用户输入的一个整数来控制电机的转动速度，大于 0 时电机逆时针转动，小于 0 时电机顺时针转动，绝对值表示每秒驱动电机的脉冲数。参照 3-3 中公式，当每秒脉冲数为 4000 时，电机可以转动一圈。

（5）在 SSH 终端使用，代码如例 3-10 所示。

【例 3-10】 使用代码示例。

```
$ cd ~/iiot - exp/soem/SOEM
$ sudo ./build/test/linux/EtherCAT_test/EtherCAT_test eth0
SOEM (Simple Open EtherCAT Master)
Simple test
start ethernet at eth0
found 1 slave on the bus
all slave to op
UDP server up and listening on port 15000...
TCP server up and listening on port 15000...
Please input the motor speed: 4000      //设置驱动电机每秒的脉冲数为 4000,逆时针转动
set speed: 4000
Please input the motor speed: 0          //控制电机停止转动
set speed: 0
Please input the motor speed: - 4000     //设置驱动电机每秒的脉冲数为 4000,顺时针转动
set speed: - 4000
Please input the motor speed: 0
set speed: 0
```

设备交互现象：

① 输入 4000，观察到电机逆时针转动，如图 3-29 所示。

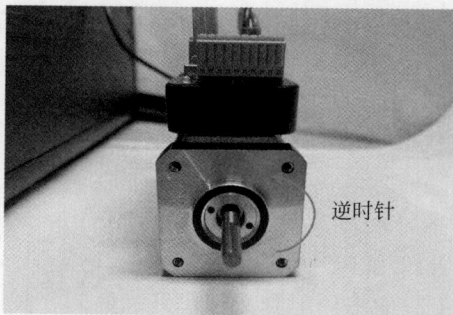

图 3-29　观察到电机逆时针转动

② 输入 0，观察到电机停止转动，如图 3-30 所示。

图 3-30　观察到电机停止转动

③ 输入 −4000,观察到电机顺时针转动,如图 3-31 所示。

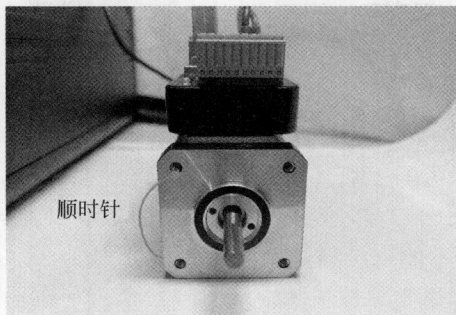

图 3-31　观察到电机顺时针转动

　　EtherCAT 技术因其广泛的应用场景而备受瞩目,它在工业自动化控制系统、机器人控制系统以及运动控制系统等多个领域均有所应用。举例来说,无论是焊接、喷涂还是搬运等类型的工业机器人,EtherCAT 都能有效提升其操作精度和工作效率。不仅在工业领域,EtherCAT 技术在智能家居系统中也大有作为,能实现数据的高效实时交换与控制,进而提升系统的智能化水平和用户的使用体验。

　　相较于其他以太网协议,EtherCAT 的数据传输效率更高、速度更快,这得益于其分布式的设计架构,这种设计还显著增强了系统的实时响应能力和整体可靠性。然而,任何技术都有其局限性,EtherCAT 也不例外。它对网络设备的要求相对较高,节点数量可能受到一定限制,同时,由于其需要特制的硬件设备,因此成本也相对较高。尽管存在这些局限性,但随着技术的不断进步与创新,EtherCAT 的未来发展仍然值得期待。

习　　题

一、选择题

1. 工业以太网与传统以太网的主要区别在于(　　)。

　　A. 遵循的 IEEE 802.3 标准不同

　　B. 工业以太网专为工业环境设计,考虑了材料选择、产品强度和特别适用性

　　C. 工业以太网不支持 TCP/IP

　　D. 工业以太网的网络速度比传统以太网慢

2. PROFINET 支持的三种通信方式中,适用于运动控制应用的是(　　)。

　　A. A 类　　　　　　B. B 类　　　　　　C. C 类　　　　　　D. 以上都是

3. EtherCAT 技术中,数据包在经过从站时的处理方式是(　　)。

　　A. 数据包在每个从站完全接收后再传递给下一个从站

　　B. 数据包在经过每个从站时直接读取或插入数据,然后继续传递

　　C. 数据包仅在主站处理数据

　　D. 数据包在每个从站复制一份后继续传递

4. 在工业以太网中,为了实现设备间的实时协同与数据共享,通常采用的技术是(　　)。

　　A. PROFINET　　　　　　　　　　　B. EtherCAT

　　C. TCP/IP　　　　　　　　　　　　　D. 以上都是

5. EtherCAT 网络中的主站通过（　　　）来确保所有从站在同一时间点进行数据处理和通信。

    A. 轮询机制   B. 同步信号

    C. 分布式时钟   D. 令牌环机制

二、判断题

1. 工业以太网不能在恶劣的工业环境中稳定运行。（　　　）

2. PROFINET 和 EtherCAT 都是基于 TCP/IP 的工业以太网协议。（　　　）

3. EtherCAT 从站设备不能直接处理由主站发出的报文。（　　　）

4. 工业以太网的数据传输实时性不如现场总线技术。（　　　）

5. EtherCAT 网络中，从站设备的数量没有限制。（　　　）

三、简答题

1. 请简述 PROFINET 的主要技术特性和优势。

2. 请解释 EtherCAT 网络中的"在通过时处理"机制，并说明其如何提升通信效率。

习题 3

嵌入式微型计算机和高性能控制器凭借其良好的数据采集能力、数据传输能力、数据分析与处理能力、实时远程控制能力，以及高稳定性等优势成为工业设备智能化的最佳选择。

嵌入式系统(Embedded System)是一种特殊的计算机系统，它被嵌入其他设备中，用于控制和管理设备，实现各种功能，是工业自动化不可或缺的组成部分。嵌入式技术推动工业控制系统向智能化发展，本章将重点介绍工业嵌入式数据采集技术。

4.1节对嵌入式系统进行简单的介绍；4.2节罗列嵌入式微处理器并重点介绍 ARM 处理器；4.3节与4.4节以 STM32F407VE 芯片为例，以工业生产过程中的数据采集为任务驱动，介绍工业嵌入式数据采集技术。

4.1　嵌入式系统概述

▶ 4.1.1　嵌入式系统的概念及特点

1. 嵌入式系统概念

嵌入式系统是一种在特定功能限制下设计和实现的计算机系统，它被嵌入其他设备或系统中，以实现特定的任务或功能。对于嵌入式系统的定义有多种，但本质是一样的，下面列举几种关于嵌入式系统的权威定义。

电气与电子工程师协会(Institute of Electrical and Electronics Engineers，IEEE)给出的嵌入式系统定义为：嵌入式系统是用于控制、监视或者辅助操作机器和设备的装置。

《GB/T 22033—2017　信息技术—嵌入式系统术语》给出的定义为：嵌入式系统是置入应用对象内部起信息处理和控制作用的专用计算机系统。

维基百科给出的定义为：嵌入式系统是一种用计算机控制具有功能的较小的机械或电气系统，且经常有实时性限制，在被嵌入整个系统中时一般会包含硬件和机械部件。

嵌入式系统一般是用来控制或者监视机器、装置、工厂等大规模设备的系统。目前国内一个普遍被认同的定义是：以应用为中心、以计算机技术为基础、软件硬件可裁剪、适应应用系统对功能、可靠性、成本、体积、功耗严格要求的专用计算机系统。

综上所述，嵌入式系统是一种计算机系统，但是与个人计算机这种通用计算机系统不同，嵌入式系统通常执行的是带有特定要求的预先定义的任务，因此针对不同的任务而设计的嵌入式系统差异很大。这种计算机系统被嵌入如智能手机、电视机、洗衣机、冰箱等各种各样的智能设备中，因此这些系统也被称为"嵌入设备"。

嵌入式系统通常包括硬件和软件两部分。硬件部分是指嵌入设备中的微处理器、传感器、执行器等电子元件，软件部分则是运行在嵌入式系统中的程序代码。

2. 嵌入式系统的发展历程

嵌入式系统的出现最初是基于单片机的，因此要了解嵌入式系统的发展历程，首先要了解单片机的发展。单片机的发展可以总结为：从单片微型计算机、单片微控制器延伸到单片应用系统。其中,单片机诞生初期为嵌入式系统的起步阶段,微处理器阶段为嵌入式的发展阶段,片上系统的诞生使嵌入式系统向网络化、智能化方向发展。

(1) 单片机阶段——嵌入式系统的起步阶段。

单片微型计算机(Single Chip Microcomputer,SCM),又称单片机,它是把中央处理器(Central Processing Unit,CPU)、随机存取存储器(Random Access Memory,RAM)、只读存储器(Read-Only Memory,ROM)、输入/输出端口(Input/Output port,I/O)等主要计算机功能部件都集成在一块集成电路芯片上的微型计算机。

1976 年,Intel 公司研制出 MCS-48 系列 8 位单片机 8048,单片机问世。这些早期的单片机均含有 256B 的 RAM、4KB 的 ROM、4 个 8 位并行 I/O 口、1 个全双工串行口、2 个 16 位定时器,系统结构和功能相对单一,处理效率低,存储容量有限,几乎没有用户接口,仅能执行一些简单的单线程的程序。

20 世纪 80 年代初,Intel 公司又进一步完善了 MCS-48,推出了 MCS-51 系列单片机,无论是片内 RAM 容量、I/O 口功能,还是在系统扩展方面都有很大提高。直到现在,51 系列的单片机仍然是最为成功的单片机芯片,在各种产品中有着非常广泛的应用。

该阶段的嵌入式系统硬件是单片机,软件则停留在无操作系统阶段,只能采用汇编语言来实现简单功能。

(2) 微控制器阶段——嵌入式系统的发展阶段。

微控制器(MicroController Unit,MCU)是将微型计算机的主要部分集成在一个芯片上的单芯片微型计算机。在 Intel 公司的 8051 技术实现开放后,以 Philips 为代表的公司,不断扩展对象系统要求的各种外围电路和接口电路,将 MCS-51 从单片微型计算器迅速发展到微控制器,凸显其智能化控制能力。

在 20 世纪 70—80 年代,嵌入式系统开始在工业控制、汽车电子和家用电器等领域得到广泛应用。这些系统使用的是更加先进的微处理器和存储器,能够实现更多样化的功能。同时,实时操作系统的发展也使得嵌入式系统能够更好地响应外部事件和控制任务。

(3) 片上系统阶段——嵌入式系统智能化阶段。

片上系统(System on Chip,SoC)指的是在单个芯片上集成一个完整的系统,对所有或部分必要的电子电路进行包分组的技术。所谓完整的系统一般包括中央处理器、存储器,以及外围电路等。

在 20 世纪 90 年代至 21 世纪初,嵌入式系统开始融合更多的智能化技术,如人工智能、机器学习和无线通信等。这些系统能够实现更复杂的任务,如语音识别、图像处理和无线通信。同时,嵌入式系统的体积也进一步缩小,能够嵌入更多的设备中,运行于各种不同类型的微处理器上,兼容性好,操作系统的内核小,效率高。

(4) 嵌入式系统的互联网化阶段。

随着互联网的普及,嵌入式处理器集成了网络接口,嵌入式系统越来越多地接入互联网中,这使得嵌入式设备的智能化、网络化得到了极大的提升。嵌入式系统能够实现远程控制、信息共享和云计算等功能。嵌入式系统广泛应用于智能家居、智能交通等物联网领域。

(5) 边缘计算和人工智能集成阶段。

在处理能力和功耗的限制下,现代嵌入式系统需要实现边缘计算,以减少对云端服务的需求。此外,随着人工智能技术的发展,嵌入式系统硬件不断升级以支持更加复杂的算法,使得嵌入式系统能够实现更高级的人工智能功能,如自动驾驶、人脸识别、工业机器人等。

3．嵌入式系统的特点

与通用计算机系统相比，嵌入式系统具有专用性强、实时响应、资源受限、并行处理、稳定可靠等特点，主要列举如下。

（1）专用性强。嵌入式系统是面向特定应用的。嵌入式系统中的 CPU 一般是针对特定应用而设计的，具有低功耗、体积小、集成度高等特点。它能够把通用 CPU 中许多由板卡完成的任务集成在芯片内部，从而有利于整个系统设计趋于小型化。

（2）实时响应。嵌入式系统是某种技术过程信号处理和控制的核心处理环节，必须满足技术过程的时限要求，即在指定的时间内完成任务，这对于控制系统如汽车制动系统或工业机器人来说至关重要。

（3）资源受限。嵌入式系统通常在有限的资源下运行，其处理器能力、内存、存储空间、能源、尺寸等方面都受到限制。通过精心设计和优化的算法，可以使嵌入式系统在有限的资源下实现高效、稳定和可靠地运行。

（4）并行处理。在嵌入式系统的应用环境中，多个事件可能同时发生，嵌入式系统通常可通过多线程、任务调度、中断处理等方式处理这些并行事件。并行处理是嵌入式系统设计中非常重要的一部分，可以有效地提高系统的响应速度和处理能力，满足嵌入式应用对实时性和效率的要求。

（5）稳定可靠。嵌入式系统的使用环境复杂、不定，可能处于恶劣的环境中，因此稳定性、可靠性是系统的必备条件。

（6）技术密集。嵌入式系统是将先进的计算机技术、半导体技术和各个行业的具体应用相结合后的产物，这一点决定了它必然是一个技术密集、不断创新的知识集成系统。

（7）开发困难。嵌入式系统本身不具备自主开发能力，即使在设计完成以后，用户通常也不能对其中的程序功能进行修改，必须有一套开发工具和环境才能进行开发。它的开发依赖于通用计算机上的软硬件设备以及各种逻辑分析仪、混合信号示波器等。

（8）形式多样。嵌入式系统应用于国民经济各个领域，造成其品种繁多、形式多样。

（9）具有固化在非易失性存储器中的代码。为了提高执行速度和系统可靠性，嵌入式系统中的软件一般都固化在存储器芯片或单片机本身中，而不是存储于磁盘中。

▶ 4.1.2　嵌入式系统架构

嵌入式系统研发与维护人员，需要充分了解嵌入式系统的体系架构，了解各层之间相互依存的关系，对每个层面进行充分地理解和把握，才能保证系统高效、稳定地运行。

嵌入式系统的整体架构自底向上依次为硬件层、中间层、系统软件层、应用软件层。嵌入式系统架构如图 4-1 所示。

1．硬件层

硬件层是嵌入式系统的最底层，主要功能是将各种硬件资源组合在一起，并使其能够相互协同工作，完成数据的采集、数字信号的转换、数据的存储和处理、通信等任务。

硬件层主要包括处理器、存储器、通用设备接口以及 I/O 接口、射频通信模块等，各硬件部分将在 4.1.3 节进行详细介绍。在一个嵌入式处理器的基础上添加电源电路、时钟电路和存储器电路，就构成了一个嵌入式核心控制模块，即最小系统。

2．中间层

中间层也称为硬件抽象层（Hardware Abstraction Layer，HAL）或者板级支持包（Board

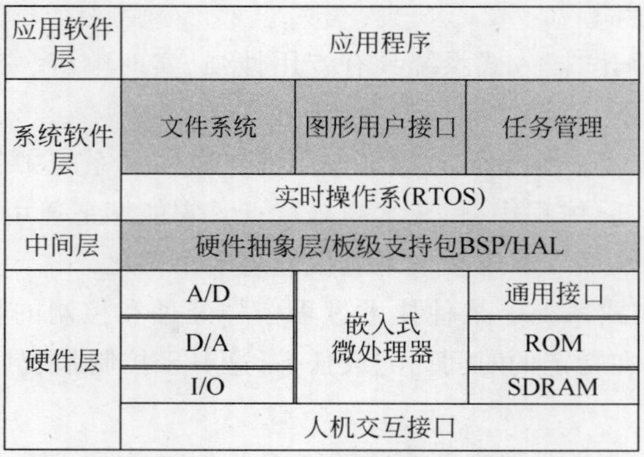

图 4-1　嵌入式系统架构图

Support Package，BSP），是位于操作系统内核与硬件电路之间的接口层，其作用主要是将系统上层软件和底层硬件分离开来，使系统上层软件开发人员无须关心底层硬件的具体情况，根据 BSP 层提供的接口开发即可。设计一个完整的 BSP 需要完成两部分工作：嵌入式系统的硬件初始化以及 BSP 功能，设计硬件相关的设备驱动。

3. 系统软件层

系统软件层由实时操作系统（Real-time Operation System，RTOS）、文件系统、图形用户接口（Graphic User Interface，GUI）、网络系统及通用组件模块组成。RTOS 是嵌入式应用软件的基础和开发平台。嵌入式操作系统（Embedded Operating System，EOS）是一种用途广泛的系统软件，负责嵌入系统的全部软、硬件资源的分配、任务调度，控制、协调并行活动。

4. 应用软件层

应用软件层是最顶层的软件层，它包含用户需要的各种功能和特性，用来实现对被控对象的控制功能，为方便用户操作，往往需要提供一个友好的人机交互界面。

▶ 4.1.3　嵌入式硬件系统选择

嵌入式开发技术包括硬件和软件的结合、底层操作系统的使用，以及传感器、仪表等设备的应用。在硬件方面，嵌入式系统设计需要考虑芯片选型、电路设计、电源管理等因素，以保证系统运行的稳定性和可靠性。在软件方面，嵌入式开发涉及操作系统移植、驱动程序开发、应用程序编写等工作，要求开发者具备较高的编程技能和经验。

1. 嵌入式系统硬件组成

嵌入式系统的硬件主要包括微处理器、存储器、通用设备接口以及 I/O 接口、电源管理模块、定时器模块等。不同的嵌入式系统在硬件组成上可能会有所差异，具体的硬件组成取决于应用需求和设计要求。

（1）嵌入式系统的核心计算单元——微处理器。

微处理器是嵌入式系统的核心计算单元，负责执行指令、控制系统运行、处理数据等。根据应用需求，可以选择使用不同类型的微处理器，如通用微处理器、嵌入式微处理器或定制的系统芯片。

嵌入式微处理器有各种不同的体系，即使在同一体系中也可能具有不同的时钟频率和数据总线宽度，或集成了不同的外设和接口。目前，主流的嵌入式处理器架构包括 ARM、MIPS 和 x86 等。

①　ARM 架构。ARM 架构最初设计用于低功耗嵌入式系统,如智能手机、平板电脑以及物联网等设备。由于其低功耗以及灵活性等特点,ARM 处理器逐渐扩展到如移动计算、服务器和工业自动化等领域。ARM 处理器的代表性产品包括 ARM Cortex-A 系列(应用处理器)和 Cortex-M 系列(嵌入式处理器)。

②　MIPS 架构。MIPS 是出现最早的商业 RISC 架构芯片之一,是一种简洁、优化、具有高度扩展性的 RISC 架构,被广泛应用于许多电子产品、网络设备、个人娱乐装置与商业装置上。最早的 MIPS 架构是 32 位,最新的版本已经变成 64 位。MIPS 架构适用于嵌入式系统和网络设备。它具有高效的指令集和良好的性能。

③　x86 架构。x86 架构最早由 Intel 公司推出,后来成为 PC 和服务器领域的主流架构,主要用于个人计算机、服务器以及数据中心等领域。近年来,也有一些嵌入式系统采用 x86 架构。常见的 x86 处理器包括 Intel 公司的 Core 系列和 AMD 公司的 Ryzen 系列。

(2) 嵌入式系统的数据存储基础——存储器。

在嵌入式系统中,存储器用于存储数据和程序代码,包括随机存储器(Random Access Memory,RAM)和只读存储器(Read-Only Memory,ROM)。

RAM 是与 CPU 直接交换数据的内部存储器,也被称为主存或内存。它用于临时存储正在运行的数据和程序,支持快速读取和写入操作。由于 RAM 是易失性存储介质,断电后其存储内容会丢失,因此它主要用作存储短时间内需要频繁访问的程序和数据,以提升系统运行效率。

ROM 是一种非易失性存储介质,其内容在制造过程中被固化,正常使用时通常无法被修改或擦除。它主要用于存储计算机系统的关键程序代码和常量数据,如 BIOS、固件和其他系统启动时必需的引导程序。ROM 确保了即使在断电后,这些重要的指令和数据也能被永久保存,从而保证了计算机的稳定启动和基本功能的实现。

Flash 存储器用于存储程序代码和数据,可以读取和写入,但写入速度较慢,且有一定的寿命限制,适用于嵌入式系统的固化程序。

电可擦可编程只读存储器(Electrically Erasable Programmable Read-Only Memory,EEPROM)是一种在断电后仍能保持数据的计算机存储芯片。与传统的 ROM(只读存储器)不同,EEPROM 可以在计算机正常工作期间,通过电信号进行数据的擦除和重新编程。EEPROM 主要用于存储程序代码和数据,可以读取和写入,尽管 EEPROM 在很多应用中已被更先进的 Flash 存储技术所取代,但它在一些特定的应用中仍然非常有用,尤其是在需要频繁擦写操作的场景中。

SD 卡/TF 卡用于存储大量的数据,可以读取和写入,且易于移动和扩展。在选择 SD 卡或 TF 卡时,需要考虑设备的兼容性、所需的存储容量、数据传输速度以及价格等因素。

在选择嵌入式系统存储器时,需要根据具体的应用场景和需求来选择合适的存储器类型和容量。同时,还需要考虑存储器的可靠性、速度、功耗等因素。

(3) 嵌入式系统的数据交互桥梁——接口与总线。

在嵌入式系统中,通用设备接口是连接各种外部设备的关键组件,它们使得系统能够与外部世界进行交互。目前嵌入式系统中常用的几种通用设备接口有模/数转换接口(Analog-to-Digital Converter Interface,A/D 接口)、数/模转换接口(Digital-to-Analog Converter Interface,D/C 接口)以及输入/输出接口(Input/Output Interface,I/O 接口)。A/D 接口负责将模拟信号转换为数字信号,以便嵌入式系统处理,常用于连接各类模拟设备如传感器和温度计;D/A 接口将数字信号转换为模拟信号,适用于驱动模拟电路和生成音频信号;而 I/O 接口作为数据传输的桥梁,支持输入设备如键盘和输出设备如显示器,实现嵌入式硬件与外部设备或用户之间的交互。

外设接口包括通用输入/输出(GPIO)接口、串行接口(如 SPI、I2C 和 UART)以及专用接口(如 USB、通信接口)等,不同的嵌入式系统可能会有不同的接口组合。常见的外设接口及说明如表 4-1 所示。

表 4-1 嵌入式系统常见外设接口及说明

接口简称	中/英文全称	功能/应用举例
ADC/DAC	模数/数模转换器 (Analog to Digital Converter/ Digital to Analog Converter)	将模拟信号(以电流、电压或电荷的形式)转换为数字信号,或者将模拟信号转换为数字信号的设备
UART	通用异步收发器 (Universal Asynchronous Receiver/Transmitter)	通用异步收发器是一种通用串行数据总线,用于与外部设备进行串行通信。该总线双向通信,可以实现全双工传输和接收。在嵌入式设计中,UART 用来与 PC 进行通信,包括与监控调试器和其他器件,如 EEPROM 通信,GPS 模块、蓝牙模块的通信等
GPIO	通用输入/输出接口 (General-purpose Input/Output)	用于连接外部电路和设备,控制外部设备的开关状态,如 LED、继电器等
USB	通用串行总线 (Universal Serial Bus)	用于连接外部存储设备、键盘、鼠标等
Ethernet	以太网接口	以太网是应用最广泛的局域网通信方式,同时也是一种协议。而以太网接口就是网络数据连接的端口。用于连接网络,实现远程控制和数据传输
SPI	串行外设接口 (Serial Peripheral Interface)	是 Motorola 公司推出的一种同步串行接口技术,是一种高速的、全双工、同步的通信总线。用于与外部设备进行 SPI 通信,如 LCD 屏幕、Flash 存储器等
I2C	集成电路总线 (Inter-Integrated Circuit)	它是一种串行通信总线,用于与外部设备进行 I2C 通信,如温度传感器、加速度传感器等
CAN	控制器域网 (Controller Area Network)	用于与汽车电子控制单元(ECU)等进行通信
HDMI	高清多媒体接口 (High Definition Multimedia Interface)	用于连接显示器或电视,实现视频输出

(4)嵌入式系统的功能扩展与交互媒介——外围设备与模块。

针对具体的应用需求,嵌入式系统可通过连接各种外围设备和模块来提升其性能和交互能力。这些设备和模块包括但不限于传感器、无线通信模块、摄像头、存储器等。传感器作为嵌入式硬件的核心组件,扮演着监测系统内外变量的重要角色,它们能够检测温度、湿度、光照、气体浓度、运动和加速度等多种环境参数。传感器不仅为嵌入式系统提供了与外部环境的接口,还能实时监测和收集数据,实现对环境的精确控制和快速响应,确保系统能够根据实时反馈,高效地进行数据处理和决策。通过这样的集成,嵌入式系统得以在复杂多变的环境中保持稳定运行,满足各种应用场景的需求。

(5)嵌入式系统的节奏控制与时间管理——时钟和定时器。

时钟和定时器(Clock and Timer)用于同步系统的各个组件,并提供时间基准。在嵌入式系统中,时钟的精度和稳定性非常重要,因为它们直接影响系统的性能和可靠性。常见的嵌入式系统时钟包括晶振、实时时钟(RTC)芯片以及各种定时器。在嵌入式系统中,时钟通常用于以下几个方面。

① 系统时钟。用于控制整个系统的时序和节奏,包括 CPU、总线、外设等。

② 实时时钟。用于提供系统的实时时钟,通常用于记录系统启动时间、定时唤醒等。

③ 定时器。用于定时、计数和延时等操作,通常用于实现定时中断、脉冲宽度调制(PWM)输出等功能。

④ 时钟同步。用于多个嵌入式系统之间的时钟同步,通常用于实现分布式系统、通信协议等。

(6) 嵌入式系统的能量守护者——电源管理模块。

电源管理模块(Power Management,PM)用于提供电源供应和管理,包括电源适配器、电池、电源管理芯片等。电源管理模块可实现功耗优化、睡眠模式和唤醒机制等功能。

2. 嵌入式系统硬件选型

嵌入式系统的硬件设计需要结合实际的应用需求,选择合适的硬件并进行电路设计。其中硬件选择主要包括处理器的选择、存储器的选择、接口的选择、通信协议的选择等。在进行硬件选型时,还要充分考虑应用的性能要求、成本以及功耗等因素。

(1) 处理器选型是硬件设计的核心环节,需综合考虑系统的应用场景、计算需求、实时性要求和功耗限制等因素。

首先,根据实际的应用场景来选择适宜的处理器架构。例如,移动设备优先考虑 ARM 架构,网络设备倾向于 MIPS 架构,而个人计算机和服务器则通常采用 x86 架构。接着,针对具体应用的性能要求,选择匹配的处理器性能级别,重点考量主频、缓存大小和内存带宽等性能指标,并综合系统性能需求与成本预算。此外,还需考虑处理器是否支持浮点运算、多核处理以及硬件加速等特性,以满足系统的实时性需求。同时,要兼顾低功耗需求、中断支持、芯片大小、封装类型及成本等因素。对于资源受限的系统,宜选用集成度高、功耗低的芯片;对于高性能应用,则可选用多核处理器或定制方案,并考虑外设适配与管理。总之,微处理器选型需全面考虑性能、功耗、成本和兼容性,以确保设计目标的实现。

(2) 在嵌入式系统中存储器用于存储数据与程序,在选择存储器时,应根据系统的存储需求与成本预算,来选择存储器的类型与容量大小。

根据系统程序的规模以及需要保存的数据量来选择合适的 RAM;根据系统对存储容量以及速度的需求,来选择合适的外部存储器类型,如 SD 卡、固态硬盘、硬盘等外部存储设备。

(3) 外设接口和通信协议的选择涉及键盘、显示器、存储器、传感器等外设的连接。

外设接口和通信协议的选择应根据外设需求选择合适的接口类型,并考虑接口数量、带宽和功耗等因素。同时,根据系统与外部设备的通信需求,选择 Wi-Fi、ZigBee 等通信方式。通过开发相应的通信协议,实现数据的可靠传输和设备的智能控制。

▶ 4.1.4　嵌入式操作系统选择

嵌入式系统的软件体系是面向嵌入式系统特定的硬件体系和用户要求而设计的,是嵌入式系统的重要组成部分,是实现嵌入式系统功能的关键。嵌入式软件部分主要包括操作系统

(Operating System，OS)、应用程序、驱动程序，以及固件等。

1. 操作系统

操作系统是一套复杂的系统软件，它负责管理和协调计算机的硬件与软件资源，通过提供一系列公共服务，来优化资源利用、简化用户交互，并确保计算机系统的稳定运行。操作系统是计算机系统的核心组件，它使得计算机的操作更加高效、用户友好，并为各种应用程序的执行提供了必要的平台和环境。

嵌入式操作系统(Embedded Operating System，EOS)是指专门用于嵌入式系统的操作系统，负责嵌入式系统的全部软、硬件资源的分配、任务调度，控制、协调并行活动。嵌入式操作系统以其定制性强、资源占用少、实时性能高和可靠性好等特点，为嵌入式系统提供了高效的管理和协调，确保了系统在特定应用环境中的稳定运行和快速响应。

2. 应用程序

嵌入式系统应用程序是指运行在嵌入式系统上的软件程序，通常用于控制和管理嵌入式系统的硬件设备。嵌入式系统应用程序需具备高效的实时性能以满足快速响应需求，同时必须拥有高度的稳定性和可靠性以保障长期运行无误。此外，这些应用程序还需优化低功耗特性，以适应有限的能源供应，并具备灵活性，以便适应不同的硬件设备和多样化的应用场景。

常见的嵌入式系统应用程序包括嵌入式控制系统、嵌入式网络应用、嵌入式图像处理、嵌入式音频处理、嵌入式视频处理等。这些应用程序通常使用 C、C++、汇编语言、Python 等编程语言开发，并使用嵌入式操作系统或裸机编程方式实现。

3. 驱动程序

驱动程序一般指控制设备或者与设备进行相互通信的特殊程序。嵌入式系统驱动程序是指用于控制嵌入式系统硬件设备的软件程序。驱动程序通常看作操作系统内核的一部分，负责与硬件设备进行通信，处理设备产生的信号，控制设备的输入/输出等。

要进行嵌入式驱动程序的开发，需要充分地了解硬件设备的工作原理、通信协议以及操作系统的内核知识。常见的嵌入式系统驱动程序包括串口驱动程序、网卡驱动程序、USB 驱动程序、显示驱动程序等。

另外，编写嵌入式系统驱动程序需要考虑到系统的实时性、稳定性和安全性等因素，因此需要经过严格的测试和验证。同时，由于嵌入式系统通常资源有限，驱动程序的代码量也需要尽可能的精简，以确保系统的高效运行。

4. 固件

固件指嵌入在系统中的软件，用于初始化硬件和启动系统。嵌入式系统固件是指嵌入式系统中运行的固定程序，通常存储在系统的非易失性存储器中，如闪存、EEPROM 等。嵌入式系统固件包括操作系统、驱动程序、应用程序等，它们负责控制嵌入式系统的各种硬件和软件资源，使系统能够正常运行。由于嵌入式系统通常需要长时间运行，因此固件的稳定性和可靠性非常重要。

在嵌入式系统开发中，固件的设计和开发是一个非常重要的环节。固件的设计需要考虑系统的硬件资源、实时性、功耗等因素，同时还需要考虑系统的安全性和可维护性。

5. 常见嵌入式操作系统简介

目前，在嵌入式领域广泛使用的操作系统有嵌入式实时操作系统 μC/OS-Ⅲ、嵌入式Linux、Windows Embedded、VxWorks、Intewell 操作系统等，以及应用在智能手机和平板电脑的 Android、iOS、华为鸿蒙等，还有一些专门用于物联网设备的操作系统，如 LiteOS、RT-

Thread。

（1）μC/OS 操作系统。μC/OS 系列是一款开源的嵌入式实时操作系统（RTOS），自 1992 年首版以来已发展至 μC/OS-Ⅲ。它提供任务、内存、时间、终端管理等服务，支持多任务和同步通信机制，具有高可移植性、可裁剪性，适用于嵌入式和实时应用开发。μC/OS-Ⅲ 以 C 语言为主编写，少量汇编，确保了可读性和可维护性，支持多种硬件平台和编译器。

（2）FreeRTOS 操作系统。FreeRTOS 是亚马逊推出的免费开源 RTOS，适用于小型系统，提供任务、时间、信号量、消息队列、内存管理等基本功能。它具有可移植性、可裁剪性，支持多种处理器架构，内核采用优先级调度。

（3）Linux 操作系统。Linux 是一款免费开源的类 UNIX 操作系统，支持多用户、多任务、多线程，适用于需要高度定制化和高性能的嵌入式设备。由于其规模较大，对硬件资源要求较高。

（4）Windows Embedded 操作系统。Windows Embedded 是微软的商业嵌入式操作系统，提供组件化 Windows 功能，适用于高性能、可定制化设备，但相比 Linux，它需要更多硬件资源和成本。

（5）LiteOS 操作系统。LiteOS 是华为公司为物联网开发的轻量级操作系统，特点包括低功耗、快速启动、实时响应，适用于智能家居、工业物联网等领域。

（6）RT-Thread 操作系统。RT-Thread 是中国开源社区开发的 RTOS，适用于物联网设备，具有可剥夺性和多任务能力，提供丰富的中间件和开发工具，支持快速构建和部署应用。

6. 嵌入式操作系统的选择

根据实际项目需求选用合适的嵌入式实时操作系统，可以更合理、更有效地利用 CPU 的资源，简化应用软件的设计，缩短系统开发时间，更好地保证系统的实时性和可靠性。

选择嵌入式操作系统时，需要考虑以下几个因素。

（1）设备的性能及资源。若设备的性能较高，资源情况良好，可以选择功能强大的操作系统；若设备的性能与资源受限，则选择小巧的操作系统。

（2）对实时性的要求。若项目对系统的实时性要求高则选择 RTOS，若对实时性要求不高，硬件资源又充分，则可以选择 Linux 或者 Windows Embedded 系统。

（3）对可靠性的要求。若项目对系统的可靠性要求高，可以选择商业操作系统；若需要定制化，可以选择开源操作系统。

另外，在选择操作系统时，还要考虑到开发者的基础，选择熟悉的操作系统可以提高开发效率。

▶ 4.1.5　嵌入式与工业互联网

嵌入式系统已经在工业控制中得到了广泛的应用，实现了设备的自动化、智能化，提高了生产效率，促进了工业的发展。嵌入式系统在工业控制中的应用主要包括工业数据采集、工业设备间的通信、电源管理以及控制等方面。

在工业数据采集系统中，数据采集终端被部署在工业现场，其中，传感器负责各种数据的采集，嵌入式处理器负责数据的处理与传输。无论是工业机器人、数控机床、智能仪表等智能设备，还是摄像头、激光雷达、温湿度传感器、红外线传感器等传感设备，都是工业互联网数据的来源，这些都必须要以嵌入式技术为基础，进行数据的采集与处理。

嵌入式微控制器通过通信模组构建网络，实现设备之间的通信和联网，使设备间能够协作,智能、高效地完成生产任务,提高生产效率。无论是终端通信模块、工厂内部网关、还是路由节点,都需要嵌入式系统来实现网络的组件与数据的传输。

另外,嵌入式系统可以实现对设备电源的管理和保护,例如,断电保护、过载保护、欠电压保护等,保障设备正常运行。

工业互联网的目标不仅是工业制造数据的单向采集、传输、汇聚和分析应用,更智能化的方向是根据社会发展和经济运行设定的目标,实现网上订单、自主生产和制造、自动物流、运维等全要素一体化的协同优化和柔性制造,这些任务都离不开终端设备嵌入式系统的控制执行。工业互联网时代为嵌入式技术带来了新的历史机遇和挑战。

4.2 ARM 处理器概述

典型的嵌入式微处理器包括 ARM、MIPS、PPC 等。其中,ARM 架构广泛应用于移动设备、物联网设备以及工业控制设备中。本节重点了解 ARM 相关概念,以及 ARM 处理器的内核与架构。

▶ 4.2.1 ARM 简介

"ARM"有多重含义,可以认为是公司的名称,也可以认为是 ARM 处理器的统称,还可以认为是一种技术的总称。

1. ARM 公司

"ARM 公司"是指安谋国际科技股份有限公司,它是软银旗下芯片设计公司,总部位于英国剑桥。ARM 是 Advanced RISC Machine 的缩写,RISC 意为高级精简指令集计算机。其支持的指令比较简单,所以功耗小、价格便宜,特别适合移动设备,早期使用 ARM 芯片的典型设备就是苹果公司的牛顿 PDA。ARM 公司是专门从事基于 RISC 技术芯片设计开发的公司,是全球领先的半导体知识产权(IP)提供商,作为知识产权供应商,本身不直接从事芯片生产,而是转让设计许可,由合作公司生产各具特色的芯片。目前,超过千家公司与 ARM 公司签订了技术使用许可协议。

2. ARM 处理器

ARM 处理器是英国 Acorn 有限公司(1990 年,Acorn 公司正式更名为 ARM 公司)设计的低功耗成本的第一款 RISC 微处理器,全称为 Advanced RISC Machine。ARM 处理器本身是 32 位设计,但也配备 16 位指令集,一般来讲,比等价 32 位代码节省达 35%,却能保留 32 位系统的所有优势。ARM 处理器的内核统一由 ARM 公司提供,其片内部件则由各大半导体公司根据实际应用进行设计,这使得 ARM 在设计嵌入式系统的时候,可以基于同样的核心,使用不同的片内外设,从而具有很大的优势。

3. ARM 技术

ARM 技术一般指基于精简指令集的处理器架构设计和开发技术。ARM 技术具有性能高、成本低和低功耗的特点,广泛应用于移动设备和嵌入式系统中,如智能手机、平板电脑、电视以及其他电子设备。

▶ 4.2.2 ARM 处理器架构

1. ARM 芯片

任何一款 ARM 芯片都包括两部分:ARM 内核与外设。内核由 ARM 公司设计并提供授权,外设则是由获得授权的芯片厂商自己设计,不同的芯片厂商设计了不同的外设,由此形成了数量和规格庞大的 ARM 芯片产业。ARM 内核芯片的架构如图 4-2 所示。

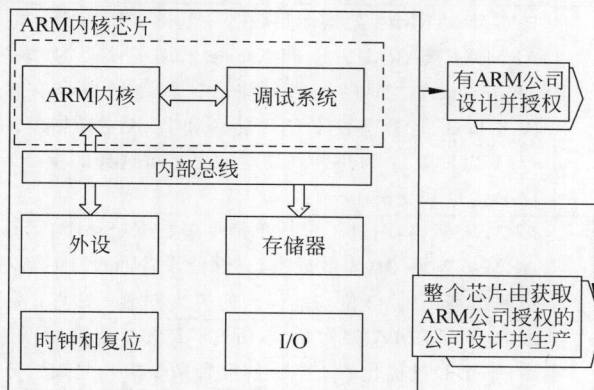

图 4-2　ARM 内核芯片结构图

ARM 内核主要包括寄存器、指令集、总线、存储器映射规则、中断逻辑和调试组件等。如果将采用 ARM 内核的芯片当作一台计算机,ARM 内核就相当于计算机中的 CPU。

ARM 外设主要包括定时器、A/D 转换器、存储器、I2C、UART、SPI、ROM 等,由芯片厂商自己设计与 ARM 内核衔接。

2. ARM 架构

与计算机的 CPU 一样,ARM 内核也不断升级,ARM 公司定义了几种主要的 ARM 指令集版本架构,以版本号 v1～v8 表示。其中,ARMv1 表示 ARM 的第 1 个版本架构,对应的处理器为 ARM1;ARMv3 表示 ARM 的第 3 个版本架构,对应的处理器主要有 ARM6 与 ARM7。ARM 的版本架构以及对应的处理器家族如表 4-2 所示。

表 4-2　ARM 内核版本与处理器

架构	处理器家族	说　明
ARMv1	ARM1	1985 年,ARMv1 架构诞生,该版本架构只在原型机 ARM1 中出现过,只有 26 位的寻址空间(64MB),没有用于商业产品
ARMv2	ARM2、ARM3	1986 年,ARMv2 架构诞生,该版本架构对 v1 进行了扩展,首颗量产的 ARM 处理器 ARM2 就是基于该架构,包含对 32 位乘法指令和协处理器指令的支持,但同样仍为 26 位寻址空间。其后还出现了变种 ARMv2a,ARM3 即采用了 ARMv2a,是第一片采用 Cache 的 ARM 处理器
ARMv3	ARM6、ARM7	1990 年,ARMv3 架构诞生,第一个采用 ARMv3 架构的微处理器是 ARM6(610)以及 ARM7。ARM6 作为 IP 核、独立的处理器,具有片上高速缓存、MMCU 和写缓冲的集成 CPU,寻址空间增大到 32 位(4GB)。变种版本有 3G 和 3M。版本 3G 是不与版本 2a 相兼容的版本 3。版本 3M 引入了有符号和无符号数乘法和乘加指令
ARMv4	StrongARM、ARM7TDMI、ARM9TDMI	1993 年,ARMv4 架构在 v3 版上做了进一步扩充,是目前应用最广泛的 ARM 架构,ARM7(7TDMI)、ARM8、ARM9(9TDMI)和 Strong ARM 均采用了该架构。ARM 在这个系列中引入了 T 变种指令集,即处理器可工作在 Thumb 状态,增加了 16 位 Thumb 指令集。v4 不再强制要求与 26 位地址空间兼容,而且明确了哪些指令会引起未定义指令异常

架构	处理器家族	说　明
ARMv5	ARM7EJ、ARM9E、ARM10E、XScale	1998 年，ARMv5 架构诞生，在 v4 基础上增加了一些新的指令，ARM7（EJ）、ARM9（E）、ARM10（E）和 Xscale 采用了该架构，该版本架构改进了 ARM/Thumb 状态之间的切换效率。这些新增命令有带有链接和交换的转移 BLX 指令、计数前导零 CLZ 指令和 BRK 中断指令；增加了数字信号处理指令（V5TE 版）；为协处理器增加更多可选择的指令。此外，该架构还引入了 DSP 指令和支持 Java
ARMv6	ARM11、ARM、Cortex-M	ARMv6 架构，引进了包括单指令多数据（SIMD）运算在内的一系列新功能。ARMv6-M 架构，为低成本、高性能设备而设计，向以前由 8 位设备占主导地位的市场提供 32 位功能强大的解决方案。如 Cortex^{TM}-M0 和 Cortex-M1
ARMv7	ARM　Cortex-A、ARM　Cortex-M、ARM Cortex-R	2004 年，ARMv7 架构诞生，所有 ARMv7 架构处理器都实现了 Thumb-2 技术（一个经过优化的 16/32 位混合指令集），此架构分为三类处理器：Cortex-A 应用处理器（高端系列）、Cortex-R 实时处理器（实时系列）、Cortex-M 微控制器（控制系列）
ARMv8	Cortex-A50、Cortex-A57、Cortex-A53 ...	2011 年，ARMv8 架构诞生，ARMv8-A 将 64 位体系结构支持引入 ARM 体系结构中，其中包括 64 位通用寄存器、SP（堆栈指针）和 PC（程序计数器），64 位数据处理和扩展的虚拟寻址，兼容 32 位处理
ARMv9	Cortex-X1/A78	ARMv9 架构，最重大的升级在于 AI 和安全，在兼容 ARMv8 的基础上，提升了安全性，增加了矢量计算、机器学习和数据信号处理等多方面能力，性能表现也将得到极大幅度的提升

ARM 常见的体系架构主要有两种：冯·诺依曼结构（输入/输出、控制器、存储器、处理器）与哈佛体系结构（存储器分为程序存储器和数据存储器）。其中，ARM7 系列采用冯·诺依曼结构，ARM9～11 采用哈佛体系结构。

3. Cortex 系列处理器介绍

由表 4-2 可以看出，自 ARMv7 架构（ARM11）开始，ARM 的命名方式发生了改变，新的处理器家族，改以 Cortex 命名，主要分为三个系列，分别是 Cortex-A、Cortex-R、Cortex-M。

Cortex-A 系列（A：Application）主要是针对智能电子产品对高性能计算的要求而提出的，能够运行丰富的操作系统，提供交互媒体和图形体验，其广泛应用在智能手机、平板电脑、数字电视、电子阅读器、家庭网关等产品。

Cortex-R 系列（R：Real-time）主要是针对需要运行实时操作的系统应用而提出的。在汽车的电子制动系统、工业控制领域等领域比较常见。

Cortex-M 系列（M：Microcontroller）面向微控制器领域，专为低功耗、低成本、实时嵌入式系统设计。STM32 是意法半导体推出的 32 位 ARM Cortex-M 内核微控制器系列，具有高性能、低功耗、可靠性强等特点，广泛应用于工业控制、智能家居、汽车电子、医疗设备等领域。

除了以上三个系列外，还有一个 Cortex-SC 系列，主要用于政府安全芯片。

4. ARM 处理器特点

ARM 处理器广泛用于嵌入式系统、移动设备、消费电子和服务器等领域。ARM 处理器的主要特点如下。

（1）ARM 处理器体积小、功耗低。ARM 处理器尺寸紧凑，有助于减小设备的总体尺寸和重量，使其更加便于集成到多种产品设计中。由于其尺寸的限制，导致其资源受限，资源的受限又导致其必须具备低功耗的特点。ARM 处理器能够以较低的功耗提供较高的计算性能,适合各种移动设备和嵌入式系统中对性能要求较高的应用。ARM 处理器特别注重功耗优化,能够在保持高性能的同时减少能源消耗,这在便携式设备如智能手机和平板电脑中是至关重要的。

(2) ARM 处理器采用 RISC 架构,这就意味着其指令集相对简单,每条指令的执行时间短,可以快速完成指令,提高了处理器的速度。

(3) 定义了多种处理器工作模式,提高了处理器工作效率。

(4) 具有 ARM 和 Thumb 两种处理器工作状态,可以很好地兼容 8 位、16 位器件。

(5) 大量使用寄存器,执行速度很快,大多数数据操作都在寄存器中完成。

▶ 4.2.3 ARM 处理器的工作模式

为了应对 CPU 在执行时的意外情况,ARM 处理器有多种工作模式,在 Cortex 系列之前有 7 种工作模式,在 Cortex 系列之后增加了安全工作模式。表 4-3 给出了 ARM 处理器常见的工作模式及说明。

表 4-3 ARM 处理器工作模式

模式分类	工作模式		说　　明
普通模式	用户模式（user）		正常的程序执行模式,不能操作其他硬件资源,只能执行处理自己的数据,也不能切换到其他模式,要切换到其他模式,只能产生中断或其他异常
特权模式		系统模式（system）	系统模式是特权模式,不受用户模式的限制,支持操作系统的特殊用户模式(运行操作系统任务)。使用同一套寄存器。操作系统通过该模式使用户访问受限的资源
	异常模式	一般中断模式（IRQ）	用于处理一般的中断请求。一般在硬件产生中断信号后会自动进入该模式,是一种特权模式,可以自由访问系统硬件资源
		快速中断模式（FIQ）	用于处理时间要求比较紧急的中断请求,一般在高速数据传输及通道中
		管理模式（spuer visor）	操作系统的保护模式,一般 CPU 上电之后会自动进入该模式,该模式主要完成系统的初始化,软中断也会进入该模式。如果在用户模式下可以通过软中断进入该模式,请求访问硬件资源
		未定义模式（undefined）	当执行未定义指令时,会进入该模式
		终止模式（abort）	当存取异常时将会进入这种模式。例如,用户非法访问内存,没有权限读写内存地址时

工作模式又分为用户模式和特权模式,除了用户模式之外的其他 6 种工作模式称为特权模式,特权模式中除了系统模式外,其他 5 种模式与又称为异常模式。大多数的用户程序运行在用户模式下,进入特权模式一般是为了处理中断、异常,或者访问被保护的系统资源。

注意:同一时刻 CPU 只能处于其中一种模式。各种模式下可以访问的寄存器不同。程序员可以修改 CPSR 寄存器,实现各个模式的切换,CPU 在某些情况下也会自动切换。

▶ 4.2.4 ARM 处理器的寄存器

寄存器是 CPU 内部用来暂时存放参与运算的数据和运算结果的小型存储区域。寄存器是有限存储容量的高速存储部件,所以数据在寄存器之间的传送速度是非常快的。

经典 ARM 处理器中,共有 37 个 32 位寄存器,其中有 31 个通用寄存器和 6 个状态寄存器。这些寄存器不能同时访问,具体哪些寄存器可以编程访问取决于处理器的工作状态和具体的运行模式。经典 ARM 处理器中的 37 个寄存器如图 4-3 所示。

通用寄存器(31个)	状态寄存器(6个)
•R0~R15(16个) •R13_svc、R14_svc •R13_abt、R14_abt •R13_und、R14_und •R13_irq、R14_irq •R8_frq~R14_frq(7个)	•CPSR •SPRR svc •SPSR_abt •SPSR_und •SPSR_irq •SPSR_fiq

图 4-3　经典 ARM 处理器中的 37 个寄存器

1. 通用寄存器

通用寄存器用于保存数据和地址。通用寄存器包括不分组寄存器、分组寄存器和程序控制寄存器。

不分组寄存器也可以称为"不备份寄存器",包括 R0～R7。这些寄存器在所有的处理器模式下都是同一个物理寄存器。

分组寄存器也可以称为"备份寄存器",分组寄存器包括 R8～R14,其中,R8～R12 分别对应两个不同的物理寄存器。当使用用户模式时,这些寄存器记为 R8_usr～R12_usr;使用快速中断模式时,这些寄存器记为 R8_fiq～R12_fiq,这使得中断处理非常简单。例如,仅使用 R8～R14 寄存器时,FIQ 处理程序可以不必执行保存和恢复中断现场的指令,从而使中断处理非常迅速。R13 和 R14 分别对应 6 个不同的物理寄存器,其中,1 个寄存器是用户模式和系统模式使用的,其他 5 个寄存器分别对应 5 种处理器模式。R13 被称为堆栈指针寄存器(Stack Pointer Register,SP),用于存储栈的栈顶位置地址,与内存相关。R14 被称为"链接寄存器"(Link Register, LR),当程序跳转、函数调用、产生异常时使用。

程序控制寄存器存放将要执行的指令的地址,CPU 会执行它指向的指令,所以程序跳转时把目标代码的地址放到程序控制寄存器中。整个 CPU 只有一个程序控制寄存器,其中,R15 为程序控制寄存器。

2. 状态寄存器

状态寄存器有两种:程序状态寄存器(Current Program Status Register,CPSR)与程序状态保存寄存器(Saved Program Status Register,SPSR)。

CPSR 用来记录 CPU 的当前状态,整个 CPU 只有一个 CPSR。CPSR 的格式如图 4-4 所示,重点介绍 4 个标志位 N、Z、C、V。

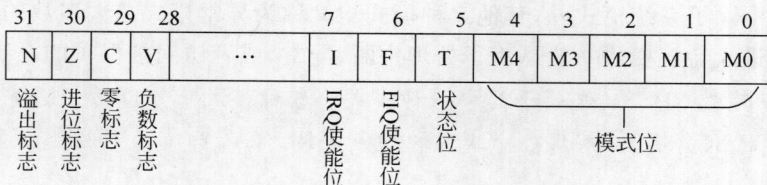

31	30	29	28		7	6	5	4	3	2	1	0
N	Z	C	V	…	I	F	T	M4	M3	M2	M1	M0
溢出标志	进位标志	零标志	负数标志		IRQ使能位	FIQ使能位	状态位			模式位		

图 4-4　CPSR 的格式

"N"为复数标志位。当两个补码表示的有符号整数运算时,1 表示运算结果为负数,0 表示运算结果为正或零。

"Z"为零标志位。1 表示运算结果为零,0 表示运算结果不为零。对于 CMP 指令,1 表示进行比较的两个数大小相等。

"C"为进位标志位。进位标志位一般在加减法运算以及移位操作中会发生改变。

"V"为负数标志位。对于加/减法运算指令,当操作数和运算结果为二进制的补码表示的带符号数时,V=1 表示符号位溢出。

SPSR 用来保存 CPSR 的值。异常时,SPSR 保存 CPSR 值,异常结束时,回到之前的工作模式,并把 SPSR 的值恢复到 CPSR。整个 CPU 有 5 个 SPSR,但在某些模式下只能使用该模式对应的 SPSR,例如,FIQ 模式下只能使用 SPSR_fiq 寄存器。

SPSR 格式与 CPSR 格式相同。

CPSR 的低 8 位 I、F、T、M[4:0]统称为控制位。当异常中断发生时,这些位发生变化。

I:1 表示禁止外部(硬件)中断(IRQ)。

F:1 表示禁止快速中断(FIQ)。

T:1 表示为 Thumb 状态,0 为 Arm 状态。

M[4:0]:用来设置处理器的工作模式。

各种工作模式下对应的寄存器如表 4-4 所示,其中,灰色阴影的寄存器表示寄存器是该模式下特有的寄存器,也就是备份寄存器。

表 4-4　工作模式与可访问寄存器

	用户模式	系统模式	特权模式	中止模式	未定义指令模式	外部中断模式	快速中断模式
通用寄存器	R0	R0	R0	R0	R0	R0	R0
	R1	R1	R1	R1	R1	R1	R1
	R2	R2	R2	R2	R2	R2	R2
	R3	R3	R3	R3	R3	R3	R3
	R4	R4	R4	R4	R4	R4	R4
	R5	R5	R5	R5	R5	R5	R5
	R6	R6	R6	R6	R6	R6	R6
	R8	R8	R8	R8	R8	R8	R8_fiq
	R9	R9	R9	R9	R9	R9	R9_fiq
	R10	R10	R10	R10	R10	R10	R10_fiq
	R11	R11	R11	R11	R11	R11	R11_fiq
	R12	R12	R12	R12	R12	R12	R12_fiq
	R13	R13	R13_svc	R13_abt	R13_und	R13_inq	R13_fiq
	R14	R14	R14_svc	R14_abt	R14_und	R14_inq	R14_fiq
	PC	PC	PC	PC	PC	PC	PC
状态寄存器	CPSR	CPSR	CPSR	CPSR	CPSR	CPSR	CPSR
			SPSR_svc	SPSR_abt	SPSR_und	SPSR_inq	SPSR_fiq

▶ 4.2.5　ARM 指令集与工作状态

1. ARM 支持的指令集

通常一款 CPU 只有一种指令集,但是大部分 ARM core 提供 ARM 指令集、Thumb 指令集、Thumb2 指令集,如表 4-5 所示。

表 4-5 ARM 支持的指令集

指令集名称	指令长度	特　　点
ARM 指令集	32b	运行速度快,但是指令占用程序空间大
Thumb 指令集	16b	运行速度慢,省空间,但是不健全
Thumb2 指令集	32b/16b	兼顾速度与空间

ARM 指令是 32 位的指令,所编代码全部是 32b 的,每条指令能承载更多的信息,因此可使用最少的指令完成功能,所以在相同频率下运行速度也是最快的。但也因为每条指令是 32b 的而占用了最多的程序空间。

Thumb 指令是 16 位的指令长度,所编代码全部是 16b 的,每条指令所能承载的信息少,因此它需要使用更多的指令才能完成功能,则运行速度慢,但它也占用了最少的程序空间。此外,Thumb 指令集中的数据处理指令的操作数仍然是 32 位,指令地址也为 32 位,并且有些处理器可以根据指令译码器将 Thumb 指令转换为 32 位的 ARM 指令。

Thumb2 指令集是 16 位+32 位混合,在前面两者之间取了一个平衡,兼有二者的优势。当一个操作可以使用一条 32b 指令完成时,就使用 32b 的指令,加快运行速度。而当一次操作只需要一条 16b 指令完成时,就使用 16b 的指令,节约存储空间。

2. ARM 工作状态

从编程角度,ARM 微处理器有两种工作状态:ARM 状态与 Thumb 状态。在程序执行时,两种状态可以相互转换,如图 4-5 所示。切换状态不影响处理器的工作模式和相应寄存器中的内容。但是在以下情况下,只能使用 ARM 指令。

(1) ARM 处理器总是从 ARM 状态开始执行的,如果要在调试器中运行 Thumb 程序,必须为该 Thumb 程序添加一个 ARM 程序头,然后再切换到 Thumb 状态,调用该 Thumb 程序。

(2) 在对速度与性能有较高要求的情况下,使用 ARM 指令。

(3) 某些功能只能由 ARM 指令来实现。例如,访问 CPSR 寄存器来使能/禁止中断或者改变处理器工作模式;访问协处理器 CP15;执行 C 代码不支持的 DSP 算术指令。

(4) 异常中断(Exception)处理。在进入异常中断后,内核自动切换到 ARM 状态。即在异常中断处理程序入口的一些指令是 ARM 指令,然后根据需要,程序可以切换到 Thumb 状态,在异常中断处理程序返回前,程序再切换到 ARM 状态。

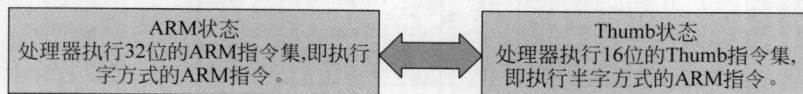

图 4-5 工作状态的转换

在实际系统中,内核状态需要经常切换来满足系统性能要求。

(1) Thumb 状态→ARM 状态。

① 执行命令 BX　Rn(将操作数寄存器 Rn 的状态位 bit[0]设置为 0)。

其中,Rn 可以是寄存器 R0~R15 中的任意一个。指令可以通过将寄存器 Rn 的内容,复制到程序计数器 PC 来完成在 4GB 地址空间中的绝对跳转,如果操作数寄存器的状态位 bit0=0,则进入 ARM 工作状态。

② 如果处理器进行异常处理,在此情况下,把 PC 放入异常模式链接寄存器 LR 中,从异常向量地址开始执行也可以进入 ARM 状态。

(2)ARM 状态→Thumb 状态。

① 执行命令 BX　Rn(将操作数寄存器 Rn 的状态位 bit[0]设置为1)。

如果操作数寄存器的状态 bit0=1,则进入 Thumb 工作状态。

② 如果处理器在 Thumb 状态进入异常,则当异常处理返回时,自动切换到 Thumb 状态。

▶ 4.2.6　ARM 异常

1. 异常概述

在 ARM 架构中,异常是指一个处理器状态的突发事件,如中断、故障或系统调用,导致正常的程序被暂时终止。当特定异常发生时,处理器就会把程序控制寄存器设置为特定的存储器地址,这个地址被放在称为向量表的范围内,向量表内就是一些跳转操作。即 CPU 设计了一个向量表来表示每一种异常的处理方式,只要产生异常,程序控制寄存器就会被设置为向量表中对应异常的地址,执行异常向量表中的对应指令(跳转执行,执行对应的处理办法)。

处理器在处理异常的时候,需要考虑以下两个关键问题。

(1) 异常源的判断:处理器必须能够准确地识别出导致异常的具体原因,以便采取适当的响应措施。

(2) 异常的响应:一旦确定了异常源,处理器需要按照预定的优先级和流程来响应异常,这可能包括保存当前处理状态、跳转到异常处理程序、执行异常处理代码等。

ARM 中常见的异常源以及优先级如表 4-6 所示,按照优先级从高到低分别为复位异常(Reset)、数据异常(Data Abort)、快速中断异常(Fast Interrupt Request,FIQ)、外部中断异常(Interrupt Request,IRQ)、预取异常(Prefetch Abort)、软中断异常(Software Interrupt,SWI)及未定义指令异常(Undefined Interrupt)。

表 4-6　ARM 异常向量表

地　　址	异常源名称	工作模式	说　　明	优先级
0x00000000	复位异常(Reset)	管理模式	复位电平有效	1
0x00000010	数据异常(Data Abort)	终止模式	数据终止,如地址不允许被访问	2
0x0000001C	快速中断异常(FIQ)	FIQ 模式	快速中断请求引脚有效,一般是外部硬件产生的	3
0x00000018	外部中断异常(IRQ)	IRQ 模式	外部中断请求引脚有效,一般是外部硬件产生的	4
0x0000000C	预取指令异常(Prefetch Abort)	终止模式	指令预取终止,如对应地址不存在指令	5
0x00000008	软中断异常(SWI)	管理模式	软中断,一般是程序产生的	6
0x00000004	未定义指令异常(Undefined Interrupt)	未定义模式	遇到不能处理的指令,如 CPU 接收到指令以后无法识别	6

在 ARM 的基本工作模式中,有 5 个属于异常模式,即 ARM 遇到某种异常后会切换成对应的异常模式,不同的异常源可能会进入同一种工作模式。异常源与模式的关系列举如下。

(1) 数据异常以及预取异常发生时,会进入终止模式,用于支持虚拟内存和/或存储器保护。

(2) 快速中断请求异常发生后会进入快速中断模式,支持高速数据传输及通道处理。

（3）未定义指令异常则进入未定义模式。

（4）软件中断异常以及复位异常进入管理模式，操作系统保护代码。

2. 异常产生时发生的硬件操作

当处理器检测到异常情况时，一系列预定义的硬件操作将被触发，以确保异常得到妥善处理。以下概括了异常产生时，硬件执行的关键步骤，这些步骤共同构成了异常处理的基础流程，具体如下。

（1）保存执行状态。

把 CPSR 寄存器的内容复制到对应产生异常的模式下的 SPSR。

（2）模式切换。

模式切换涉及以下操作。

① 由硬件自动把 CPSR 中的模式[4:0]设置为与异常相对应的值。

② 处理器设置为 ARM 状态，执行 ARM 指令。

③ 禁止中断，如进入 FIQ 模式自动把 IRQ 中断禁止。

（3）保存返回地址。

把当前的下一条指令的地址（程序控制寄存器）保存到 lr_mode 寄存器（异常模式下）。

（4）跳入异常向量表。

强制设置程序控制寄存器为对应异常向量地址。

4.3　STM32 微控制器介绍

STM32 MCU 采用基于 ARM Cortex-M 内核的 32 位 RISC 处理器，具有性能高、稳定性高、外设资源丰富、成本低等优点。

了解 STM32 微控制器的架构与内部原理，有助于开发者更好地理解和使用它们。本节首先介绍 STM32 微处理器的基础知识，然后以 STM32F407VE 芯片为例，介绍通用输入/输出端口、中断、定时器、串行通信接口、模数转换器等。

▶ 4.3.1　STM32 微控制器概述

1. STM32 内核

不同的 STM32 系列产品可能采用不同的 Cortex-M 内核，具体取决于产品的定位和应用需求。在 STM32 系列中，常见的 ARM Cortex-M 内核主要有 ARM Cortex-M0、ARM Cortex-M0＋、ARM Cortex-M3、ARM Cortex-M4 与 ARM Cortex-M7，如表 4-7 所示。

表 4-7　STM32 常见内核

内　　核	说　　明
ARM Cortex-M0	Cortex-M0 是 ARM 的基本入门级内核，具有较低的功耗和成本，适用于低功耗、资源有限的应用。它提供了较为基本的指令集和外设集成
ARM Cortex-M0＋	Cortex-M0＋是 ARM 针对低功耗应用进一步优化的内核，具有更高的性能和更低的功耗。它在 Cortex-M0 的基础上增加了一些新的指令和功能，提供了更高的代码密度和执行效率
ARM Cortex-M3	Cortex-M3 是一种更强大的内核，具有较高的性能和更多的外设集成。它支持更复杂的应用和操作系统，具备较大的存储器地址空间和更多的调试和异常处理能力

续表

内　　核	说　　明
ARM Cortex-M4	Cortex-M4 在 Cortex-M3 的基础上增加了数字信号处理（DSP）扩展指令集和单精度浮点运算支持,使其适用于更多的信号处理和计算密集型应用
ARM Cortex-M7	Cortex-M7 是 ARM Cortex-M 系列中性能最强大的内核。它具有更高的时钟频率、更高的指令执行效率和更丰富的外设集成。Cortex-M7 可应对更复杂的实时应用和高性能计算需求

2. STM32 产品分类

按内核架构分为不同产品：主流产品（STM32F0、STM32F1、STM32F3）、超低功耗产品（STM32L0、STM32L1、STM32L4、STM32L4＋）、高性能产品（STM32F2、STM32F4、STM32F7、STM32H7）。

STM32 目前可以划分为 5 大类,18 个系列,如表 4-8 所示。

表 4-8　STM32 产品分类

大　　类	系列	内　　核	特　　性
主流级 MCU	G0	Cortex M0	全新入门级 MCU
	G4	Cortex M4	模数混合型 MCU
	F0	Cortex M0	入门级 MCU
	Fl	Cortex M3	基础型 MCU
	F3	Cortex M4	混合信号 MCU
高性能 MCU	F2	Cortex M4	高性能 MCU
	F4	Cortex M4	高性能 MCU
	F7	Cortex M7	高性能 MCU
	H7	Cortex M7	超高性能 MCU,部分型号有双核（M7＋M4）
超低功耗 MCU	L0	Cortex M0＋	超低功耗 MCU
	LI	Cortex M3	超低功耗 MCU
	L4	Cortex M4	超低功耗 MCU
	L4＋	Cortex M4	超低功耗高性能 MCU
	L5	Cortex M33	超低功耗高性能安全 MCU
	U5	Cortex M33	超低功耗高性能大容量安全 MCU
无线 MCU	WB	Cortex M4 Cortex M0＋	双核无线 MCU
	WL	Cortex M4	远程无线 MCU
微处理器 MPU	MP1	Cortex A7 Cortex M4	双核超高性能 MPU

整体来看,STM 可以分为两大类：一个是 MCU,一个是 MPU。其中,MCU 就是常见的 STM32 微控制器,不能运行 Linux 系统；而 MPU 则是 ST 在 2019 年才推出的微处理器,可以运行 Linux 系统。

3. STM32 芯片命名规则

STM32 系列产品名字里面包含家族、产品类别、特定功能（3 位数字）、引脚数目、闪存容量、封装形式、温度范围等重要信息,这些信息可以帮助用户识别和区分 STM32 的不同芯片。

（1）家族。根据 MCU/MPU 位数的不同,主要分为 STM32 与 STM8。

（2）产品类别。用字符来代表产品的类别，详细类别与对应符号见表4-9。

表 4-9　STM32 产品类别与符号对照表

符　　号	产 品 类 别
A	汽车级
F	基础型、通用型
L	超低功耗
S	标准型
WB	无线产品
H	高性能
G	主流型号

（3）特定功能（三位数字）。用三位数字来表示特定的功能，例如，"103"表示STM32基础版，"407"表示高性能，"152"表示超低功耗，如表4-10所示。

表 4-10　数字与功能对照表

数　　字	特 定 功 能
051	入门级
103	STM32 基础版
303	103 的升级版，带 DSP 和模拟外设
407	高性能，带 DSP 与 FPU
152	超低功耗

（4）引脚数目。用字母代表引脚的数目，例如，40引脚用"H"表示，100引脚用"V"表示，如表4-11所示。

表 4-11　引脚数目与符号对照表

符　　号	引 脚 数 目
T	36 引脚
H	40 引脚
S	44 引脚
C	48&49 引脚
U	63 引脚
R	64&66 引脚
J	72 引脚
M	80 引脚
O	90 引脚
V	100 引脚
Q	132 引脚
Z	144 引脚
A	169 引脚
I	176&201 引脚
B	208 引脚
N	216 引脚
X	256 引脚

（5）闪存容量。用不同的数字或符号来区分不同芯片的闪存容量（KB），如表 4-12 所示。

表 4-12　闪存容量与符号对照表

符　号	闪存容量/KB
0	1
1	2
2	4
3	8
4	16
5	24
6	32
7	48
8	64
9	72
A	96 或 128（仅针对 STM8A）
B	128
Z	192
C	256
D	384
E	512
F	768
G	1024
H	1536
I	2048

（6）封装形式。STM32 的封装形式包括 LQFP、TQFP、QFN、BGA 等。封装形式与符号的对照表如表 4-13 所示。

表 4-13　封装形式与符号对照表

符　号	封 装 形 式
B	Plastic DIP*
D	Ceramic DIP*
G	Ceramic QFP
H	LFBGA /TFBGA
I	UFBGA Pitch 0.5**
J	UFBGA Pitch 0.8**
K	UFBGA Pitch 0.65**
M	Plastic SO
P	TSSOP
Q	Plastic QFP
T	QFP
U	UFQFPN
V	VFQFPN
Y	WLCSP

其中,"＊"表示 Dual-in-Line 封装,"＊＊"仅对全新产品系列,现有产品系列请使用 H。

(7) 温度范围。用字母和数字来表示芯片的温度范围,例如,"6"表示工业级温度范围
−40～85℃,如表 4-14 所示。

表 4-14　符号与温度范围对照表

符　　号	温度范围/℃
6 和 A	−40～+85
7 和 B	−40～+105
3 和 C	−40～+125
D	−40～+150

对于 STM32F407VET6 型号的芯片,通过其命名规则,可以获取的芯片信息如下。

(1) 该芯片是基于 ARM 核心的 32 位微控制器。

(2) F 表示通用类型。

(3) 407 表示增强型。

(4) V 表示引脚数目为 100 脚。

(5) E 表示 512KB 的闪存存储器。

(6) T 表示封装为 LQFP(LQFP144)。

(7) 6 表示工业级温度范围−40～85℃。

4. STM32 微控制器的工作流程

STM32 微控制器的工作流程概括为以下几个步骤。

(1) 系统初始化。

在开始工作之前,需要对系统进行初始化配置,主要包括复位电路、系统时钟初始化、配置
外设以及中断等。

(2) 程序执行。

完成系统初始化后,STM32 微控制器开始执行存储器中的程序代码,处理器核根据程序
中的指令依次执行,控制外设的操作和数据处理。

(3) 外设操作。

程序中会包含对外设的操作指令。STM32 微控制器可以通过访问外设的寄存器来配置
和控制外设的功能。这些指令可以读取外设的状态或者向外设发送数据。

(4) 中断处理。

在运行过程中,STM32 微控制器会响应外部中断请求,进入中断处理程序进行处理。中
断处理程序会暂停当前的指令执行,转而处理中断请求。一旦中断处理完成,程序会返回到原
来的执行位置继续执行。

(5) 系统停止。

在程序执行完成或者系统需要停止工作时,可以通过编写代码使 STM32 微控制器停止
工作。停止工作可以是关机,或者是进入低功耗模式以节省能量。

5. STM32 微控制器的选型

STM32 微控制器可作为嵌入式系统的核心处理器,具有性能高、功耗低、开发灵活等优
点,但其开发难度较大,需要更高的电路设计技能和编程经验。在选型时需要综合考虑如板载
外设、运算能力、集成度、易用性等方面,以确保系统在满足特定需求的同时,也能够满足商业

和可行性的特定要求。对 STM32 微控制器选型考虑因素总结如下。

（1）系统性能需求。

需要确定项目的需求，包括需要控制的设备或执行的任务、需要处理的数据量和信号、需要的处理能力和存储空间、需要的功耗和可靠性要求等。根据系统应用的要求选取核心处理器的型号和配置，如运行速度、体积、可扩展性、功耗等。

在处理器选型过程中，需要充分考虑到项目的性能需求，对于低性能需求，可选择 STM32F0/F1 系列；若需要高性能、浮点运算或 DSP 能力，则可考虑 STM32F2/F4 系列。无法正确评估项目所需性能的时候，可以遵循"由高到低"的原则，可以优先选择高性能的 STM32 型号进行。若所选型号超出性能要求，可以逐步降档，以降低成本，如 H7→F7→F4→F1。若所选型号不能满足性能要求，则可以选择逐步升档，如 F4→F7→H7。

在选择 Flash 大小、SRAM 大小、GPIO 数量等资源时，遵循"由大到小"的原则。例如，优先考虑容量较大的型号进行开发，对整个项目所需资源有了准确的定位后可以选择降档，从而找到性价比最合适的 STM32 型号。

（2）系统所需外设。

确保所选单片机支持项目所需的外设接口与通信协议，包括通用串行总线、模拟输入/输出、定时器、DMA 等。例如，对于需要多种传感器的应用，选择具有足够 GPIO 引脚和模拟输入的型号；而涉及远程控制或数据采集的系统，则需要具备串行通信（如 UART、I2C、SPI）功能。此外，根据需要评估其他外设（如定时器、PWM 输出、RTC 等）。

（3）电源与能耗。

对于不同的应用场景，电源和功耗需求会有显著差异。例如，可穿戴设备、物联网传感器等需要低功耗特性来延长电池寿命；而工业自动化、机器人应用则需要稳定的电源系统。确保所选单片机安全工作电压范围与实际应用场景匹配，同时核查其静态/动态功耗特性。

（4）封装与尺寸。

根据项目的空间要求，来选择合适的封装类型以及尺寸。对于空间受限的应用场景，可以优先选择小型封装（例如 QFN），对于需要引脚较多的项目可以选择大型封装（例如 LQFP、BGA）。另外，还要注意所选单片机封装与 PCB 设计和制造要求相匹配。

（5）软件开发环境与生态。

了解相关配套控制和编程语言及开发工具，确保工具的可用性和集成度，如 IAR、MDK 等。STM32 系列单片机支持多种编程语言（如 C/C++），并提供了广泛的库函数、示例代码和开发工具。此外，STM32 还拥有活跃的开发者社区和技术支持，这些资源将有助于项目的顺利进行。

（6）预算与成本。

在满足性能与功能需求的前提下，还要充分考虑到项目的预算与成本。不仅需要了解不同型号的单片机差价，还需要了解硬件开发以及软件许可等方面的费用，从而选择出针对项目的性价比最高的型号。

▶ 4.3.2　STM32 的 GPIO

1. GPIO 概述

GPIO（General Purpose Input Output，GPIO）为处理器通用输入/输出接口的总称。微处理器通过向 GPIO 控制寄存器写入数据可以控制 GPIO 口的输入/输出模式，实现对某些设备的控制或信号采集的功能。通过 GPIO 来输出高低电平(高电平,逻辑数字 1；低电平,逻辑数字 0)或者通过这些引脚来读取引脚的状态,来判断是高电平还是低电平。根据电平的状态来获取外部电路的工作状态,GPIO 是 MCU 和外界进行数据交流的唯一通道。

用户可以通过 GPIO 和硬件进行数据交互,控制硬件的工作状态,读取硬件的工作状态等。

2. GPIO 常用工作模式

每个 GPIO 可以工作在输入、输出、复用、模拟 4 种模式之一。

在输入模式(Input Mode)下,GPIO 引脚用于读取外部信号。MCU 可以检测引脚的数字信号,从而感知外部电路的工作状态。引脚输入电平通过 TTL 施密特触发器转换成 0 或 1,并放到数据寄存器中。输入模式又分为浮空输入、上拉输入、下拉输入、模拟输入 4 种方式。图 4-6 展示了 I/O 端口位的输入配置。当对 I/O 端口进行编程以作为输入使用时,需执行以下操作。

(1) 输出缓冲器被关闭。

(2) 施密特触发器输入被打开。

(3) 根据 GPIOx_PUPDR 寄存器中的值决定是否打开上拉和下拉电阻。

(4) 输入数据寄存器每隔一个 AHB1 时钟周期,对 I/O 引脚上的数据进行一次采样。

(5) 通过读取输入数据寄存器,可以获取 I/O 端口的状态。

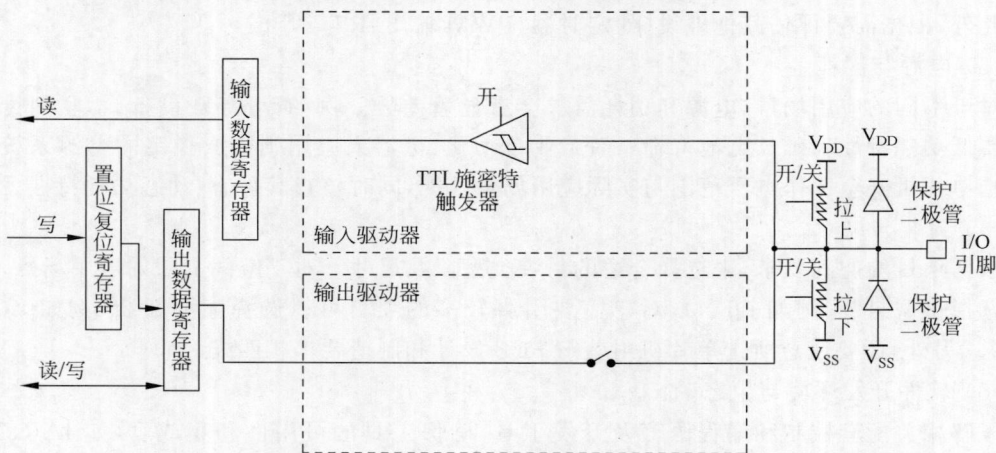

图 4-6　输入配置

在输出模式(Output Mode)下,GPIO 引脚用于向外部设备发送信号。输出电平可以是高电平或低电平,通过将 0 或 1 写入输出寄存器,可以在 GPIO 引脚上产生对应的高低电平。输出模式包括开漏输出、开漏复用输出、推挽输出和推挽复用输出 4 种方式。图 4-7 展示了 I/O 端口位的输出配置。当对 I/O 端口进行编程以作为输出使用时,需执行的操作如下。

(1) 输出缓冲器被打开,并配置为开漏或推挽模式。

(2) 施密特触发器输入被打开。

(3) 根据 GPIOx_PUPDR 寄存器中的值,决定是否启用弱上拉电阻和下拉电阻。

(4) 输入数据寄存器每隔一个 AHB 1 时钟周期,对 I/O 引脚上的数据进行一次采样。

在复用模式(Alternate Function Mode)下,GPIO 引脚被分配给微控制器内部的其他硬件外设,用于特定的功能。例如,串行通信(USART,SPI,I2C 等)、PWM 输出、定时器输入等。

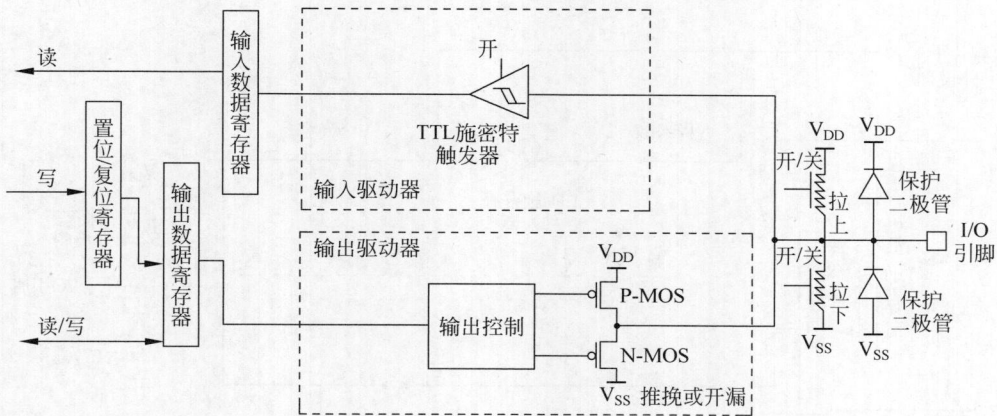

图 4-7　输出配置

I/O 端口位的复用配置,如图 4-8 所示。

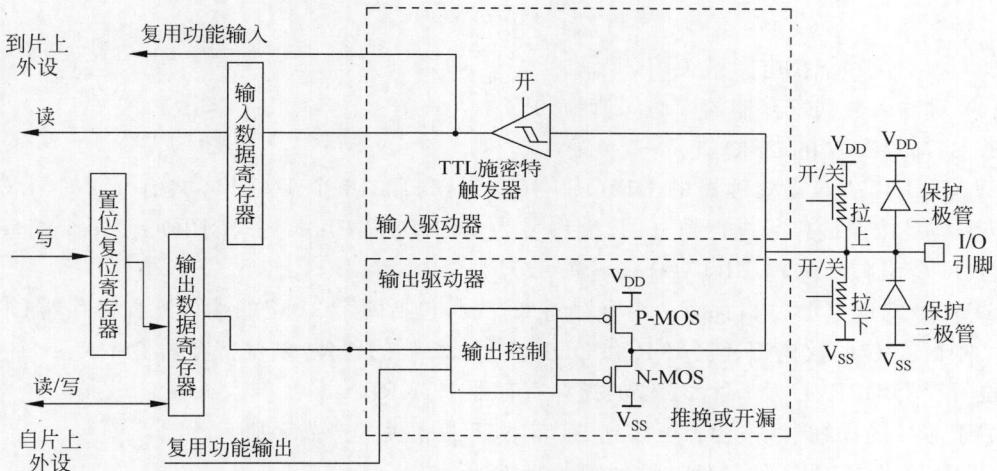

图 4-8　复用功能配置

对 I/O 端口进行编程作为复用功能时,需执行以下操作。

(1) 可将输出缓冲器配置为开漏或推挽。

(2) 输出缓冲器由来自外设的信号驱动(发送器使能和数据)。

(3) 施密特触发器输入被打开。

(4) 根据 GPIOx_PUPDR 寄存器中的值,决定是否打开弱上拉电阻和下拉电阻。

(5) 输入数据寄存器每隔一个 AHB1 时钟周期,对 I/O 引脚上的数据进行一次采样。

(6) 对输入数据寄存器的读访问可获取 I/O 状态。

如果 GPIO 引脚具有模拟功能,它可以配置为模拟模式(Analog Mode),用于模拟信号的输入或输出,例如,ADC(模数转换器)的输入或 DAC(数模转换器)的输出。在模拟配置中,I/O 引脚通常不支持 5V 容忍。I/O 端口位的高阻态模拟输入配置如图 4-9 所示。

对 I/O 端口进行编程作为模拟配置时相关操作如下。

(1) 输出缓冲器被禁止。

(2) 施密特触发器输入停用,I/O 引脚的每个模拟输入的功耗变为零。施密特触发器的输出被强制处理为恒定值(0)。

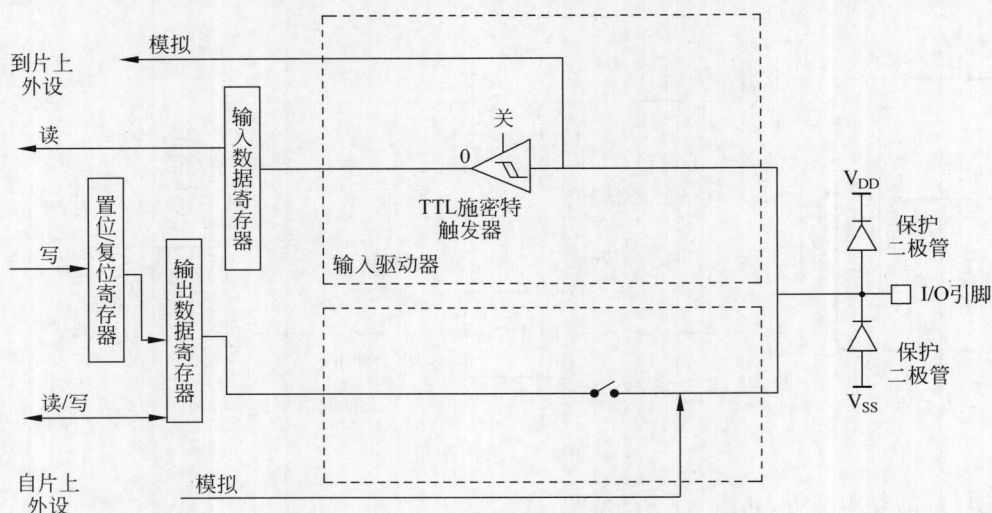

图 4-9　高阻态模拟配置

（3）弱上拉和下拉电阻被关闭。

（4）对输入数据寄存器的读访问值为"0"。

3. STM32F407 的 GPIO

STM32F407VE 微处理器的 GPIO 口有 7 组，每组 16 个 I/O 口，共有 112 个 I/O 口。GPIO 引脚是按照端口号进行划分的，端口号为 GPIOA，GPIOB，…，GPIOG。每个端口号下面还有 16 个引脚号，如 GPIOA（PA0～PA15）。

STM32 的每个 I/O 口都有 7 个寄存器来控制，包括两个 32 位的端口配置寄存器 CRL 和 CRH、两个 32 位的数据寄存器 IDR 和 ODR、一个 32 位的置位/复位寄存器 BSRR、一个 16 位的复位寄存器 BRR，以及一个 32 位的锁存寄存器 LCKR。

关于芯片的详细资料，读者可以到 ST 官网下载相关的产品手册。

STM32F407VET6 的硬件结构如图 4-10 所示。

4. 通用外设驱动的模型

通常需要向外部设备输入/输出数据，首先需要进行设备驱动。通用外设驱动的模型通常采用如图 4-11 所示的四步法，它通常用于设计和实现针对各种外设的驱动程序。

其中，在初始化步骤中，一般需要进行时钟设置、参数设置、I/O 设置以及中断设置等，具体如下。

时钟设置：配置外设所需的时钟源和时钟频率。

参数设置：配置外设的相关参数，如数据位宽、波特率等。

I/O 设置：配置与外设通信的引脚，包括引脚的工作模式、上下拉电阻等。

中断设置：配置外设相关的中断，包括开启中断、设置中断优先级，并在需要时配置 NVIC。

5. GPIO 配置步骤

配置 GPIO 引脚通常涉及以下步骤，这些步骤在不同微控制器和开发环境中可能会有所不同，但基本流程是相似的。

（1）使能时钟。

通过__HAL_RCC_GPIOX_CLK_ENABLE()宏定义来打开相关端口的时钟。

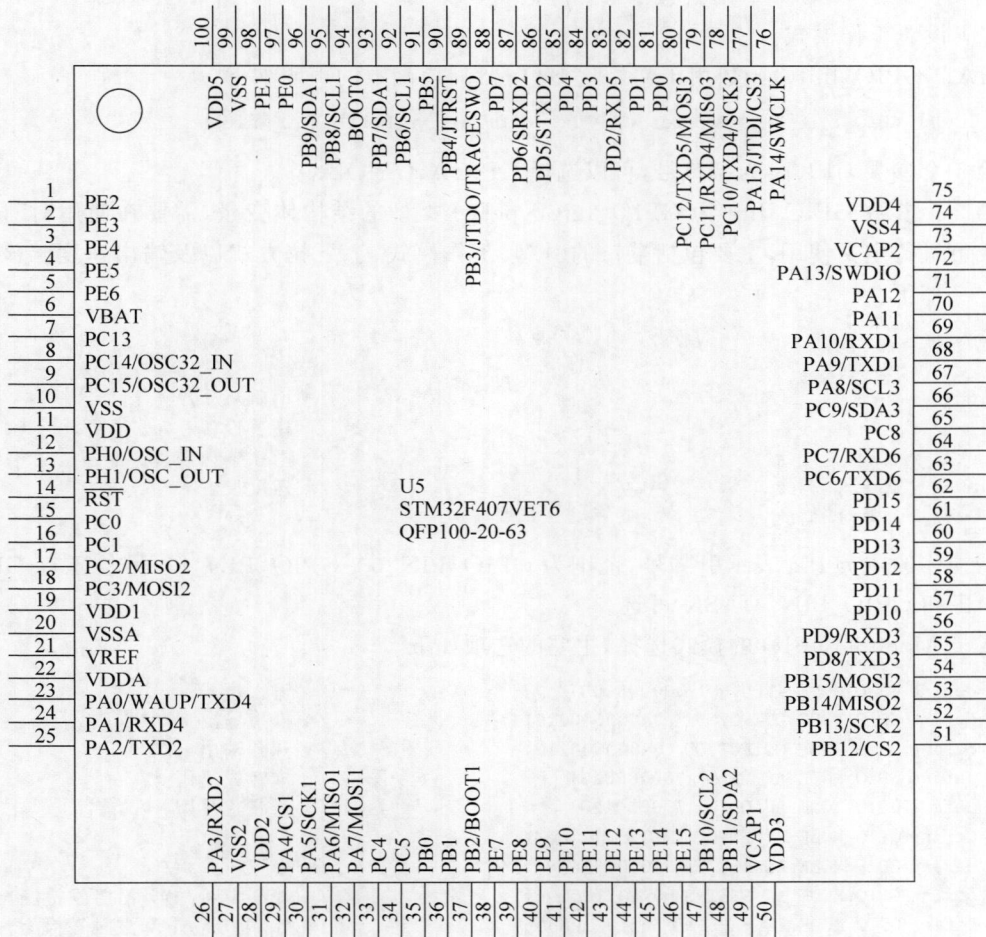

图 4-10　GPIO 硬件图

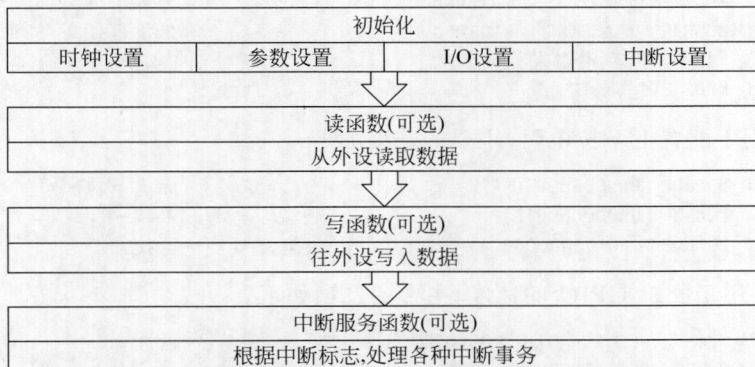

图 4-11　通用外设驱动模型

例如,要打开 GPIOB 的端口的时钟,使用宏定义如例 4-1 所示。

【例 4-1】 打开端口时钟。

```
__HAL_RCC_GPIOB_CLK_ENABLE()
```

(2) 设置工作模式。

HAL_GPIO_Init()函数用于初始化 I/O 端口,该函数的声明如下。

```
void HAL_GPIO_Init(GPIO_TypeDef * GPIOx, GPIO_InitTypeDef * GPIO_Init)
```

第 1 个参数 GPIOx 为端口号,可以选择 GPIOA、GPIOB、…。

第 2 个参数 GPIO_Init 为 GPIO_InitTypeDef 类型的结构体变量,需要在使用时对其结构体成员进行定义使用,主要包括端口的引脚、工作模式、上下拉方式以及输出速度。该结构体的定义如下。

```
typedef struct
{
uint32_t Pin;                                    /*引脚号*/
uint32_t Mode;                                   /*模式设置*/
uint32_t Pull;                                   /*上拉下拉设置*/
uint32_t Speed;                                  /*速度设置*/
} GPIO_InitTypeDef;
```

结构体的成员 Pin 表示引脚号,范围为 GPIO_PIN_0~GPIO_PIN_15,另外还有 GPIO_PIN_All 和 GPIO_PIN_MASK 可选。

成员 Mode 是 GPIO 的模式选择,主要的选项如下。

```
#define GPIO_MODE_INPUT (0x00000000U)              /*输入模式*/
#define GPIO_MODE_OUTPUT_PP (0x00000001U)          /*推挽输出*/
#define GPIO_MODE_OUTPUT_OD (0x00000011U)          /*开漏输出*/
#define GPIO_MODE_AF_PP (0x00000002U)              /*推挽式复用*/
#define GPIO_MODE_AF_OD (0x00000012U)              /*开漏式复用*/
#define GPIO_MODE_AF_INPUT GPIO_MODE_INPUT
#define GPIO_MODE_ANALOG (0x00000003U)             /*模拟模式*/
#define GPIO_MODE_IT_RISING (0x10110000u)          /*外部中断,上升沿触发检测*/
#define GPIO_MODE_IT_FALLING (0x10210000u)         /*外部中断,下降沿触发检测*/
/*外部中断,上升和下降双沿触发检测*/
#define GPIO_MODE_IT_RISING_FALLING (0x10310000u)
#define GPIO_MODE_EVT_RISING (0x10120000U)         /*外部事件,上升沿触发检测*/
#define GPIO_MODE_EVT_FALLING (0x10220000U)        /*外部事件,下降沿触发检测*/
/*外部事件,上升和下降双沿触发检测*/
#define GPIO_MODE_EVT_RISING_
```

成员 Pull 用于配置上下拉电阻,主要的选项如下。

```
#define GPIO_NOPULL (0x00000000U)                  /*无上下拉*/
#define GPIO_PULLUP (0x00000001U)                  /*上拉*/
#define GPIO_PULLDOWN (0x00000002U)                /*下拉*/
```

成员 Speed 用于配置 GPIO 的速度,主要的选项如下。

```
#define GPIO_SPEED_FREQ_LOW (0x00000002U)          /*低速 2M*/
#define GPIO_SPEED_FREQ_MEDIUM (0x00000001U)       /*中速 10M*/
#define GPIO_SPEED_FREQ_HIGH (0x00000003U)         /*高速 50M*/
```

初始化 I/O 端口 B 的引脚 5,使其工作在推挽模式,输出速度为低速,如例 4-2 所示。

【例 4-2】 初始化 I/O 端口。

```
GPIO_InitTypeDef gpio_init_struct;                          //定义结构体变量
设置变量对应的结构体成员；
gpio_init_struct.Pin = GPIO_PIN_5;
gpio_init_struct.Mode = GPIO_MODE_OUTPUT_PP;
gpio_init_struct.Speed = GPIO_SPEED_FREQ_LOW ;
HAL_GPIO_Init(GPIOB,&gpio_init_struct);                     //引用初始化函数
```

（3）设置输出状态。

通过 HAL_GPIO_WritePin() 函数，可以设置输出状态。该函数的声明如下。

```
void HAL_GPIO_WritePin(GPIO_TypeDef * GPIOx, uint16_t GPIO_Pin, GPIO_PinState PinState);
```

该函数共有以下三个参数。

第 1 个参数 GPIOx 是端口号，选择范围为 GPIOA～GPIOG。

第 2 个参数 GPIO_Pin 是引脚号，选择范围为 GPIO_PIN_0～GPIO_PIN_15。

第 3 个参数 PinState 是要设置输出的状态，是枚举型，有两个选择：GPIO_PIN_SET 表示高电平，GPIO_PIN_RESET 表示低电平。

设置 PB6 为高电平，如例 4-3 所示。

【例 4-3】　设置 PB6 引脚输出高电平。

```
HAL_GPIO_WritePin(GPIOB, GPIO_PIN_6, GPIO_PIN_SET)
```

（4）读取输入状态。

HAL_GPIO_ReadPin() 函数的主要功能为：读取指定 GPIO 端口和引脚号的电平状态。函数声明如下。

```
GPIO_PinState HAL_GPIO_ReadPin(GPIO_TypeDef * GPIOx, uint16_t GPIO_Pin)
```

函数的返回值为电平状态，高电平返回 GPIO_PIN_SET，低电平返回 GPIO_PIN_RESER。读取 PB6 的电平状态并进行判断，根据判断进行下一步操作，代码如例 4-4 所示。

【例 4-4】　读取 PB6 引脚的电平状态。

```
GPIO_PinState pinState = HAL_GPIO_ReadPin(GPIOB, GPIO_PIN_6);
if (pinState == GPIO_PIN_SET) {
    //引脚是高电平
} else {
    //引脚是低电平
}
```

以上为 ADC 配置以及读取 ADC 的关键步骤，详细的使用读者可以参照 4.4.3 节中的模拟量数据采集案例。

▶ 4.3.3　STM32 的 ADC/DAC

1. 模拟量与数字量

模拟量是指一些连续变化的物理量，如电压、电流、压力、速度、流量等信号量。模拟信号是幅度随时间连续变化的信号，通常电压信号为 0～10V，电流信号为 4～20mA。把表示模拟量的信号叫作模拟信号，把工作在模拟信号下的电子电路叫作模拟电路。

数字量是指在时间和数值上都是离散的物理量，把表示数字量的信号叫作数字信号，把工作在数字信号下的电子电路叫作数字电路。模拟量经过抽样和量化后可以转换为数字量。

模拟量与数字量的区别在于处理方式的不同，模拟量是连续变化的，需要采样和数模转换成为数字量，而数字量则是以固定的数值进行处理的。例如，在声音的处理上，模拟声音需要

经过采样和数模转换变为数字信号,才能进行数字信号处理。通俗地讲,可以直接读取的数据就是数字信号,需要进行数模转换操作的就是模拟信号。

2. ADC 概述

ADC(Analog-to-Digital Converter,模数转换器)是一种将模拟信号转换为数字信号的电路设备。电路中常用 ADC 芯片或模块来完成模拟量数据的采集,并将模拟形式的连续信号转换为数字形式的离散信号。

ADC 通常由 4 个主要部分组成:采样、量化、编码和输出缓冲。采样部分将连续的模拟信号转换成离散的信号,量化部分将离散的信号转换成具有固定间隔的数字化电信号,编码部分将固定间隔的数字化电信号转换为可存储、传输和处理的二进制形式,输出缓冲区将数字信号放大并存储在输出端口,便于外部电路读取。

ADC 的主要参数包括分辨率、采样频率、灵敏度、输入电压范围、信噪比、功耗、模式等。

(1)分辨率。ADC 转换的数字值的位数,常用的有 8 位、10 位、12 位、16 位等。一个 4 位 ADC 能表示 24 个(16 个)不同的模拟信号值,位数越多,转换的精度越高,分辨率也就越大,但转换速度会受到影响。注意:ADC 的精度并不仅取决于分辨率。

(2)采样频率。ADC 采样频率,指 ADC 每秒可以对输入信号进行多少次采样,采样率越高,转换出来的信息将更接近原始信号,但转换时间也会增加。

(3)灵敏度。指在不同电平的输入下,ADC 在输出端所能够分辨的最小量化单位,也称为 LSB(最小可测量值),其值取决于 ADC 的分辨率。LSB 的计算如式(4-1)所示。

$$LSB = V_{max}/(2^n - 1) \tag{4-1}$$

其中,V_{max} 为电压满量程,n 为 ADC、DAC 的分辨率。假设 ADC 的分辨率为 12 位,为 V_{max} 为 10V,则 ADC 可以测量的最小电压单位为 $10/(2^{12}-1)$。

FOSC(Frequency of Oscillation)是指微控制器内部振荡器的频率,而时钟频率则是指微控制器的时钟信号的频率。FOSC 和时钟频率是紧密相关的,它们的关系会对微控制器的运行速度和性能产生重要影响。下面将探讨 FOSC 和时钟频率之间的关系,并解释其对微控制器的重要意义。FOSC 通常用赫兹(Hz)表示,表示每秒钟内振荡器产生的周期数。时钟频率也用赫兹表示,表示每秒钟时钟信号的周期数。FOSC 和时钟频率之间的关系,如式(4-2)所示。

$$时钟频率 = FOSC/ 分频系数 \tag{4-2}$$

式(4-2)中的分频系数是用来调整时钟频率的因子,它可以是一个整数。通过调整分频系数,可以改变时钟频率,从而影响微控制器的运行速度。

(4)输入电压范围。ADC 能够转换的模拟信号的电压范围,超出输入电压范围的模拟信号将导致 ADC 失真。

(5)信噪比(Signal-to-Noise Ratio,SNR)和总谐波失真(Total Harmonic Distortion,THD)。反映 ADC 在转换过程中的精度和噪声抗干扰能力。SNR 越高,转换精度越高,THD 越低,输出信号越干净。

(6)功耗。ADC 在工作时所消耗的电功率,功耗越低,对于需要长时间运行的应用更为适用。

(7)模式。有单次采样模式、均值模式、峰值模式等,不同模式适用于不同的应用场景。

3. STM32 的 ADC

表 4-15 给出了 STM32 系列 ADC 的主要特性。

表 4-15　STM32 系列 ADC 的主要特性

型号\参数	F1	F4	F7	H7
ADC 类型	逐次逼近型			
分辨率	12 位	6/8/10/12 位	6/8/10/12 位	8/10/12/14/16 位
ADC 时钟频率	14MHz（Max）	36MHz（Max）		
	ADC 时钟频率是可分频的,这只是规定的最大时钟频率,具体每个芯片的最大时钟频率要查看相应的数据手册			
采样周期	采样周期越长,转换结果越准确,但是转换时间会变长			
转换时间	与时钟频率、分辨率和采样周期有关			
输入通道	16 个 GPIO 复用外部通道和 2 个内部通道（温度传感器和 V_{REFINT}）	16 个 GPIO 复用外部通道和 3 个内部通道（温度传感器、V_{REFINT} 和 V_{BAT}）		
中断事件	① 转换结束（标志位 EOC,可以是规则组转换结束,也可以是注入组转换结束）;② 注入组转换结束（标志位 JEOC）;③ 设置了模拟看门狗状态位（标志位 AWD）	① 转换结束（标志位 EOC,可以是规则组转换结束,也可以是注入组转换结束）;② 注入组转换结束（标志位 JEOC）;③ 设置了模拟看门狗状态位（标志位 AWD）;④ DMA 溢出（标志位 OVR）		

其中,STM32F4XX 的 ADC 是 12 位逐次逼近型的模拟数字转换器。STM32F4XX 系列的 ADC 特性总结如下。

（1）可配置 12 位/10 位/8 位/6 位分辨率。

（2）在转换结束、注入转换结束以及发生模拟看门狗或溢出事件时产生中断。

（3）通道的 A/D 转换可在单次、连续、扫描或不连续采样模式下进行,三种模式可以组合使用。

（4）ADC 的结果存储在一个左对齐或右对齐的 16 位数据寄存器中。

（5）可独立设置各通道采样时间。

（6）外部触发器选项,可为规则转换和注入转换配置极性。

（7）双重/三重模式（具有两个或更多 ADC 的器件提供）。

（8）双重/三重 ADC 模式下可配置的 DMA 数据存储。

（9）双重/三重交替模式下可配置的转换时间延迟。

（10）ADC 电源要求:全速运行时为 2.4~3.6V,慢速运行时为 1.8V。

（11）ADC 输入范围: $V_{REF}- \leqslant V_{IN} \leqslant V_{REF+}$。

（12）规则通道转换期间可产生 DMA 请求。

STM32F40XX 的部分 ADC 结构框图,如图 4-12 所示。

图 4-12 中框出的第①部分为参考电压引脚与器件所需电压的引脚。各个引脚具体的名称及描述,如表 4-16 所示。

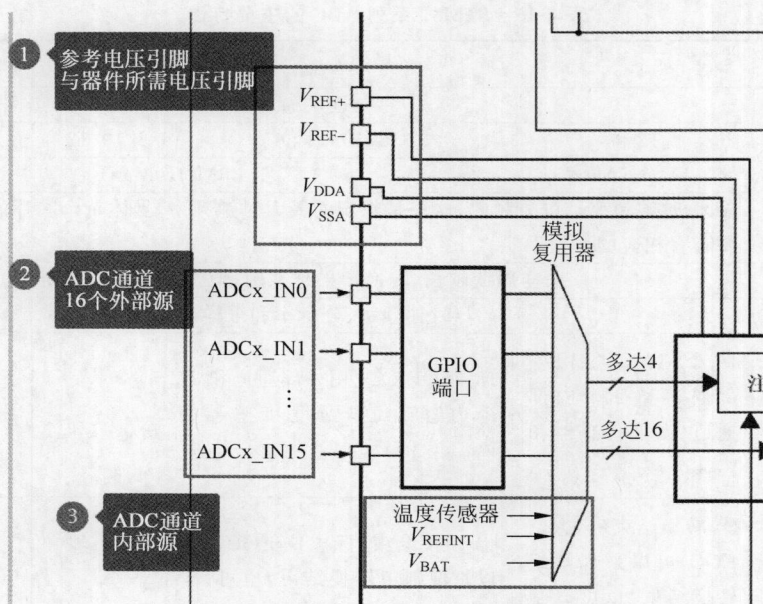

图 4-12　STM32F40XX 中部分 ADC 模块结构框图

表 4-16　ADC 引脚

名　　称	信号类型	备　　注
V_{REF+}	正模拟参考电压输入	ADC 高/正参考电压，$1.8\,\text{V} \leqslant V_{REF+} \leqslant V_{DDA}$
V_{DDA}	模拟电源输入	模拟电源电压等于 V_{DD}， 全速运行时，$2.4\,\text{V} \leqslant V_{DDA} \leqslant V_{DD}(3.6\,\text{V})$ 低速运行时，$1.8\,\text{V} \leqslant V_{DDA} \leqslant V_{DD}(3.6\,\text{V})$
V_{REF-}	负模拟参考电压输入	ADC 低/负参考电压，$V_{REF-} = V_{SSA}$
V_{SSA}	模拟电源接地输入	模拟电源接地电压等于 V_{SS}
ADCx_IN[15:0]	模拟输入信号	16 个模拟输入通道

　　图 4-12 中框出的第②③部分为 ADC 通道。它具有多达 19 个复用通道，可测量来自 16 个外部源、2 个内部源和 V_{BAT} 通道的信号。在使用外部通道输入模拟电压信号时，需要知道 ADCx 控制器的通道所映射的管脚。

　　I/O 口使用 ADC 功能时，只需要将 I/O 口配置为模拟输入，然后再去编程此 I/O 口对应的 ADC 通道。注意：并不是所有的 I/O 口都有 ADC 通道，需要查找对应芯片数据手册的 ADC 通道映射表。例如，STM32F4XX 系列 ADC 通道映射表如表 4-17 所示。

表 4-17　STM32F4XX 系列 ADC 通道映射表

通　道　号	ADC1	ADC2	ADC3
通道 0	PA0	PA0	PA0
通道 1	PA1	PA1	PA1
通道 2	PA2	PA2	PA2
通道 3	PA3	PA3	PA3
通道 4	PA4	PA4	PF6
通道 5	PA5	PA5	PF7
通道 6	PA6	PA6	PF8

续表

通　道　号	ADC1	ADC2	ADC3
通道 7	PA7	PA7	PF9
通道 8	PB0	PB0	PF10
通道 9	PB1	PB1	PF3
通道 10	PC0	PC0	PC0
通道 11	PC1	PC1	PC1
通道 12	PC2	PC2	PC2
通道 13	PC3	PC3	PC3
通道 14	PC4	PC4	PF4
通道 15	PC5	PC5	PF5
通道 16	连接内部温度传感器	连接内部 V_{SS}	连接内部 V_{SS}
通道 17	连接内部 V_{REFINT}	连接内部 V_{SS}	连接内部 V_{SS}

其中，ADC1/2/3 还有内部通道：ADC1 的通道 ADC1_IN16 连接到内部的 V_{SS}；通道 ADC1_IN17 连接到了内部参考电压 V_{REFINT} 连接；通道 ADC1_IN18 连接到了芯片内部的温度传感器或者备用电源 V_{BAT}；ADC2 和 ADC3 的通道 16、17、18 全部连接到了内部的 V_{SS}。

要使用 ADC1 通道 0 采样光敏电阻的电压，需要将 PA0 配置为模拟输入，配置如例 4-5 所示。

【例 4-5】　使用 ADC1 通道 0 采样光敏电阻的电压时的端口配置。

```
GPIO_InitStructure.GPIO_Pin = GPIO_Pin_0;        //PA0 通道 0
GPIO_InitStructure.GPIO_Mode = GPIO_Mode_AN;     //模拟输入
```

外部的 16 个通道在转换的时候又分为规则通道和注入通道，其中，规则通道组最多有 16 路，注入通道组最多有 4 路。规则通道可以理解为常规通道，注入通道可以理解为中断。在规则通道转换过程中，有注入通道插入，就需要先转换为注入通道，待完成注入通道后再回到规则通道的转换流程。具体的转换规则可参照对应芯片的数据手册。

ADC 具有两个时钟方案：用于模拟电路的时钟与用于数字电路的时钟。

（1）用于模拟电路的时钟：ADCCLK，所有 ADC 共用。此时钟来自于经可编程预分频器分频的 APB2 时钟，该预分频器允许 ADC 在 fPCLK2/2、/4、/6 或/8 下工作。

（2）用于数字电路的时钟（用于寄存器读/写访问），此时钟等效于 APB2 时钟。可以通过 RCC_APB2 外设时钟使能寄存器（RCC_APB2ENR），分别为每个 ADC 使能/禁止数字电路时钟。

用于模拟电路的时钟方案，使用较多。注意，ADC 的采样频率不可以设置太高，否则会影响准确度。STM32F4XX 系列的 ADC 时钟设为最大 36MHz。对于 STM32F4XX 一般设置 PCLK2＝HCLK/2＝84MHz，因此程序一般使用 4 分频或者 6 分频。

4. ADC 的使用

单片机中常使用 ADC 技术的应用包括温度和湿度测量、光强度检测、电压和电流测量、电池电量测量等。在这些应用中，ADC 会将模拟量信号转换为数字信号，然后通过单片机内部的处理器进行处理、分析、存储等操作，实现各种不同的智能化应用。

可以通过配置单片机的寄存器操作，将外部的模拟信号输入 ADC 输入端口，ADC 会将其转换成数字信号，并将结果保存在特定的寄存器中。通过读取这些寄存器的值，用户就可以得到正在测量的模拟量的数字化值。

ADC 的关键配置步骤如图 4-13 所示。

```
(1)使能端口时钟和ADC时钟,设置引脚模式为模拟输入。
• RCC_AHB1PeriphClockCmd(RCC_AGB1Periph_GPIOx,ENABLE);
• RCC_APB2PeripjClockCmd(RCC_APB2Periph_ADCx,EMAB:E);
• GPIO_Init();
```

```
(2)复位ADCX,同时设置ADCX分频因子。
• ADC_DeInit();
```

```
(3)初始化ADC_CCR通用控制寄存器。
• ADC_CommonInit();
```

```
(4)初始化ADC。
• void ADC_Init();
```

```
(5)使能ADC。
• ADC_Cmd(ADCx,ENABLE);
```

```
(6)配置规则通道参数。
• ADC_RegularChannelConfig();
```

```
(7)开启软件转换。
• ADC_SoftwareStartConvCmd(ADCx);
```

```
(8)等待转换完成,读取ADC值。
• ADC_GetConversionValue(ADCx);
```

图 4-13   ADC 的关键配置步骤

(1)使能端口时钟和 ADC 时钟,设置引脚模式为模拟输入。

开启 GPIOA 口时钟和 ADC1 时钟,设置 PA1 为模拟输入,初始化 GPIO 口,相关代码如例 4-6 所示。

【例 4-6】　开启 PA 口与 ADC1 时钟,设置引脚模式。

```
RCC_AHB1PeriphClockCmd(RCC_AHB1Periph_GPIOA, ENABLE);      //使能 GPIOA 时钟
RCC_APB2PeriphClockCmd(RCC_APB2Periph_ADC1, ENABLE);       //使能 AD1 时钟
GPIO_InitStructure.GPIO_Mode = GPIO_Mode_AN;               //模拟输入模式
```

在数据采集过程中,若需要读取内部温度传感器的值,可以编写代码来开启内部温度传感器,代码如下。

```
ADC_TempSensorVrefintCmd(ENABLE)
```

(2)复位 ADCX,同时设置 ADCX 分频因子。

假设复位 ADC1,则执行代码如下。

```
ADC_DeInit(ADC1);
```

(3)初始化 ADC_CCR 通用控制寄存器。

通过函数 ADC_CommonInit()初始化 ADC_CCR 通用控制寄存器,该函数的声明如下。

```
void ADC_CommonInit(ADC_CommonInitTypeDef * ADC_CommonInitStruct);
```

函数中包含一个参数为 ADC_CommonInitTypeDef 结构体指针类型变量,通过结构体来设置 ADC 模式、ADC 输入时钟分频、采样延迟等参数。结构体的定义如下。

```
typedef struct
{
    unit32_t ADC_Mode;                    //ADC 模式选择
    unit32_t ADC_Prescaler;               //ADC 分频系数
    unit32_t ADC_DMAAccessMode;           //ADC DMA 模式配置
    unit32_t ADC_TwoSamplingDelay;        //ADC 采样延迟
}ADC_CommonInitTypedef;
```

ADC_CCR 参数配置案例，如例 4-7 所示。

【例 4-7】　ADC_CCR 参数的设置。

```
ADC_CommonInitTypeDef ADC_CommonInitStructure;
ADC_CommonInitStructure.ADC_Mode = ADC_Mode_Independent;          //独立模式
ADC_CommonInitStructure.ADC_TwoSamplingDelay = ADC_TwoSamplingDelay_5Cycles;
//两个采样阶段之间延迟 5 个时钟
ADC_CommonInitStructure.ADC_DMAAccessMode = ADC_DMAAccessMode_Disabled;    //DMA 失能
ADC_CommonInitStructure.ADC_Prescaler = ADC_Prescaler_Div4;
//设置 ADC 分频系数为 4 分频
ADC_CommonInit(&ADC_CommonInitStructure);        //调用函数,传入实参进行初始化
```

例 4-7 中相关参数的设置解释如下。

参数 ADC_Mode 用来设置是独立模式还是多重模式，本例中选择独立模式。

参数 ADC_TwoSamplingDelay 用来设置两个采样阶段之间的延迟周期数，其取值范围为 ADC_TwoSamplingDelay_5Cycles～ADC_TwoSamplingDelay_20Cycles。本例中选择 ADC_TwoSamplingDelay_5Cycles，表示两次采样间隔 5 个时钟。

参数 ADC_DMAAccessMode 用于设置 DMA 模式禁止或者使能相应 DMA 模式，本例设置为 DMA 失能。

参数 ADC_Prescaler 用来设置 ADC 预分频器。注意：在设置分频系数时，一定要保证 ADC 的时钟频率不要超过 36MHz，否则将导致结果准确度下降。本例中设置分频系数为 4 分频 ADC_Prescaler_Div4，保证 ADC1 的时钟频率不超过 36MHz。

（4）初始化 ADC。

调用函数 ADC_Init()实现 ADC 的初始化，主要包括 ADC 分辨率、转换模式、数据对齐方式以及规则序列等相关信息，该函数的声明如下。

```
void ADC_Init(ADC_TypeDef * ADCX, ADC_InitTypeDef * ADC_InitStruct);
```

该函数共有以下两个参数。

第一个参数为要使用的 ADC，如 ADC1、ADC2。

第二个参数为 ADC_InitTypeDef 结构体指针类型变量，该结构体的定义如下。

```
typedef struct
{
uint32_t ADC_Resolution;           //ADC 分辨率
 FunctionalState ADC_ScanConvMode;      //是否使用扫描模式.ADC_CR1 的位 8: SCAN 位
 FunctionalState ADC_ContinuousConvMode; //单次转换或连续转换: ADC_CR2 的位 1: CONT
uint32_t ADC_ExternalTrigConvEdge;     //外部触发使能方式: ADC_CR2 的位 29:28,EXTEN
uint32_t ADC_ExternalTrigConv;         //触发方式: ADC_CR2 的位[19:17] : EXTSEL[2:0]
 uint32_t ADC_DataAlign;            //对齐方式: 左对齐还是右对齐: ADC_CR2 的位 11: ALIGN
 uint8_t ADC_NbrOfChannel;          //规则通道序列长度: ADC_SQR1 的位[23:20]: L[3:0]
}ADC_InitTypeDef;
```

初始化 ADC1，设置 ADC 的分辨率为 12 位，不使用扫描模式，关闭连续转换设置数据对齐方式为左对齐。初始化 ADC1，代码如例 4-8 所示。

【例 4-8】 ADC 初始化。

```
ADC_InitTypeDef ADC_InitStructure;                              //声明结构体变量
ADC_InitStructure.ADC_Resolution = ADC_Resolution_12b;         //12 位模式
ADC_InitStructure.ADC_ScanConvMode = DISABLE;                  //非扫描模式
    ADC_InitStructure.ADC_ContinuousConvMode = DISABLE;
    //关闭连续转换 ADC_InitStructure.ADC_ExternalTrigConvEdge
                = ADC_ExternalTrigConvEdge_None;               //禁止触发检测,使用软件触发
ADC_InitStructure.ADC_DataAlign = ADC_DataAlign_Right;         //右对齐
ADC_InitStructure.ADC_NbrOfConversion = 1;                     //1 个转换在规则序列中
ADC_Init(ADC1, &ADC_InitStructure);                            //ADC 初始化
```

例 4-8 相关参数的设置解释如下。

参数 ADC_Resolution 用来设置 ADC 转换分辨率。其取值范围为 ADC_Resolution_6b、ADC_Resolution_8b、ADC_Resolution_10b、ADC_Resolution_12b,对应 6 位、8 位、10 位、12 位。

参数 ADC_ScanConvMode 用来设置是否打开扫描模式。本例设置单次转换,所以不打开扫描模式,取值为 DISABLE。

参数 ADC_ContinuousConvMode 用来设置是单次转换模式还是连续转换模式,本例中设置为单次,所以关闭连续转换模式,取值为 DISABLE。

参数 ADC_ExternalTrigConvEdge 用来设置外部通道的触发使能和检测方式。本例禁止触发检测,使用软件触发,还可以设置为上升沿触发检测,下降沿触发检测以及上升沿和下降沿都触发检测。

参数 ADC_DataAlign 用来设置数据对齐方式。取值范围为右对齐 ADC_DataAlign_Right 和左对齐 ADC_DataAlign_Left。

参数 ADC_NbrOfConversion 用来设置规则序列的长度,这里是单次转换,所以值为 1 即可。

另外,参数 ADC_ExternalTrigConv 是用来为规则组选择外部事件。当配置为软件触发时,该参数不用配置。若选择其他触发方式,需要对该参数进行配置。

(5) 使能 ADC。

调用函数 ADC_Cmd() 使能相关 ADC,该函数的声明如下。

```
void ADC_Cmd(ADC_TypeDef * ADCx, FunctionalState NewState);
```

例如,要使能 ADC1,执行如下代码即可。

```
ADC_Cmd(ADC1, ENABLE)
```

(6) 配置规则通道参数。

调用函数 ADC_RegularChannelConfig() 配置规则通道参数,该函数的声明如下。

```
void ADC_RegularChannelConfig(ADC_TypeDef * ADCx, uint8_t ADC_Channel, uint8_t Rank, uint8_t ADC_SampleTime);
```

第 1 个参数 ADCx 为要使用的 ADC,如 ADC1、ADC2。

第 2 个参数 ADC_Channel 为要使用的通道,例如,使用通道 5,则设置该参数为 ADC_Channel_5。

第 3 个参数 Rank 为设置的该通道的采样顺序,设置为 1,则第一个采样。

第 4 个参数 ADC_SampleTime 为采样的周期,其取值可以为 ADC_SampleTime_3Cycles~ADC_SampleTime_480Cycles,常用的采样周期为 3、15、28、56、84、112、114、480。一般情况不

单纯追求采样频率,采样周期越长,信息越真实,提高精确度。设置 ADC1 的为通道5,采样次序为1,采样周期为480,代码如例4-9所示。

【例4-9】 配置 ADC1 规则通道。

```
ADC_RegularChannelConfig(ADC1,ADC_Channel_5,1,ADC_SampleTime_480Cycles);
```

(7) 开启软件转换。

调用函数 ADC_SoftwareStartConvCmd() 开启相关 ADC 的软件转换,例如,开启 ADC1 的软件转换代码如下。

```
ADC_SoftwareStartConvCmd(ADC1);
```

(8) 等待转换完成,读取 ADC 值。

例如,通过函数 ADC_GetConversionValue() 取 ADC1 的值,执行代码如下。

```
ADC_GetConversionValue(ADC1);
```

以上为 ADC 配置以及读取 ADC 的关键步骤,详细的使用读者可以参照4.4.2节中的模拟量数据采集案例。

5. DAC 概述

DAC(Digital-to-Analog Converter,数字模拟转换器)是一种电子元件或集成电路,用于将数字信号转换为对应的模拟电压或电流输出。DAC 的功能与 ADC 是相反的。

DAC 的参数包括分辨率、采样速率、转换精度等,主要列举如下。

(1) 分辨率。分辨率是指 DAC 可以输出的模拟电压值的细节程度,通常用比特数(bit)表示,也就是能够将数字信号精确转换为多少级的模拟电压。例如,一个12位的 DAC 可以将数字信号精确转换为 $2^{12}=4096$ 个模拟电压级别。

(2) 采样速率。采样速率是指 DAC 每秒钟可以进行多少次数字到模拟的转换,通常用赫兹(Hz)表示。采样速率越高,输出的模拟信号就越精确。

(3) 转换精度。转换精度是指 DAC 将数字信号转换为模拟信号时的精确度。通常用百分比的形式来表示,如0.1%。转换精度越高,输出的模拟信号就越准确。

(4) DNL。DNL(差分非线性度)是描述 DAC 输出非线性误差的指标,它反映了 DAC 相邻码之间的偏差是否均匀。如果 DNL 小于1LSB(最低有效位),则认为 DAC 的性能较好。

(5) INL。INL(积分非线性度)是一种衡量 DAC 非线性误差的指标,它反映了所有码之间的偏差是否均匀。如果 INL 小于1LSB,也认为 DAC 的性能较好。

(6) 输出电压范围。输出电压范围是指 DAC 可以输出的模拟电压的最大值和最小值之间的差值。

6. STM32 的 DAC

STM32 的 DAC 模块是12位电压输出数模转换器。DAC 可以按8位或12位模式进行配置,并且可以与 DMA 控制器配合使用。在12位模式下,数据可以采用左对齐或右对齐。DAC 有两个输出通道,每个通道各有一个转换器。在 DAC 双通道模式下,每个通道可以单独进行转换;当两个通道组合在一起同步执行更新操作时,也可以同时进行转换。可通过一个输入参考电压引脚 V_{REF+}(与 ADC 共享)来提高分辨率。DAC 的主要特性列举如下。

(1) 两个 DAC 转换器:各对应一个输出通道。

(2) 12位模式下数据采用左对齐或右对齐。

(3) 同步更新功能。

（4）生成噪声波。

（5）生成三角波。

（6）DAC 双通道单独或同时转换。

（7）每个通道都具有 DMA 功能。

（8）DMA 下溢错误检测。

（9）通过外部触发信号进行转换。

（10）输入参考电压 V_{REF+}。

有关 STM32F40XX 的 DAC 结构，具体可参照数据手册，大致结构如图 4-14 所示。

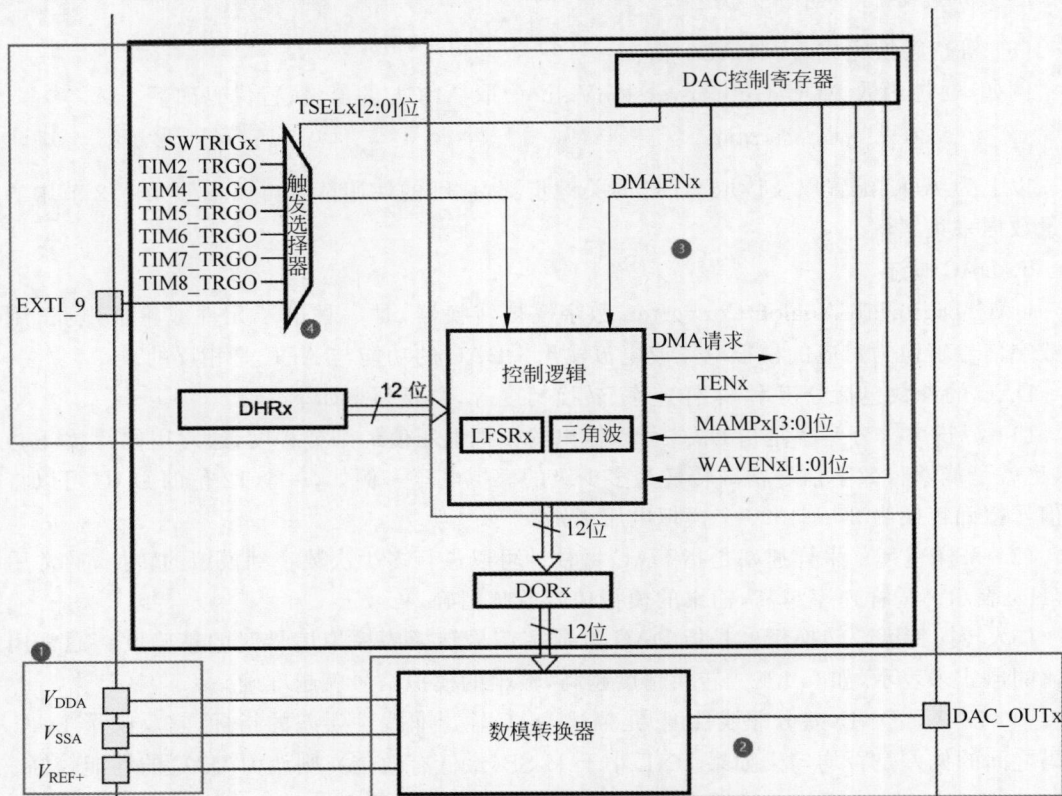

图 4-14　STM32F40XX 的 DAC 结构框图

V_{DDA} 和 V_{SSA} 为 DAC 模块模拟部分的供电；V_{REF+} 则是 DAC 模块的参考电压，如图 4-14 中标注的第①部分。DAC_OUTx 模拟输出信号，其引脚如图 4-14 中标注的第②部分。注意使能 DAC 通道 x 后，相应 GPIO 引脚（PA4 或 PA5）将自动连接到模拟转换器输出（DAC_OUTx）。为了避免寄生电流消耗，应首先将 PA4 或 PA5 引脚配置为模拟模式（AIN）。相关引脚说明如表 4-18 所示。

表 4-18　DAC 引脚

名　　称	信 号 类 型	备　　注
V_{REF+}	正模拟参考电压输入	DAC 使用高端/正极参考电压，$1.8V < V_{REF+} < V_{DDA}$
V_{DDA}	模拟电源输入	模拟电源
V_{SSA}	模拟电源接地输入	模拟电源接地
DAC_OUTx	模拟输出信号	DAC 通道 x 模拟输出

数字输入经过 DAC 被线性地转换为模拟电压输出,其范围为 $0\sim V_{REF+}$。各 DAC 通道引脚上的输出电压的计算方式,如式(4-3)所示。

$$DAC\ 输出电压 = V_{REF} \times \frac{DOR}{4095} \tag{4-3}$$

使能 DAC 通道时,将 DAC_CR 寄存器的 ENx 位置 1,即可打开对 DAC 通道的供电。经过一段启动时间 tWAKEUP 后,DAC 通道即可以被使能。

另外,DAC 集成了两个输出缓存,可以用来减小输出阻抗,无须外部运放即可直接驱动外部负载。每个 DAC 通道输出缓存可以通过设置 DAC_CR 寄存器的 BOFFx 位来使能或者关闭。

7. DAC 的使用

通常情况下,数字信号是由微处理器、单片机、DSP 等数字电路产生的,其信号取值范围是固定的、离散的、量化的,在某些应用中需要将这些数字信号转换为模拟信号,如音频信号处理、温度控制等领域。DAC 作为一种重要的数字与模拟接口,广泛应用于各种电子产品中,包括音频设备、仪表、通信设备、工业控制系统和汽车电子等。

ADC 的主要配置步骤如图 4-15 所示。

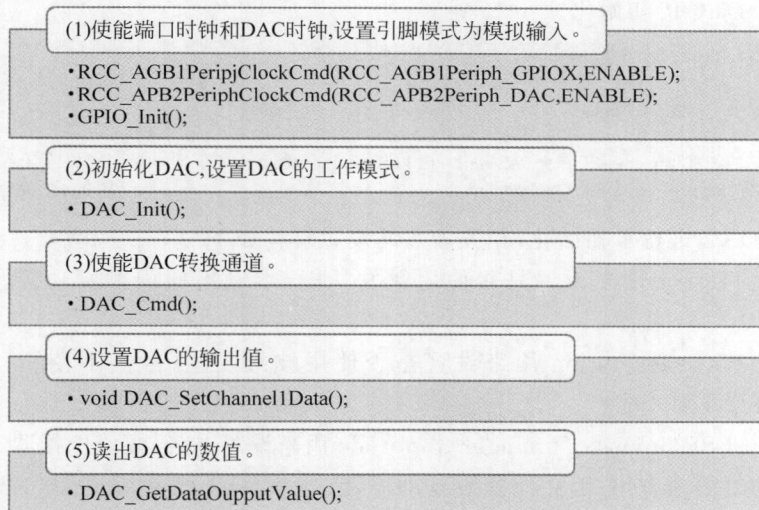

```
(1)使能端口时钟和DAC时钟,设置引脚模式为模拟输入。
 • RCC_AGB1PeripjClockCmd(RCC_AGB1Periph_GPIOX,ENABLE);
 • RCC_APB2PeriphClockCmd(RCC_APB2Periph_DAC,ENABLE);
 • GPIO_Init();

(2)初始化DAC,设置DAC的工作模式。
 • DAC_Init();

(3)使能DAC转换通道。
 • DAC_Cmd();

(4)设置DAC的输出值。
 • void DAC_SetChannel1Data();

(5)读出DAC的数值。
 • DAC_GetDataOupputValue();
```

图 4-15　ADC 的主要配置步骤

(1) 使能端口时钟和 ADC 时钟,设置引脚模式为模拟输入。

设置 DAC 模块的通道 1 来输出模拟电压,代码如例 4-10 所示。相关函数在前面章节已经介绍,这里不再赘述。

【例 4-10】　开启 PA 口和 DAC 时钟,设置 PA4 为模拟输入。

```
GPIO_InitTypeDef GPIO_InitStructure;
//开启 PA 口和 DAC 时钟
RCC_APB2PeriphClockCmd(RCC_APB2Periph_GPIOA, ENABLE );          //使能 PA 口时钟
RCC_APB1PeriphClockCmd(RCC_APB1Periph_DAC, ENABLE );           //使能 DAC 通道时钟
//设置 PA4 为模拟输入
GPIO_InitStructure.GPIO_Pin = GPIO_Pin_4;
GPIO_InitStructure.GPIO_Mode = GPIO_Mode_AIN;                  //模拟输入
GPIO_InitStructure.GPIO_Speed = GPIO_Speed_50MHz;
GPIO_Init(GPIOA, &GPIO_InitStructure);
```

（2）初始化 DAC，设置 DAC 的工作模式。

调用函数 DAC_Init()实现 DAC 的初始化，主要用于设置 DAC 的工作模式，该函数的声明如下。

```
void DAC_Init(uint32_t DAC_Channel, DAC_InitTypeDef * DAC_InitStruct)
```

第 1 个参数 DAC_Channel 为 DAC 通道，例如，选择通道 1，则取值为 DAC_Channel_1。

第 2 个参数 DAC_InitStruct 为 DAC_InitTypeDef 结构体指针类型变量，该结构体的定义如下。

```
typedef struct
{
uint32_t DAC_Trigger;                                //用来设置是否使用触发功能
uint32_t DAC_WaveGeneration;                         //用来设置是否使用波形发生
uint32_t DAC_LFSRUnmask_TriangleAmplitude;
//用来设置屏蔽/幅值选择器,这个变量只在使用波形发生器的时候才有用
uint32_t DAC_OutputBuffer;                           //用来设置输出缓存控制位
}DAC_InitTypeDef
```

初始化 DAC，代码如例 4-11 所示。

【例 4-11】 DAC 的初始化。

```
DAC_InitTypeDef DAC_InitType;
DAC_InitType.DAC_Trigger = DAC_Trigger_None;                           //不使用触发功能 TEN1 = 0
DAC_InitType.DAC_WaveGeneration = DAC_WaveGeneration_None;             //不使用波形发生
DAC_InitType.DAC_LFSRUnmask_TriangleAmplitude = DAC_LFSRUnmask_Bit0;
DAC_InitType.DAC_OutputBuffer = DAC_OutputBuffer_Disable ;             //DAC1 输出缓存关闭
DAC_Init(DAC_Channel_1,&DAC_InitType);                                //初始化 DAC 通道 1
```

例 4-11 对 DAC 进行了初始化，相关参数的设置解释如下。

参数 DAC_Trigger 用来设置是否使用触发功能，本例不使用触发功能，设置为 DAC_Trigger_None。

参数 DAC_WaveGeneration 用来设置是否使用波形发生，本例不使用，设置为 DAC_WaveGeneration_None。

参数 DAC_LFSRUnmask_TriangleAmplitude 用来设置屏蔽/幅值选择器，该变量只在使用波形发生器的时候才有用，因此设置为 0 即可，值为 DAC_LFSRUnmask_Bit0。

参数 DAC_OutputBuffer 用来设置输出缓存控制位，关闭 DAC 输出缓存，设置为 DAC_OutputBuffer_Disable。

（3）使能 DAC 转换通道。

调用函数 DAC_Cmd()使能 DAC 通道，该函数的声明如下。

```
Void DAC_Cmd (uint32_t DAC_ChannelFunctionalState NewState)
```

使能 DAC 通道 1，代码如例 4-12 所示。

【例 4-12】 使能 DAC 通道 1。

```
DAC_Cmd(DAC_Channel_1, ENABLE);                              //使能 DAC 通道 1
```

（4）设置 DAC 的输出值。

DAC_SetChannel1Data()函数用来设置 DAC 输出值以及格式，该函数的声明如下。

```
void DAC_SetChannel1Data(uint32_t DAC_Align, uint16_t Data)
```

其中，第 1 个参数 DAC_Align 用于设置输出值的对齐方式，DAC_Align_12b_R 表示 12

位右对齐,DAC_Align_12b_L 表示 12 位左对齐,DAC_Align_8b_R 表示 8 位右对齐。

第 2 个参数为 DAC 的输出值。

输出数值 100 并设置为 12 位右对齐,代码如例 4-13 所示。

【例 4-13】　设置 DAC 的输出值。

```
DAC_SetChannel1Data(DAC_Align_12b_R, 100); //12 位右对齐数据格式设置 DAC 值
```

(5) 读出 DAC 的数值。

读取 DAC 值的函数是 DAC_GetDataOutputValue(),该函数的声明如下。

```
uint16_t DAC_GetDataOutputValue(uint32_t DAC_Channel)
```

读取 DAC 通道 1 的值,代码如例 4-14 所示。

【例 4-14】　读取 DAC 通道 1 的值。

```
DAC_GetDataOutputValue(DAC_Channel_1);
```

▶ 4.3.4　STM32 的中断

1. STM32 中断系统概述

STM32 系列单片机提供了丰富的中断处理机制,以满足不同应用场景的需求。中断分为两种类型:内核中断与外部中断。

内核中断是由 STM32 单片机的内部硬件模块触发的,主要包括系统异常和故障处理。这些中断通常用于处理关键任务,如系统复位、硬故障、内存管理故障等。内核中断的特点是优先级较高,且通常与系统的稳定运行密切相关。

外部中断是通过 GPIO 端口接收外部设备的中断请求。STM32 支持多种外部中断触发方式,包括上升沿触发、下降沿触发或双边沿触发。外部中断广泛应用于实时控制、通信接口和数据采集等领域。

2. NVIC

NVIC(Nested Vectored Controller,嵌套向量中断控制器)也可以称为中断管家。它是一种硬件设备,用于管理和协调处理器的中断请求。当一个中断请求到达时,NVIC 会确定其优先级并决定是否应该中断当前执行的程序,以便及时响应和处理该中断请求。它可以提高系统的响应速度和可靠性,尤其是在需要及时处理大量中断请求的实时应用程序中。

STM32 系列 NVIC 最多支持 256 个中断向量入口,其中,0～15 是异常入口,偏移量 16 以上的均为外部中断源。

NVIC 主要由中断优先级和控制器、向量表、系统控制寄存器、特殊功能寄存器等组成。这些组成部分协同工作,确保了 STM32 单片机能够高效地处理多个中断,从而提高了系统的响应速度和可靠性。各部分的功能介绍如下。

(1) 中断优先级和控制器负责管理中断的优先级,包括中断的挂起、解挂和优先级分配。

NVIC 支持多级优先级,可以配置不同的优先级和互斥优先级组。中断控制器负责中断的挂起、解挂和优先级管理。NVIC 的中断优先级由优先级寄存器的 4 位(0～15)决定,这 4 位可以进行切分,分为高 n 位的抢占优先级和低 $4-n$ 位的响应优先级,共可配置 16 种中断向量的优先级,分为 5 组,如表 4-19 所示,可以通过 NVIC_PriorityGroupConfig()函数来配置优先级的分组。

表 4-19　中断优先级分组

优先级分组	抢占优先级	响应优先级	描　　述
NVIC_PriorityGroup_0	0(0 位)	0～15 的取值	高 4 位全部是响应优先级,无抢占优先级
NVIC_PriorityGroup_1	0～1 的取值(1 位)	0～7 取值	抢占优先级为 1 位,响应优先级为 3 位
NVIC_PriorityGroup_2	0～3 的取值(2 位)	0～3 取值	抢占优先级为 2 位,响应优先级为 2 位
NVIC_PriorityGroup_3	0～7 的取值(3 位)	0～1 的取值	抢占优先级为 3 位,响应优先级为 1 位
NVIC_PriorityGroup_4	0～15 的取值(4 位)	0	高 4 位全部是抢占优先级,无响应优先级

抢占优先级高的可以中断嵌套,响应优先级高的可以优先排队,抢占优先级和响应优先级均相同的按中断号排队。判断优先级的原则,概括为如下几点。

① 组优先级和子优先级,数值越小,优先级越高。

② 先判断组优先级,组优先级越高,则优先级越高。

③ 组优先级相同,子优先级越高,优先级越高。

④ 当组优先级和子优先级都相同时,那么中断向量表入口地址低的优先级高。

中断抢占(中断嵌套)遵循的规则,概括为如下两点。

① 组优先级高的会打断组优先级低的。

② 组优先级相同的,无论子优先级的大小关系怎样,都不能打断。

(2) 向量表用于指导处理器在接收到中断请求时跳转到相应的中断处理程序。

向量表是一张中断服务程序的地址表,存储了每个中断源对应的中断处理程序的入口地址。读者可以查阅对应芯片的参考手册,查看中断向量表的内容。STMF40XX 系列的向量表部分截图如图 4-16 所示。

位置	优先级	优先级类型	名称	说明	地址
-		-	-	保留	0x0000 0000
	-3	固定	Reset	复位	0x0000 0004
	-2	固定	NMI	不可屏幕中断。RCC时钟安全系统(CSS)连接到NMI向量	0x0000 0008
	-1	固定	HardFault	所有类型的错误	0x0000 000C
	0	可设置	MemManage	存储器管理	0x0000 0010
	1	可设置	BusFault	预取指失败,存储器访问失败	0x0000 0014
	2	可设置	UsageFault	未定义的指令或非法状态	0x0000 0018
-	-	-	-	保留	0x0000 001C-0x0000 002B
	3	可设置	SVCall	通过SWI指令调用的系统服务	0x0000 002C

图 4-16　STMF40XX 系列的向量表

复位(Reset)、不可屏蔽中断(NMI)、硬中断(HardFault)的优先级都是负数,优先级类型固定,优先等级凌驾于其他中断之上。

(3) 系统控制寄存器提供了对 NVIC 的配置和控制。

(4) 特殊功能寄存器是 NVIC 对外暴露的寄存器,用于实现对中断处理的控制,包括中断使能、中断标志、中断状态等。

3. EXTI 外部中断

STM32F4XX 的每个 I/O 都可以作为外部中断的中断输入口。STM32F407 的中断控制器支持 22 个外部中断事件请求。每个中断设有状态位,每个中断事件都有独立的触发和屏蔽设置。STM32F407 的 22 个外部中断如下。

(1) EXTI 线 0～15:对应外部 I/O 口的输入中断,如图 4-17 所示。

(2) EXTI 线 16:连接到 PVD 输出。

(3) EXTI 线 17:连接到 RTC 闹钟事件。

(4) EXTI 线 18:连接到 USB OTG FS 唤醒事件。

(5) EXTI 线 19:连接到以太网唤醒事件。

(6) EXTI 线 20:连接到 USB OTG HS(在 FS 中配置唤醒事件)。

(7) EXTI 线 21:连接到 RTC 入侵和时间戳事件。

(8) EXTI 线 22:连接到 RTC 唤醒事件。

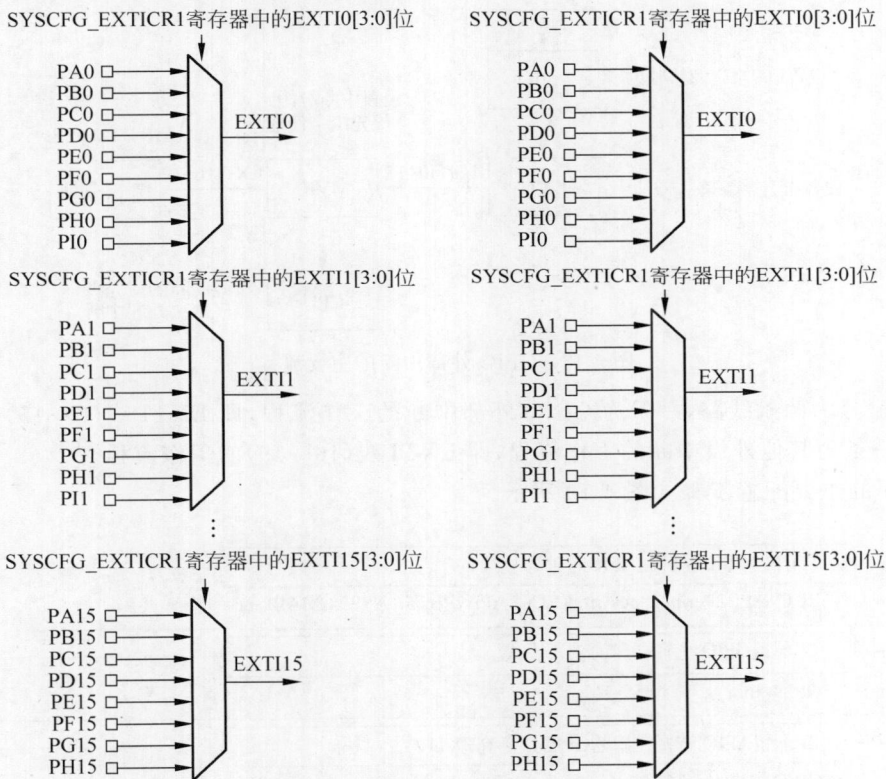

图 4-17 外部中断 EXTI 线与 GPIO 映射

16 条中断线只能使用 7 个中断服务函数,也就是 I/O 口在中断向量表中只分配了 7 个中断向量,如表 4-20 所示。

表 4-20 EXTI 中断向量表

位 置	优先级	优先级类型	名 称	说 明	地 址
6	13	可设置	EXTI0	EXTI 线 0 中断	0x0000_0058
7	24	可设置	EXTI1	EXTI 线 1 中断	0x0000_005C
8	15	可设置	EXTI2	EXTI 线 2 中断	0x0000_0060
9	16	可设置	EXTI3	EXTI 线 3 中断	0x0000_0064
10	17	可设置	EXTI4	EXTI 线 4 中断	0x0000_0068

位　置	优先级	优先级类型	名　称	说　明	地　址
23	30	可设置	EXTI9_5	EXTI 线 [9:5] 中断	0x0000_009c
40	47	可设置	EXTI15_10	EXTI 线 [15:10] 中断	0x0000_00E0

EXTI 线 0～EXTI 线 4 分别使用一个中断向量,EXTI 线 5～EXTI 线 9 共用一个中断向量,EXTI 线 10～EXTI 线 15 共用一个中断向量。

4. STM32 中断处理流程及配置步骤

GPIO 外部中断的主要流程如图 4-18 所示。

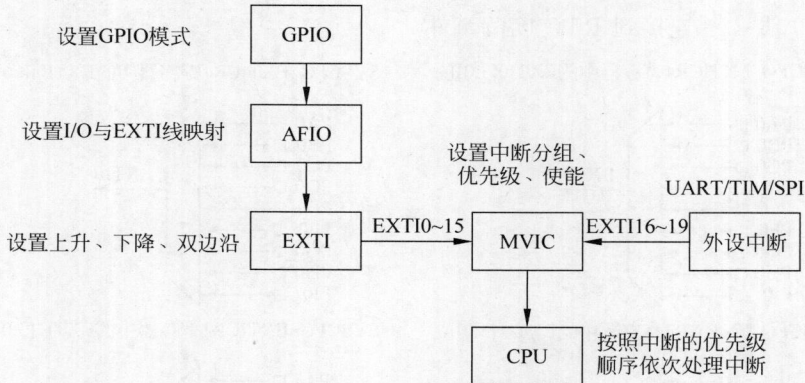

图 4-18　GPIO 外部中断的主要流程

该流程分为两条线路,一条为 GPIO 外部中断的工作流程,即 EXTI 线(0～15)的工作流程;另外一条为其他外设中断的工作流程,即 EXTI 线(16～19)的工作流程。

EXTI 的主要配置步骤如图 4-19 所示。

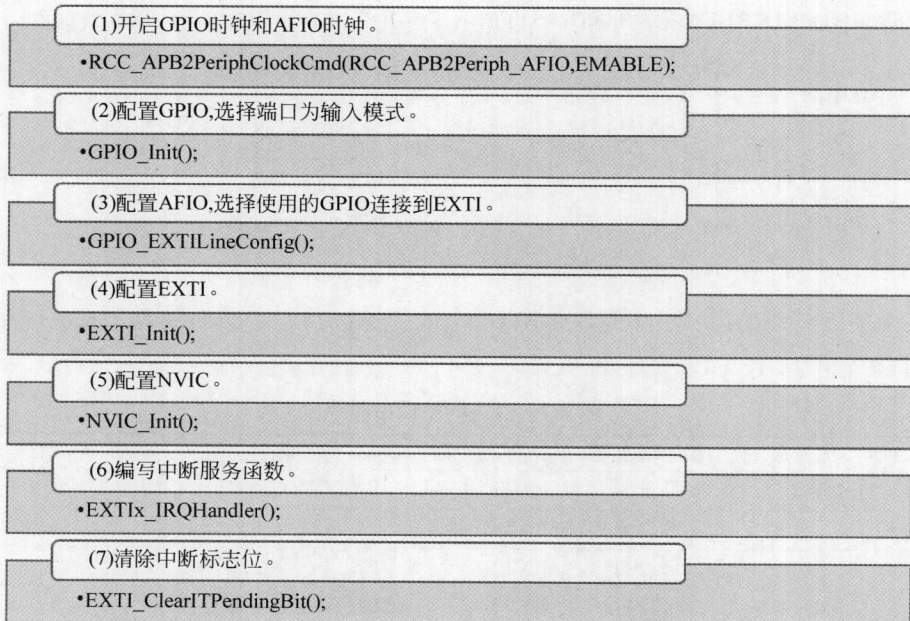

(1)开启GPIO时钟和AFIO时钟。
•RCC_APB2PeriphClockCmd(RCC_APB2Periph_AFIO,EMABLE);

(2)配置GPIO,选择端口为输入模式。
•GPIO_Init();

(3)配置AFIO,选择使用的GPIO连接到EXTI。
•GPIO_EXTILineConfig();

(4)配置EXTI。
•EXTI_Init();

(5)配置NVIC。
•NVIC_Init();

(6)编写中断服务函数。
•EXTIx_IRQHandler();

(7)清除中断标志位。
•EXTI_ClearITPendingBit();

图 4-19　EXTI 的主要配置步骤

（1）开启 GPIO 时钟和 AFIO 时钟。

只有开启了时钟，系统才能运行。EXTI 和 NVIC 的时钟一直都是开启的，所以不需要打开。开启时钟的代码，如例 4-15 所示。

【例 4-15】 开启 GPIOB 端口的时钟和 AFIO 外设的时钟。

```
RCC_APB2PeriphClockCmd(RCC_APB2Periph_GPIOB,ENABLE);
RCC_APB2PeriphClockCmd(RCC_APB2Periph_AFIO, ENABLE);
```

（2）配置 GPIO，选择端口为输入模式。

所有端口都具有外部中断功能。要使用外部中断线，必须将端口配置为输入模式，查阅手册可知：当 GPIO 为 EXTI 输入线时，需要配置为浮空或者上拉或者下拉输入。例如，将 13 号端口配置为输入上拉模式，代码实现如例 4-16 所示。

【例 4-16】 GPIOB 端口的第 13 号引脚配置为输入上拉模式。

```
GPIO_InitTypeDef GPIO_InitStructure;
GPIO_InitStructure.GPIO_Mode = GPIO_Mode_IPU;        //配置为上拉
GPIO_InitStructure.GPIO_Pin = GPIO_Pin_13;           //选择 13 号引脚
GPIO_InitStructure.GPIO_Speed = GPIO_Speed_50MHz;
GPIO_Init(GPIOB,&GPIO_InitStructure);
```

（3）配置 AFIO，选择使用的 GPIO 连接到 EXTI。

配置 AFIO 需要调用函数 EXTILineConfig，该函数的声明如下。

```
GPIO_EXTILineConfig(GPIO_PortSourceGPIOx,GPIO_PinSourcex)
```

配置 AFIO 数据选择器，选择想要的中断引脚，假设将 GPIOB 端口的第 13 号引脚配置为外部中断或事件触发源，函数调用如例 4-17 所示。

【例 4-17】 将 GPIOB 端口的第 13 号引脚配置为外部中断或事件触发源。

```
GPIO_EXTILineConfig(GPIO_PortSourceGPIOB,GPIO_PinSource13)
```

（4）配置 EXTI。

调用函数 EXTI_Init()实现初始化，与 GPIO 初始化一样，需要对结构体命名，然后对结构体变量进行赋值，最后初始化结构体即可。相关设置如例 4-18 所示。

【例 4-18】 配置 EXTI。

```
EXTI_InitTypeDef EXTI_InitStructure;
EXTI_InitStructure.EXTI_Line = EXTI_Line13;          //设置为前面配置的端口
EXTI_InitStructure.EXTI_LineCmd = ENABLE;            //使能通道
EXTI_InitStructure.EXTI_Mode = EXTI_Mode_Interrupt;
//设置中断的模式，可以选择中断和事件模式，这里用中断，所以选择中断模式 EXTI_Mode_Interrupt
EXTI_InitStructure.EXTI_Trigger = EXTI_Trigger_Falling;
//设置中断触发模式，有上升沿和下降沿，还有既上升又下降
EXTI_Init(&EXTI_InitStructure);                      //EXTI 初始化
```

（5）配置 NVIC。

配置 NVIC 的第一步是先分组，通过 NVIC_PriorityGroupConfig()函数选择分组方式，配置抢占优先级和响应优先级，读者可以查阅手册查看库函数的说明。

然后与 GPIO 的配置类似，先设置结构体 NVIC_InitStructure 相关参数，然后调用函数 NVIC_Init()实现终端控制器的设置。相关代码如例 4-19 所示。

【例 4-19】 配置 NVIC。

```
NVIC_PriorityGroupConfig(NVIC_PriorityGroup_2);
NVIC_InitTypeDef NVIC_InitStructure;
NVIC_InitStructure.NVIC_IRQChannel = EXTI15_10_IRQn;
//选择通道,15 到 10 就集成在这里,之前选的 13
NVIC_InitStructure.NVIC_IRQChannelCmd = ENABLE;                    //使能通道
NVIC_InitStructure.NVIC_IRQChannelPreemptionPriority = 1;
//对抢占优先级取值范围配置.具体参考库函数说明
NVIC_InitStructure.NVIC_IRQChannelSubPriority = 1;
//对响应优先级取值范围配置.具体参考库函数说明
NVIC_Init(&NVIC_InitStructure);
```

（6）编写中断服务函数。

编写对应中断线的中断服务函数 EXTIx_IRQHandler()，处理中断事务。例如，若中断源为 EXTI9_5，则在函数 EXTI9_5_IRQHandler(void)中实现相关操作。

（7）清除中断标志位。

完成中断处理后，需要调用函数 EXTI_ClearITPendingBit()来清除中断标志位。

▶ 4.3.5 STM32 的通信

1. 通信概述

通信的分类方法有多种，常见的分类方式如下。

（1）按照数据传送方式划分：串行通信与并行通信。

串行通信：是指设备之间通过少量数据信号线（一般为 8 根以下）、地线以及控制信号线，按照数据位形式一位一位地传输数据的通信方式。

并行通信：一般是指使用 8 根、16 根、32 根以及 64 根或更多根数据线进行传输的通信方式。

（2）按照通信的数据同步方式划分：异步通信与同步通信。

异步通信（UART）是按约定的波特率逐个字符传输的。每传输一个字符就用起始位来进行收、发双方的同步，不会因收发双方的时钟频率的偏差导致数据传输错误。这种传输方式利用每一帧的起、止信号来建立发送与接收之间的同步。

同步通信（USRT）的发送和接收双方要保持完全的同步，因此，要求接收和发送设备必须使用同一时钟。优点是可以实现高速度、大容量的数据传送；缺点是要求发生时钟和接收时钟保持严格同步，同时硬件复杂。典型的应用有 SPI、I2C 通信接口。

（3）按照数据的传输方向划分：单工、半双工与全双工。

单工：在任何时刻都只能进行一个方向的通信，即一个固定为发送设备，另一个固定为接收设备。

半双工：两个设备之间可以收发数据，但不能在同一时刻进行。

全双工：在同一时刻，两个设备之间可以同时收发数据。

常用的通信协议及特点如表 4-21 所示。

表 4-21 常用的通信协议及特点

名　称	引　　　　脚	双　工	时　钟	电　平	设　备
USART	TX、RX	全双工	异步	单端	点对点
I2C	SCL、SDA	半双工	同步	单端	多设备
SPI	SCLK、MOSI、MISO、CS	全双工	同步	单端	多设备
CAN	CAN_H、CAN_L	半双工	异步	差分	多设备
USB	DP、DM	半双工	异步	差分	点对点

本节重点介绍 STM32　SPI 通信的实现,其他通信的实现读者可查阅。

2. SPI 总线通信原理

SPI(Serial Peripheral Interface,串行外设接口)是一种高速、全双工、同步通信总线,常用于短距离通信,主要应用于 EEPROM、Flash、实时时钟、AD 转换器,还有数字信号处理器和数字信号解码器之间。SPI 在芯片的管脚上只占用 4 根线,节约了芯片的管脚,同时为 PCB 的布局节省空间,提供方便。正是出于这种简单易用的特性,现在越来越多的芯片集成了这种通信协议,STM32 也有 SPI。SPI 的内部简明图如图 4-20 所示。

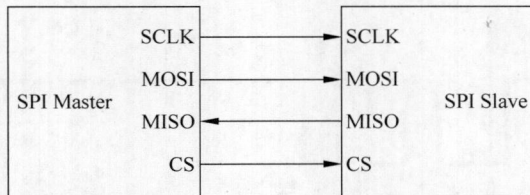

图 4-20　STM32 的 SPI

SPI 一般使用 4 条线进行通信,介绍如下。

(1) MISO 主设备数据输入,从设备数据输出。

(2) MOSI 主设备数据输出,从设备数据输入。

(3) SCLK 时钟信号,由主设备产生。

(4) CS 从设备片选信号,由主设备控制。

主机和从机都有一个串行移位寄存器,主机通过向它的 SPI 串行寄存器写入一字节来发起一次传输。寄存器通过 MOSI 信号线将字节传送给从机,从机也将自己的移位寄存器中的内容通过 MISO 信号线返回给主机。这样,两个移位寄存器中的内容就被交换。外设的写操作和读操作是同步完成的。如果只进行写操作,主机只需忽略接收到的字节;反之,若主机要读取从机的一字节,就必须发送一个空字节来引发从机的传输。

SPI 协议的主要特性包括以下几点:它能够同时进行串行数据的发送和接收;既可以作为主设备,也可以作为从设备运行;支持频率可编程的时钟信号;具有发送完成时的中断标志;提供写冲突保护机制;具有总线竞争保护功能等。

SPI 总线具有 4 种工作模式,这些模式允许 SPI 模块根据外设的工作需求,对输出串行同步时钟的极性和相位进行配置,其中,时钟极性(CPOL)对传输协议没有重大的影响。关于 CPOL,它对数据传输协议的影响不大。当 CPOL 设置为 0 时,串行同步时钟在空闲状态保持低电平;而当 CPOL 设置为 1 时,空闲状态则为高电平。时钟相位(CPHA)的配置用于选择数据传输的两种不同协议之一。当 CPHA 为 0 时,数据在串行同步时钟的第一个跳变沿(无论是上升沿还是下降沿)被采样;而当 CPHA 为 1 时,数据则在时钟的第二个跳变沿被采样。SPI 主模块与其通信的外设必须在时钟相位和极性上保持一致。如图 4-21 所示为 SPI 总线的通信时序。

3. STM32 的 SPI 配置

STM32 单片机提供了 SPI 控制器,简化了 SPI 通信的配置过程。与传统的通过 I/O 模拟 SPI 时序的方法相比,STM32 的 SPI 控制器可以大大缩短开发时间并提高开发效率。以下总结了 STM32 SPI 配置的关键步骤以及操作案例。

(1) SPI 设备引脚初始化。

要使用 SPI 总线通信,首先要使能 SPI 的时钟,其次要设置 SPI 的相关引脚为复用输出,

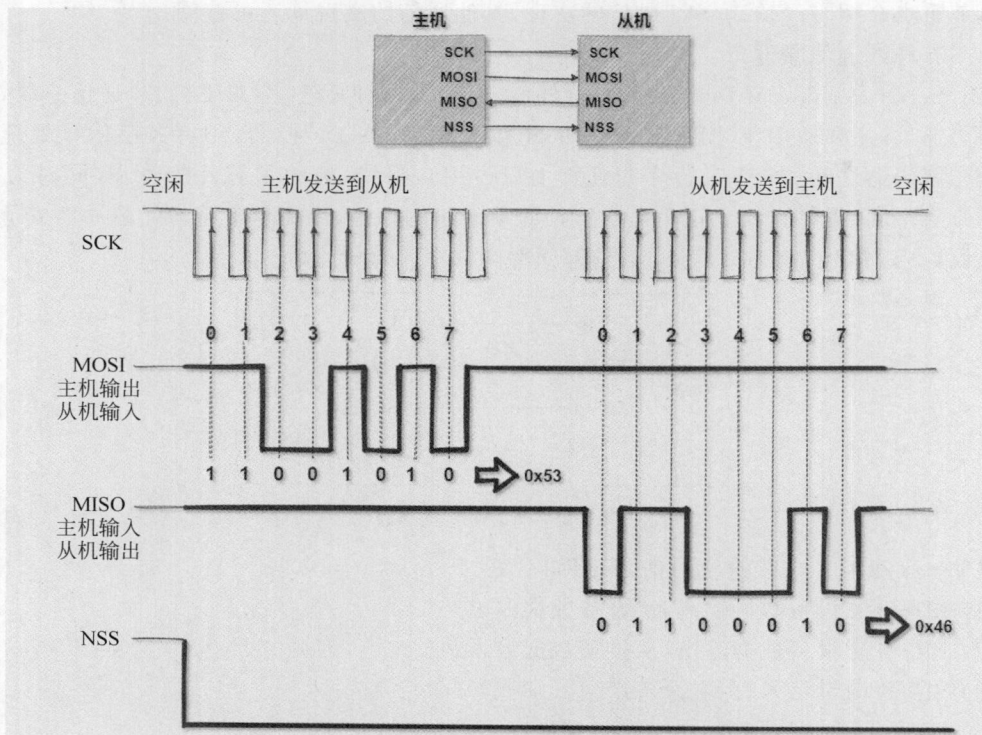

图 4-21 SPI 总线的通信时序

这样才会连接到 SPI 上,否则这些 I/O 口还是默认的状态,也就是标准输入/输出口。如例 4-20 所示使用的是 PB12、13、14、15 这 4 个(SCK、MISO、MOSI、CS 使用软件管理方式),所以设置为复用 I/O。

(2) 配置 SPI 控制器。

在初始化 GPIO 引脚之后,需要配置 SPI 控制器,主要包括设置 SPI 的工作模式(主模式或从模式)、数据传输方向(全双工或半双工)、数据位宽(8 位或 16 位),以及时钟极性和时钟相位等参数。SPI 设置为双线双向全双工,SPI 工作模式设置为主 SPI,代码如例 4-20 所示。

【例 4-20】 SPI 设备引脚初始化。

```
void SPI2_Init(void)
{
GPIO_InitTypeDef GPIO_InitStructure;
SPI_InitTypeDef SPI_InitStructure;
RCC_AHB1PeriphClockCmd(RCC_AHB1Periph_GPIOB, ENABLE);        //使能 GPIOB 时钟
RCC_APB1PeriphClockCmd(RCC_APB1Periph_SPI2, ENABLE);        //使能 SPI2 时钟
//GPIOFB13|14|15 初始化设置
//PB13|14|15 复用功能输出
GPIO_InitStructure.GPIO_Pin = GPIO_Pin_13|GPIO_Pin_14|GPIO_Pin_15;
GPIO_InitStructure.GPIO_Mode = GPIO_Mode_AF;                //复用功能
GPIO_InitStructure.GPIO_OType = GPIO_OType_PP;              //推挽输出
GPIO_InitStructure.GPIO_Speed = GPIO_Speed_100MHz;         //100MHz
GPIO_InitStructure.GPIO_PuPd = GPIO_PuPd_UP;               //上拉
GPIO_Init(GPIOB, &GPIO_InitStructure);                    //初始化
//GPIOB12 初始化设置
GPIO_InitStructure.GPIO_Pin = GPIO_Pin_12;                //PB12 输出
```

```
GPIO_InitStructure.GPIO_Mode = GPIO_Mode_OUT;                    //输出功能
GPIO_InitStructure.GPIO_OType = GPIO_OType_PP;                   //推挽输出
GPIO_InitStructure.GPIO_Speed = GPIO_Speed_100MHz;              //100MHz
//GPIO_InitStructure.GPIO_PuPd = GPIO_PuPd_UP;                   //上拉
GPIO_Init(GPIOB, &GPIO_InitStructure);                          //初始化
    GPIO_PinAFConfig(GPIOB,GPIO_PinSource13,GPIO_AF_SPI2);      //PB13 复用为 SPI2
GPIO_PinAFConfig(GPIOB,GPIO_PinSource14,GPIO_AF_SPI2);          //PB14 复用为 SPI2
GPIO_PinAFConfig(GPIOB,GPIO_PinSource15,GPIO_AF_SPI2);          //PB15 复用为 SPI2
//这里只针对 SPI 口初始化
RCC_APB1PeriphResetCmd(RCC_APB1Periph_SPI2,ENABLE);            //复位 SPI2
RCC_APB1PeriphResetCmd(RCC_APB1Periph_SPI2,DISABLE);          //停止复位 SPI2
//配置 SPI 控制器
//设置 SPI 单向或者双向的数据模式:SPI 设置为双线双向全双工
SPI_InitStructure.SPI_Direction = SPI_Direction_2Lines_FullDuplex;
SPI_InitStructure.SPI_Mode = SPI_Mode_Master;      //设置 SPI 工作模式:设置为主 SPI
SPI_InitStructure.SPI_DataSize = SPI_DataSize_8b;  //设置 SPI 的数据大小:SPI 发送接收 8 位帧结构
SPI_InitStructure.SPI_CPOL = SPI_CPOL_High;        //串行同步时钟的空闲状态为高电平
SPI_InitStructure.SPI_CPHA = SPI_CPHA_2Edge;
//串行同步时钟的第二个跳变沿(上升或下降)数据被采样
//NSS 信号由硬件(NSS 管脚)还是软件(使用 SSI 位)管理:内部 NSS 信号有 SSI 位控制
SPI_InitStructure.SPI_NSS = SPI_NSS_Soft;
//定义波特率预分频的值:波特率预分频值为 256
SPI_InitStructure.SPI_BaudRatePrescaler = SPI_BaudRatePrescaler_64;
//指定数据传输从 MSB 位还是 LSB 位开始:数据传输从 MSB 位开始
SPI_InitStructure.SPI_FirstBit = SPI_FirstBit_MSB;
SPI_InitStructure.SPI_CRCPolynomial = 7;           //CRC 值计算的多项式
SPI_Init(SPI2, &SPI_InitStructure);   //根据 SPI_InitStruct 中指定的参数初始化外设 SPIx 寄存器
SPI_Cmd(SPI2, ENABLE);                             //使能 SPI
SPI2_ReadWriteByte(0xff);                          //启动传输
}
```

（3）使能 SPI 通信。

配置完 SPI 控制器后，需要使能 SPI 通信，调用 SPI_Cmd()函数可以实现 SPI 使能。使能 SPI 之后，就可以开始 SPI 通信了。

（4）SPI 的数据读写。

SPI 的通信中接收和发送需要同时进行。如例 4-21 所示，分别调用 SPI_I2S_SendData()与 SPI_I2S_ReceiveData()来实现数据的发送与接收。在主程序中调用 SPI2_ReadWriteByte()函数后开始进行数据的收发，SPI2_ReadWriteByte()函数的代码如例 4-21 所示。

【例 4-21】　SPI 的数据读写。

```
/ ************************************************************************
 * 名称:u8 SPI2_ReadWriteByte(u8 TxData)
 * 功能:SPI 的接收和发送
 * 参数:TxData
 * 返回:无
 ************************************************************************ /
u8 SPI2_ReadWriteByte(u8 TxData)
{
while (SPI_I2S_GetFlagStatus(SPI2, SPI_I2S_FLAG_TXE) == RESET)    //等待 SPI 发送标志位空
{
}
SPI_I2S_SendData(SPI2, TxData);                                   //发送数据
while (SPI_I2S_GetFlagStatus(SPI2, SPI_I2S_FLAG_RXNE) == RESET)   //等待 SPI 接收标志位空
{
}
return SPI_I2S_ReceiveData(SPI2);                                 //接收数据
}
```

通过以上步骤,即可完成 STM32 的 SPI 配置,并实现 SPI 通信。在实际应用中,根据具体需求调整 SPI 的参数和通信协议。

4. CAN 总线通信原理

CAN(Controller Area Network,控制器局域网络)属于工业现场总线,是 ISO 国际标准化的串行通信协议。从 OSI(Open System Interconnection,开放系统互联)7 层网络模型的角度来看,CAN 现场总线仅定义了第 1 层(物理层)和第 2 层(数据链路层);而在实际设计中,这两层完全由硬件实现,设计人员无须再为此开发相关软件或固件,只要了解如何调用相关的接口和寄存器,即可完成对 CAN 的控制。简单来说,CAN 总线就是一层硬件协议,如差分信号电平的定义、数据帧的定义等。

CAN 可以理解为多台 CAN 设备连接在同一条 CAN 总线上组合成的网络,其中的 CAN 设备称为节点。CAN 拓扑结构如图 4-22 所示。

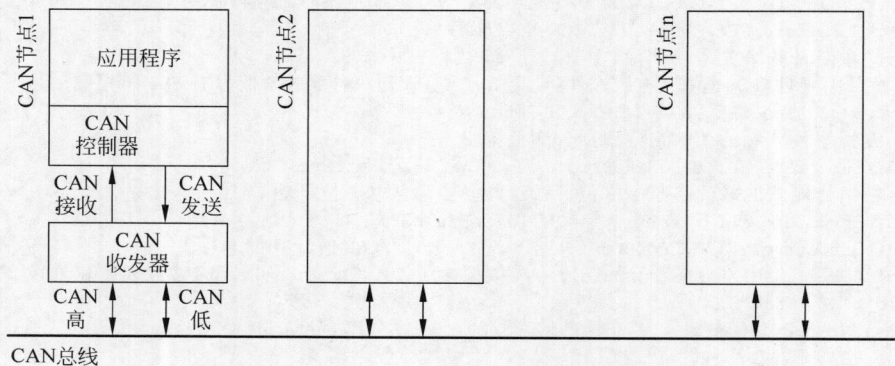

图 4-22　CAN 拓扑结构图

CAN 总线的两根信号线通常采用的是双绞线,传输的是差分信号,一般通过两根信号线(CAN-H 和 CAN-L)就可以进行正常的通信。在干扰比较强的场合,还需要用到屏蔽地线即 CAN-G(主要功能是屏蔽干扰信号)。以差分信号传输信息,具有抗干扰能力强,能有效抑制外部电磁干扰等优点,这也是 CAN 总线在工业上应用广泛的一个原因。

CAN 总线为两线差分信号,用隐性代表逻辑 1,显性代表逻辑 0,如图 4-23 所示。

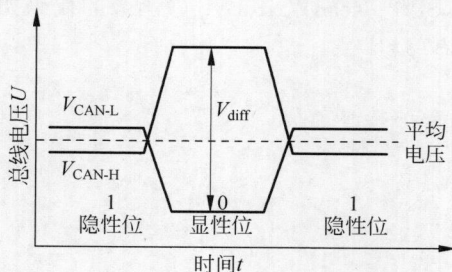

图 4-23　CAN 总线差分信号

如果在同一时刻,一个设备(节点)往总线发 0,一个设备往总线发 1,最后总线呈现为显性,也就是 0。

目前,应用较广泛的 CAN 应用层协议主要有 CANOpen 协议、J1939 协议、DeviceNet 协议。

(1) CANOpen 协议主要应用在汽车、工业控制、自动化仪表等领域,目前由 CIA 负责管理和维护。

（2）J1939 协议在商用车领域占有绝大部分市场份额的应用层协议,由美国机动车工程师学会发起,现已在全球范围内得到广泛的应用。

（3）DeviceNet 协议在美国等地占有相当大的市场份额,主要用于工业通信及控制和仪器仪表等领域。

5. STM32 的 CAN 配置

STM32 微控制器系列提供了内置的 CAN 控制器,支持 CAN 通信协议。以下是在 STM32 中实现 CAN 通信的基本步骤(如图 4-24 所示)以及操作案例。

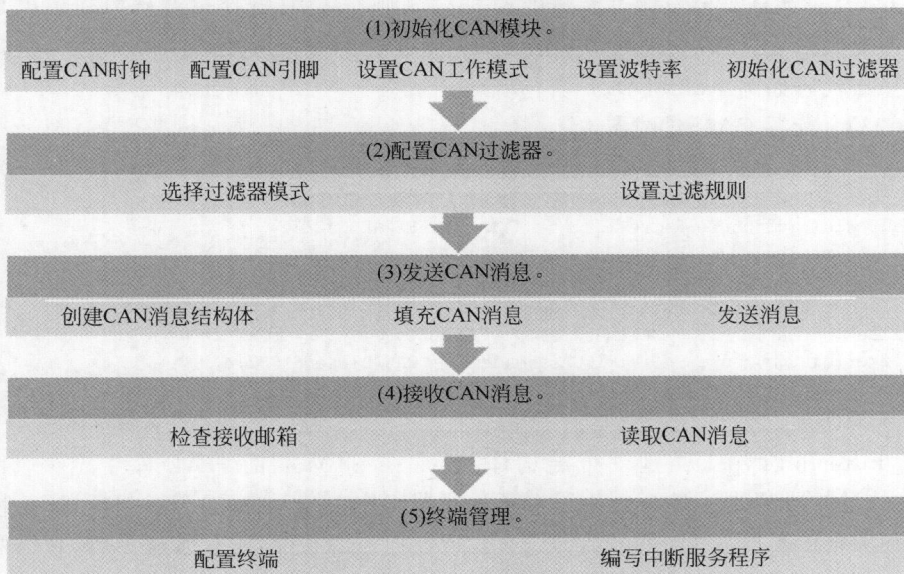

图 4-24　STM32 中实现 CAN 通信的基本步骤

（1）初始化 CAN 模块。

要使用 CAN 模块进行通信,首先需要对 CAN 模块进行初始化,主要包括 CAN 时钟的配置、CAN 引脚的配置、工作模式以及波特率的配置等操作。

① 配置 CAN 时钟,通过 RCC(Reset and Clock Control)来启用 CAN 时钟。

② 配置 CAN 引脚,将相应的 GPIO 引脚配置为 CAN 功能(通常为 CAN_TX 和 CAN_RX)。

③ 设置 CAN 工作模式,设置 CAN 为正常模式、静默模式或环回模式等。

④ 配置波特率,根据所需的通信速度设置波特率,这通常涉及对位时序寄存器的配置。

⑤ 初始化 CAN 过滤器,设置过滤器以允许或拒绝特定的 CAN 标识符。

上述相关操作代码如例 4-22 所示。

【例 4-22】　初始化 CAN 模块。

```
//初始化 CAN
CAN_InitTypeDef CAN_InitStructure;
CAN_InitStructure.Mode = CAN_MODE_NORMAL;
CAN_InitStructure.BaudRate = 500000;          //500 kb/s
CAN_InitStructure.SJW = CAN_SJW_1TQ;
CAN_InitStructure.BS1 = CAN_BS1_8TQ;
```

```
CAN_InitStructure.BS2 = CAN_BS2_3TQ;
CAN_Init(&CAN_InitStructure);
```

例 4-22 中设置了 CAN_InitStructure 结构体的 Mode 字段为 CAN_MODE_NORMAL，即将 CAN 模块配置为正常工作模式，该模式下 CAN 模块可以发送和接收数据帧；设置了 CAN_InitStructure 结构体的 BaudRate 字段，指定了 CAN 通信的波特率；定义了 CAN 位定时参数，包括同步跳转宽度、时间段 1 和时间段 2 的长度；调用了 CAN_Init 函数来应用这些配置，使得 CAN 模块能够按照指定的参数进行通信。

（2）配置 CAN 过滤器。

配置 CAN 过滤器需要设置过滤器的模式与规则。其中，选择过滤器模式可以是标识符列表模式或掩码模式，而过滤规则用来定义哪些标识符的报文应该被接收。

相关操作代码如例 4-23 所示。

【例 4-23】 配置 CAN 过滤器。

```
CAN_FilterInitTypeDef CAN_FilterInitStructure;
CAN_FilterInitStructure.FilterMode = CAN_FILTERMODE_IDMASK;
CAN_FilterInitStructure.FilterScale = CAN_FILTERSCALE_32BIT;
CAN_FilterInitStructure.FilterIdHigh = 0x0000;
CAN_FilterInitStructure.FilterIdLow = 0x0000;
CAN_FilterInitStructure.FilterMaskIdHigh = 0x0000;
CAN_FilterInitStructure.FilterMaskIdLow = 0x0000;
CAN_FilterInitStructure.FilterFIFOAssignment = CAN_FilterFIFO0;
CAN_FilterInitStructure.FilterActivation = ENABLE;
CAN_FilterInit(&CAN_FilterInitStructure);
```

CAN_FilterInitTypeDef 是一个结构体，通常在 STM32 的 HAL 库中定义，用于配置 CAN 模块的过滤器参数。例 4-23 中设置了过滤器工作在 32 位标识符屏蔽模式，并将过滤器的标识符和屏蔽位都设置为 0x0000，即没有设置任何过滤条件，所有通过 CAN 总线的消息都会被接收。此外，它还指定了匹配消息将被存储在 FIFO0 中，并使用了该过滤器。

（3）发送 CAN 消息。

在发送 CAN 消息之前，首先需要创建 CAN 消息的结构体，然后进行消息内容的填充，最后将其发送。

相关操作代码如例 4-24 所示。

【例 4-24】 配置 CAN 消息。

```
//发送 CAN 消息
CAN_TxHeaderTypeDef TxHeader;
uint8_t TxData[8];
TxHeader.StdId = 0x123;
TxHeader.DLC = 8;
//…设置其他必要的发送参数
for (int i = 0; i < 8; i++) {
    TxData[i] = i;
}
HAL_CAN_AddTxMessage(&hcan, &TxHeader, TxData, &TxMailbox);
```

CAN_TxHeaderTypeDef 为 STM32 的 HAL 库中定义的结构体，用于定义 CAN 消息的发送头信息；TxData 为数组对象，用于存储将要发送的数据；最后，通过调用 HAL_CAN_AddTxMessage() 函数，将消息添加到发送队列，准备通过 CAN 总线发送，若 CAN 模块已经初始化并且处于正常工作状态，消息将会成功被发送出去。

（4）接收 CAN 消息。

定期检查是否有新的消息到达,若收到消息则尝试从 CAN 总线接收,然后根据实际应用需求对接收到的数据进行解析和使用。

相关操作代码如例 4-25 所示。

【例 4-25】 接收 CAN 消息。

```
//接收 CAN 消息
CAN_RxHeaderTypeDef RxHeader;
uint8_t RxData[8];
if (HAL_CAN_GetRxMessage(&hcan, CAN_RX_FIFO0, &RxHeader, RxData) == HAL_OK) {
    //处理接收到的数据
}
```

(5) 中断管理。

在 CAN 通信过程中需要进行中断管理,启用 CAN 中断,如传输完成中断、接收中断等;并编写中断服务程序,处理 CAN 事件,如消息发送完成或接收完成。

CAN 中断处理的框架程序,代码如例 4-26 所示。

【例 4-26】 CAN 中断管理。

```
void CAN_IRQHandler(void) {
    //获取 CAN 句柄
    CAN_HandleTypeDef * hcan = &hcan1;          //假设有一个名为 hcan1 的 CAN_HandleTypeDef 实例

    //检查是否是接收中断
    if (__HAL_CAN_GET_IT_SOURCE(hcan, CAN_IT_RX_FIFO0_MSG_PENDING)) {
        //处理接收中断
        if (HAL_CAN_GetRxMessage(hcan, CAN_RX_FIFO0, &RxHeader, RxData) == HAL_OK) {
            //处理接收到的数据
        }
        //清除接收中断标志
        __HAL_CAN_CLEAR_IT(hcan, CAN_IT_RX_FIFO0_MSG_PENDING);
    }

    //检查是否是发送中断
    if (__HAL_CAN_GET_IT_SOURCE(hcan, CAN_IT_TX_MAILBOX_EMPTY)) {
        //处理发送中断
        //…

        //清除发送中断标志
        __HAL_CAN_CLEAR_IT(hcan, CAN_IT_TX_MAILBOX_EMPTY);
    }

    //检查是否是错误中断
    if (__HAL_CAN_GET_IT_SOURCE(hcan, CAN_IT_ERROR_WARNING)) {
        //处理错误警告中断
        //…

        //清除错误中断标志
        __HAL_CAN_CLEAR_IT(hcan, CAN_IT_ERROR_WARNING);
    }

    //…可以继续检查其他中断源
}
```

例 4-26 使用__HAL_CAN_GET_IT_SOURCE 宏来检查特定的中断源是否被设置,并且使用 HAL_CAN_GetRxMessage()函数来处理接收中断。

4.4　基于 STM32 的数据采集

STM32 芯片功能强大,接口丰富,价格相对低廉,非常适合应用于工业数据采集领域。本节从点亮一盏 LED 开始,逐步掌握基于 STM32 的数据采集技术。

▶ 4.4.1　基于 STM32 的数据采集工作流程

基于 STM32 微处理器,来实现数据的采集与存储,其主要工作流程分为硬件设计、软件设计,以及软件测试与优化三部分。

1. 硬件设计

(1) 硬件选择。根据要采集的数据的要求、特点以及系统的性能要求来选择处理器的型号,具体选型时的考虑因素可参照 4.3.1 节。另外,根据系统需要考虑外设模块,如 ADC、SPI、I2C 等。

(2) 选择并连接传感器。根据项目需要选择合适的传感器,并将传感器与 STM32 的相应引脚连接。注意检查引脚的电平和电流要求,确保接口匹配。

(3) 设置时钟。在硬件层面上,需要设置 STM32 的时钟源和频率,确保系统的稳定性和准确性。

2. 软件设计

(1) 搭建软件开发环境。首先需要安装并配置适当的集成开发环境(IDE),如 Keil MDK、IAR Embedded Workbench 等。

(2) 初始化 GPIO。根据硬件连接情况,将 STM32 微处理器的 GPIO 配置为输入或输出模式。

(3) 配置 ADC 模块。若项目需要采集模拟信号,则需要配置 ADC 模块。例如,设置 ADC 的分辨率、采样速率和参考电压等参数。

(4) 读取传感器数据。使用相应的接口读取传感器数据,如读取 ADC 模块的转换结果,或者通过 SPI 或 I2C 读取传感器的数据寄存器。

(5) 实现数据存储。首先需要选择合适的存储介质,如 SD 卡或串行闪存(Serial Flash),然后使用相应的接口将读取到的数据写入存储介质。

(6) 管理存储空间。考虑存储空间的管理问题,如数据的存储格式、存储地址的管理和数据的滚动存储等。

3. 软件测试与优化

(1) 编写测试程序。编写测试程序,对数据的采集以及存储功能进行验证。编写一系列测试样例,包括正常采集、异常情况下的处理等。

(2) 优化算法。根据测试结果与实际需求,对数据采集和存储的算法进行优化与调整,不断提高系统的效率和稳定性。

(3) 调试和优化。若测试阶段发现问题,可以使用调试工具进行查找和修复错误,从而不断优化系统性能,提高系统稳定性。

▶ 4.4.2　I/O 设备驱动

微处理器通过向 GPIO 控制寄存器写入数据来控制 GPIO 口的输入/输出模式,实现对某些设备的控制功能。本节的主要任务是通过 STM32F407 芯片的 GPIO 来实现按键检测与

LED 控制。

1. 硬件设计

RT-Thread 的 I/O 设备驱动控制架构设计如图 4-25 所示。

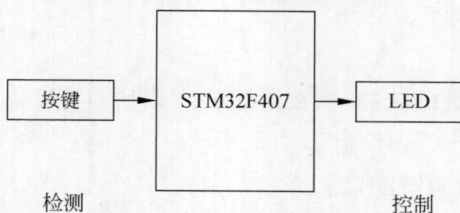

图 4-25 I/O 设备驱动控制架构图

信号灯的控制转换为对 GPIO 的主动控制：高电平输出和低电平输出。信号灯 LED 接口电路如图 4-26 所示。

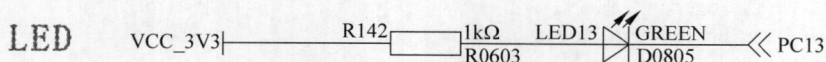

图 4-26 LED 接口电路

按键的状态检测方式主要是使用了 STM32 微处理器 GPIO 的引脚电平读取功能，相关引脚为高电平时引脚读取的值为 1，反之则为 0。而按键是否按下，按下前后的电平状态则需要按照实际的按键原理图来确认。按键接口电路如图 4-27 所示。

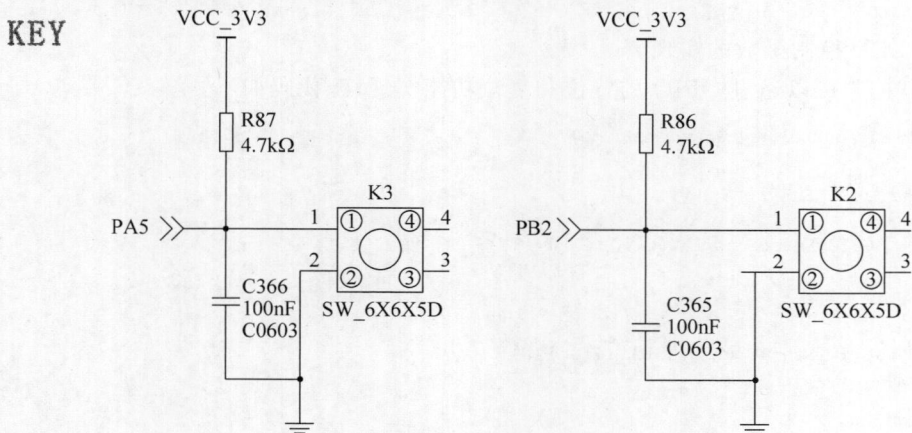

图 4-27 按键接口电路图

2. 软件设计

掌握硬件设计之后，再来分析软件设计。首先，需要将 STM32 微处理器的 GPIO 配置为输入和输出模式，这里使用标准库方式配置输入/输出模式，配置好寄存器的模式，再调用 GPIO_Init() 函数。其次，设计按键输入检测程序时，使用延时消抖和松手检测方法。通过延时消抖，屏蔽按键动作时的电平抖动，防止误操作。使用松手检测作为对 LED 控制的触发条件。程序设计流程如下所述。

（1）初始化 LED 与按键对应的 GPIO，配置接口函数，点亮 LED。

（2）初始化完成后，程序进入主循环，程序进入主循环中检测按键的状态。

（3）当检测到按键按下时，延时消抖等待 10ms，待电平稳定后，再次检测按键状态，如果按键依旧处于按下状态则确定按键被按下。

（4）随后系统进入松手检测程序中等待按键抬起，检测到按键抬起后执行 LED 熄灭，完成对 LED 的控制。

程序流程图如图 4-28 所示。

3．功能实现

要实现对 LED 灯和按键的控制，需要配置好它们所对应的 I/O 口。关键步骤以及相关程序编写，如下所示。

（1）LED 端口的初始化引脚配置。

首先需要对 LED 端口的初始化引脚进行配置，源代码如下。

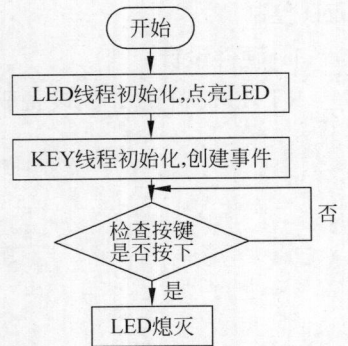

图 4-28　软件设计流程图

```
void bsp_led_Init(void)
{
    GPIO_InitTypeDef GPIO_InitStruct;
    RCC_AHB1PeriphClockCmd(LED_CLK, ENABLE);
    GPIO_InitStruct.GPIO_Pin = LED1_PIN;
    GPIO_InitStruct.GPIO_Mode = GPIO_Mode_OUT;
    GPIO_InitStruct.GPIO_OType = GPIO_OType_PP;
    GPIO_InitStruct.GPIO_PuPd = GPIO_PuPd_UP;
    GPIO_InitStruct.GPIO_Speed = GPIO_Low_Speed;
    GPIO_Init(LED_GPIO, &GPIO_InitStruct);
    led_control(LED1_NUM);
}
```

（2）LED 控制函数的实现。

LED 控制可以通过 GPIO 的置位和复位功能实现，源代码如下。

```
void led_control(unsigned char cmd)
{
if(cmd & LED1_NUM)
{
        GPIO_ResetBits(LED_GPIO, LED1_PIN);
    }
else
{
        GPIO_SetBits(LED_GPIO, LED1_PIN);
    }
}
```

（3）按键初始化。

按键初始化需要配置 GPIO 引脚、工作模式等，再调用 GPIO_Init()函数，源代码如下。

```
void key_GpioInit(void)
{
    GPIO_InitTypeDef GPIO_InitStructure;                    //定义一个 GPIO_InitTypeDef 类型的结构体

    GPIO_InitStructure.GPIO_OType = GPIO_OType_PP;          //设置引脚的输出类型
    GPIO_InitStructure.GPIO_Mode = GPIO_Mode_IN;            //设置引脚模式为输入模式
    GPIO_InitStructure.GPIO_PuPd = GPIO_PuPd_UP;            //设置引脚为上拉模式
    GPIO_InitStructure.GPIO_Speed = GPIO_Speed_100MHz;      //设置引脚速率为 100MHz
    RCC_AHB1PeriphClockCmd( K1_CLK, ENABLE);               //开启 KEY 相关的 GPIO 外设时钟
    GPIO_InitStructure.GPIO_Pin = K1_PIN;                  //选择要控制的 GPIO 引脚
    GPIO_Init(K1_PORT, &GPIO_InitStructure);               //初始化 GPIO 配置

    GPIO_InitStructure.GPIO_OType = GPIO_OType_PP;          //设置引脚的输出类型
```

```
GPIO_InitStructure.GPIO_Mode = GPIO_Mode_IN;          //设置引脚模式为输入模式
GPIO_InitStructure.GPIO_PuPd = GPIO_PuPd_UP;          //设置引脚为上拉模式
GPIO_InitStructure.GPIO_Speed = GPIO_Speed_100MHz;    //设置引脚速率为 100MHz
RCC_AHB1PeriphClockCmd( K2_CLK, ENABLE);              //开启 KEY 相关的 GPIO 外设时钟
GPIO_InitStructure.GPIO_Pin = K2_PIN;                 //选择要控制的 GPIO 引脚
GPIO_Init(K2_PORT, &GPIO_InitStructure);              //初始化 GPIO 配置
}
```

（4）按键检测。

编写函数进行按键检测，来判断按键是否被按下，并返回相应的状态值，源代码如下。

```
uint8_t key_GetStatus(void)
{
  uint8_t key_status = 0;
  if(GPIO_ReadInputDataBit(K1_PORT,K1_PIN) == 0)      //判断 PB1 引脚电平状态
    key_status |= K1_PRESSED;                          //低电平 key_status bit0 位置 1
  if(GPIO_ReadInputDataBit(K2_PORT,K2_PIN) == 0)      //判断 PA5 引脚电平状态
    key_status |= K2_PRESSED;                          //低电平 key_status bit1 位置 1
  return key_status;
}
```

（5）按键 KEY 的线程初始化。

在实时操作系统中，为了确保按键事件的及时响应和处理，需要为按键操作创建一个独立的线程。以下程序创建了一个线程来专门处理按键事件，通过事件标志组来通知其他线程按键状态的变化。按键 KEY 的线程初始化源代码如下。

```
/ ***********************************************************************************
 * 名称：int key_thread_init(void)
 * 功能：KEY 线程入口函数
 * 参数：无
 * 返回：-1 -> KEY 线程创建失败
 *     0 -> KEY 线程创建并启动成功
 *   other -> KEY 线程创建成功,启动失败
 *********************************************************************************** /
int key_thread_init(void)
{
  rt_thread_t key_thread = RT_NULL;
  key_event = rt_event_create("key", RT_IPC_FLAG_FIFO);
  if(key_event == RT_NULL)
    return -1;
  key_thread = rt_thread_create("key", key_thread_entry,
                RT_NULL, 256, 13, 20);
  if(key_thread == RT_NULL)
    return -1;
  return rt_thread_startup(key_thread);
}
/ ***********************************************************************************
 * 名称：void key_thread_entry(void * parameter)
 * 功能：key 线程入口函数
 * 参数：* parameter -> 入口参数
 * 返回：无
 *********************************************************************************** /
void key_thread_entry(void * parameter)
{
  (void)parameter;
  unsigned char keyVal = 0;
  key_GpioInit();
  while(1)
```

```
    {
      if(keyVal != 0)
      {
        if(key_GetStatus() == 0x00)
        {
          rt_event_send(key_event, keyVal);
          keyVal = 0;
        }
      }
      else
{
        keyVal = key_GetStatus();
      }
      rt_thread_mdelay(25);
    }
}
```

（6）LED 线程初始化。

为了实现 LED 的灵活控制，需要创建一个专用的 LED 线程来管理其状态。LED 线程能够响应用户的操作，以直观的方式显示系统的当前状态。LED 的线程初始化源代码如下。

```
/ *********************************************************************************
 * 名称：int led_thread_init(void)
 * 功能：LED 线程初始化
 * 参数：无
 * 返回：-1 -> LED 线程创建失败
 *      0 -> LED 线程创建并启动成功
 *   other -> LED 线程创建成功,启动失败
 ********************************************************************************* /
int led_thread_init(void)
{
  rt_thread_t led_thread = RT_NULL;
  led_thread = rt_thread_create("led", led_thread_entry,
                RT_NULL, 256, 5, 20);
  if(led_thread == RT_NULL)
    return -1;
  return rt_thread_startup(led_thread);
}
/ *********************************************************************************
 * 名称：void led_thread_entry(void * parameter)
 * 功能：LED 线程入口函数
 * 参数： * parameter -> 入口参数
 * 返回：无
 ********************************************************************************* /
void led_thread_entry(void * parameter)
{
  (void)parameter;
  rt_err_t result = RT_EOK;
  rt_uint32_t eventVal = 0;
  bsp_led_Init();                            //LED 引脚初始化
  while(1)
  {
    result = rt_event_recv(key_event,
              K1_PRESSED| K2_PRESSED,         //接收 4 个按键事件
//任意一个事件发生,完成后清除事件标志
              RT_EVENT_FLAG_OR | RT_EVENT_FLAG_CLEAR
              RT_WAITING_FOREVER,             //一直等待
              &eventVal);                     //事件值
    if(result == RT_EOK)
```

```
        {
            if(eventVal & K1_PRESSED) {
            led_control(LED1_NUM);
            }
            if(eventVal & K2_PRESSED)
        {
            led_control(LED_OFF);
            }
        }
    }
```

4. 硬件准备

借助工业互联网实验平台(ZC-IwsPlat)来完成设备驱动与数据采集工作。需要进行的硬件准备工作,如下所述。

(1) 准备工业网通板卡。

(2) 将 ARM 仿真器连接到计算机的 USB 接口和工业网通板卡的 JTAG 接口。

(3) 将 MiniUSB 线连接到计算机的 USB 接口和工业网通的 USB 串口接口。

(4) 给工业网通板卡连接 12V 电源,并按下电源按键上电。

硬件连接图如图 4-29 所示。

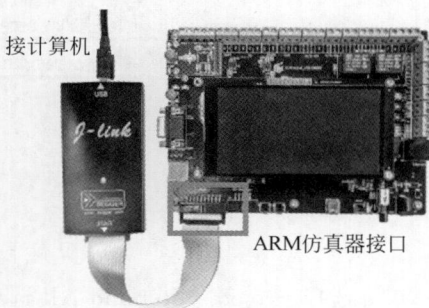

图 4-29　硬件连接图

5. 代码编译与下载

完成了代码的编写以及硬件的准备工作后,需要对代码进行编译与下载,相关操作步骤如下所述。

(1) 准备 rtthread 系统源码(DISK-IwsPlat\02-软件资料\01-工业网通\rtthread.zip),并解压到任意位置。将工业网通工程通用代码 IIoT(DISK-IwsPlat\02-软件资料\01-工业网通\IIoT.zip)解压到 rtthread\zonesion 路径下,文件如图 4-30 所示。

图 4-30　工业网通工程通用代码

(2) 将实验代码 IO_TEST 工程复制到 rtthread-2021-12-21\zonesion\IIoT\INER_Test 文件夹下,双击工程文件 IO_TEST\ide\iar\IO_TEST.eww 打开工程,文件位置如图 4-31 所示。

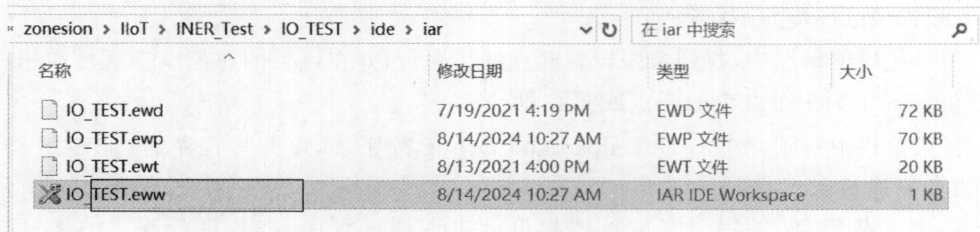

图 4-31　工程文件 IO_TEST.eww

阅读 readme 文件了解实验内容,如图 4-32 所示。

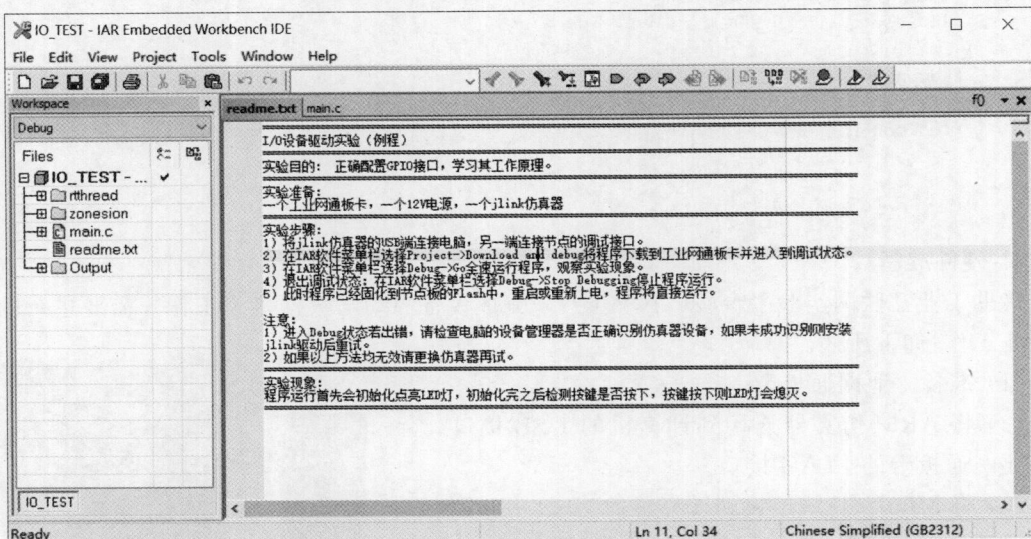

图 4-32　打开工程的 readme 文件

(3) 选择 Project→Rebuild All 选项,或者直接单击工具栏中的 make 按钮进行源码编译。编译过程及结果如图 4-33 所示。

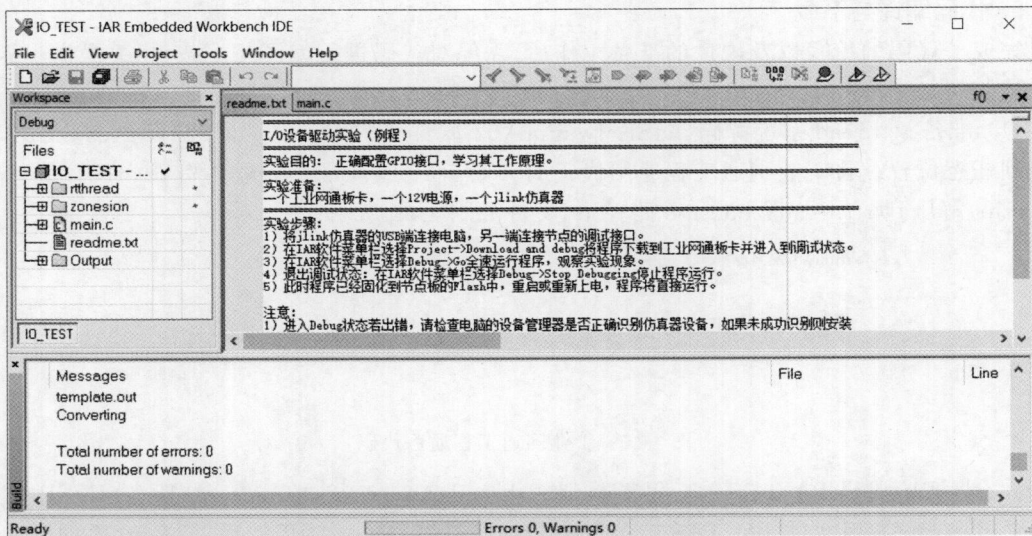

图 4-33　编译过程及结果

(4) 配置调试环境并下载程序。

① 在源代码编辑器中,找到希望设置断点的代码行,并在该行的左侧空白区域单击,以设置断点(通常显示为一个红色的圆点或实心圆)。

② 在菜单栏中找到并单击 Download and Debug 按钮,以此将程序通过 ARM 仿真器下载到工业网通板卡。

③ 完成下载后,IAR 集成开发环境将自动进入调试页面,准备进行程序的调试工作。IAR 进入调试页面如图 4-34 所示。

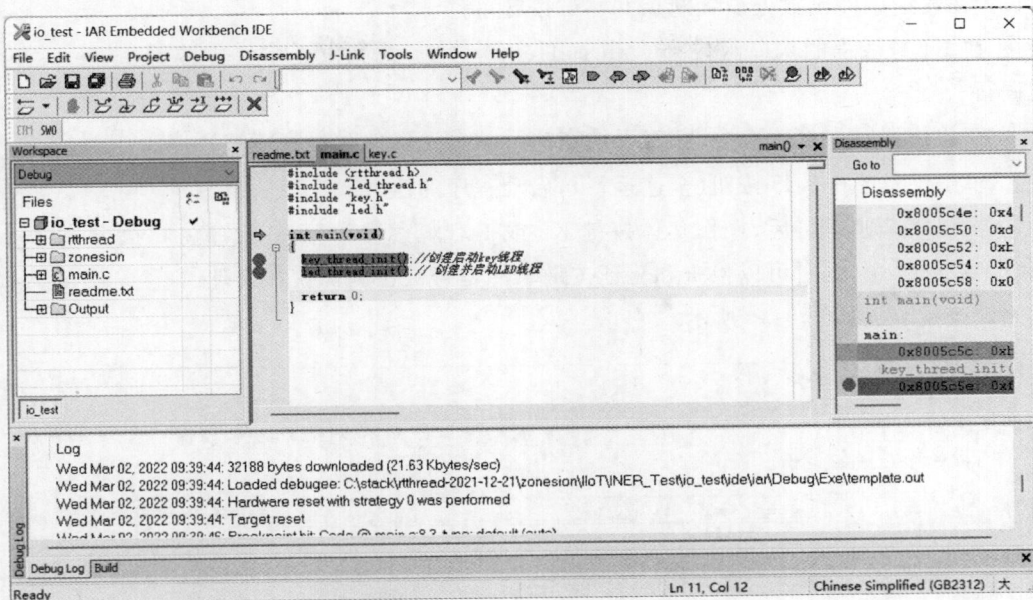

图 4-34　IAR 进入调试页面

（5）设置断点并执行程序至事件创建。

① 在 Key 线程初始化函数 key_thread_init()中,找到创建事件的函数 rt_event_create()所在的代码行。

② 在该代码行左侧单击以添加一个断点,确保程序执行至此处时会暂停。

③ 单击工具栏中的乚按钮(全速运行),启动程序的执行。

④ 程序将全速运行并跳转到设置断点的创建事件函数处停止,此时可以确认事件已成功创建,如图 4-35 所示。

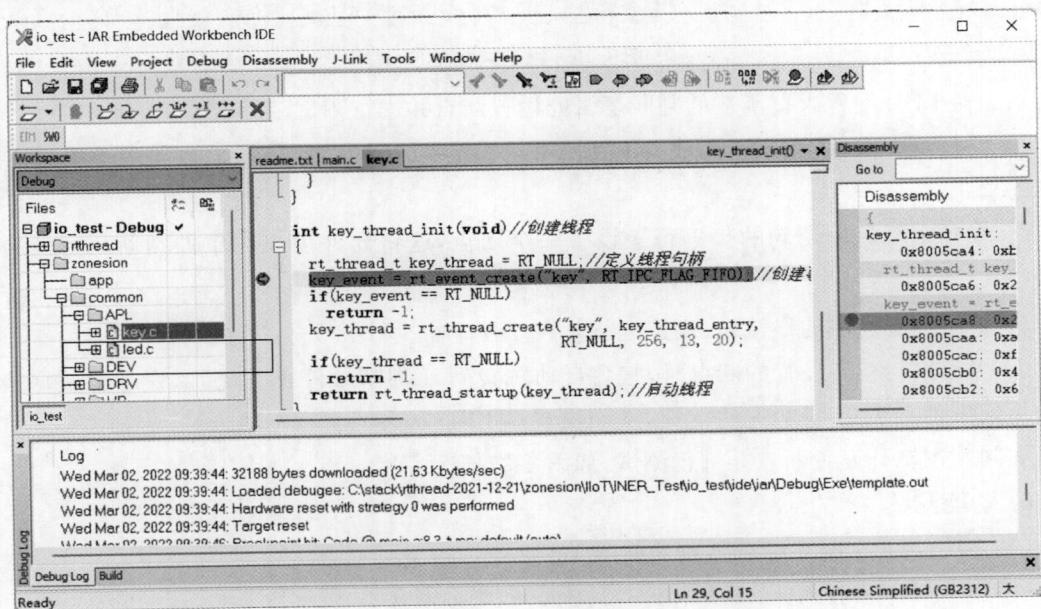

图 4-35　事件创建

（6）在发送事件函数处设置断点并测试按键事件。

① 在 KEY 线程的入口函数 key_thread_entry() 中，找到发送事件函数 rt_event_send() 的代码行。

② 在该代码行上设置一个断点，以便在执行到发送事件时程序能够暂停。

③ 单击工具栏中的 按钮（全速运行），启动程序的执行。

④ 当程序全速运行后，操作实体按键 K2 或 K3，观察程序行为，程序将在执行 rt_event_ send() 函数处停止，此时可以检查和验证按键事件是否被正确捕获和处理。

测试按键事件如图 4-36 所示。

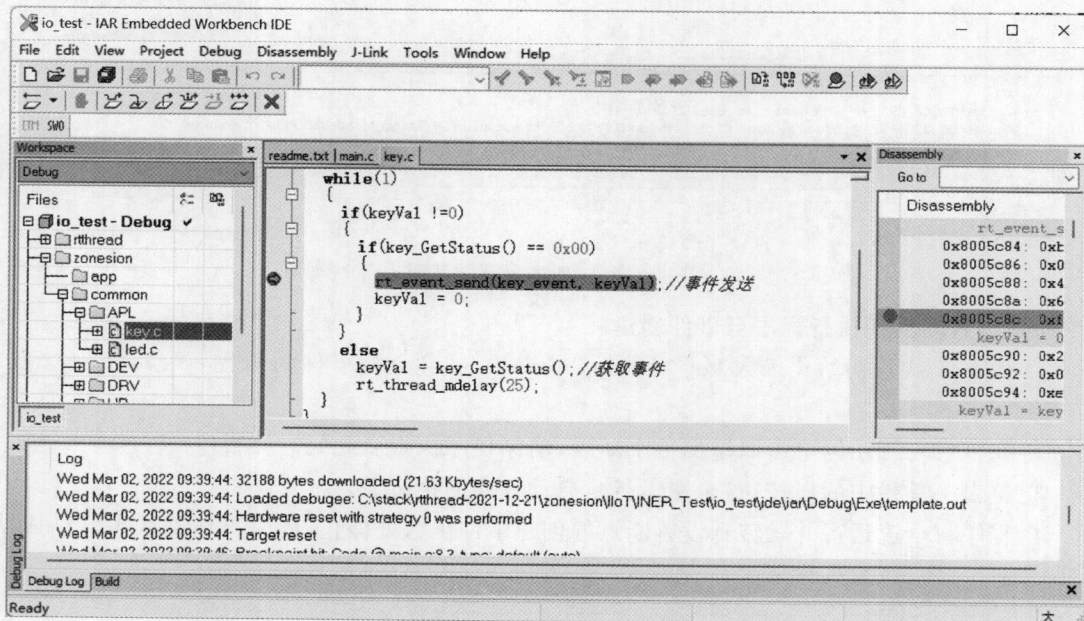

图 4-36　测试按键事件

（7）在 LED 线程入口函数的判断逻辑处设置断点并进行测试。

① 定位到 LED 线程入口函数 led_thread_entry 中的 if 判断语句，该语句用于决定 LED 的状态。

② 在这个 if 判断语句的代码行上设置一个断点，这将允许用户在条件判断执行时暂停程序。

③ 单击工具栏中的 按钮（全速运行），启动程序的执行。

④ 当程序运行到设置的断点时，它会自动跳转到 if 判断处停止。此时，程序将根据接收到的不同事件来决定 LED 是否熄灭，从而实现对 LED 状态的实时控制。

在判断逻辑处设置断点并进行测试，如图 4-37 所示。

6. 功能测试

（1）初始状态 LED13 点亮，效果如图 4-38 所示。

（2）按下 K2 或者 K3 按键后 LED13 熄灭，效果如图 4-39 所示。

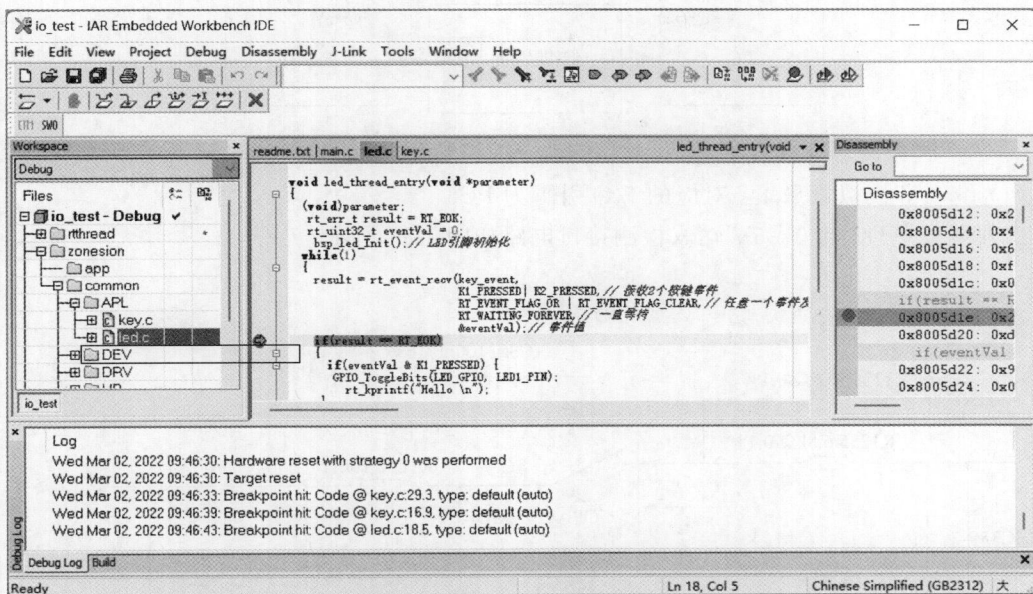

图 4-37　在判断逻辑处设置断点并进行测试

图 4-38　LED 点亮效果图

图 4-39　按键后 LED 熄灭效果图

▶ 4.4.3　模拟量数据采集

与模拟量以及 ADC 相关的知识点已经在 4.3.3 节中介绍。本节的主要任务是：通过工业网通的 ADC 接口读取数据，并将读取的数据通过串口在 PC 上打印出来。

1. 硬件设计

本次 ADC 设备驱动的架构设计，如图 4-40 所示。

通过工业网通的 ADC 接口读取到数据，通过串口在 PC 上打印出来，具体采集数据包括如下三部分。

图 4-40　ADC 设备驱动架构图

（1）0～5V 模拟量采集：对应的 I/O 引脚为 PC5。

工业网通 ADC 的 0～5V 输入检测接口电路如图 4-41 所示。

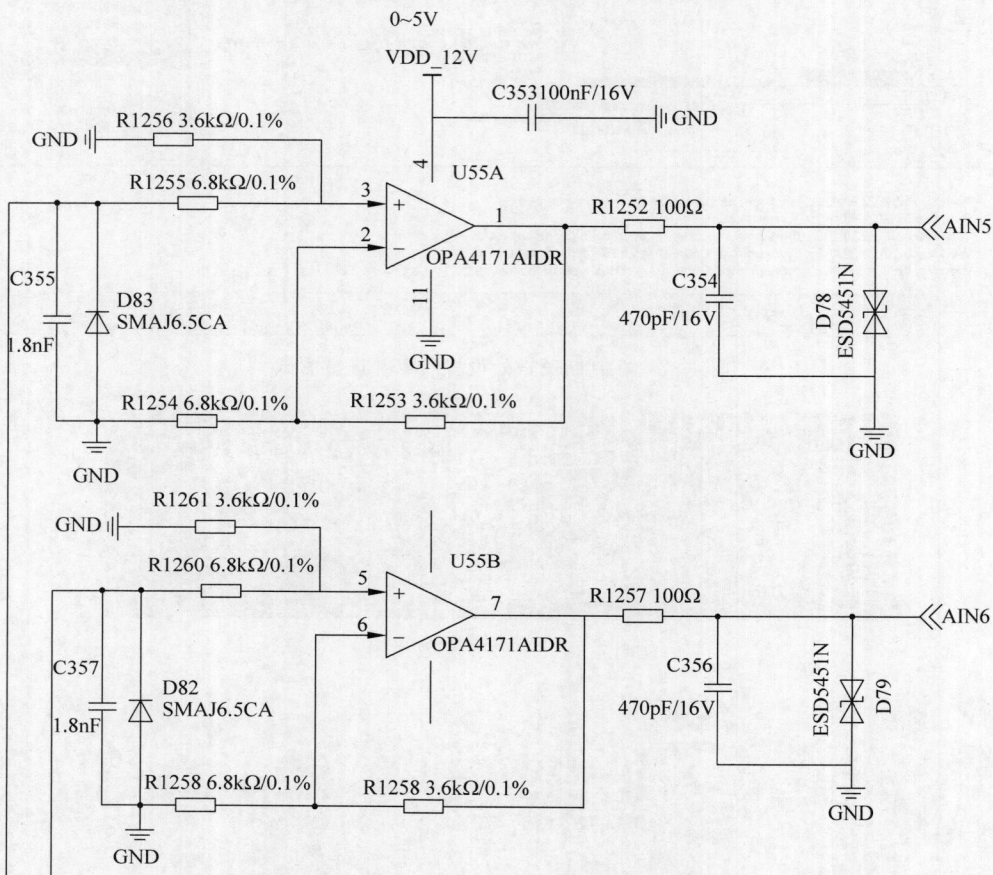

图 4-41　0～5V 输入检测接口电路

（2）0～10V 模拟量采集：对应的 I/O 引脚为 PC1。工业网通 ADC 的 0～10V 输入检测接口电路如图 4-42 所示。

（3）4～20mA 模拟量采集：对应的 I/O 引脚为 PC3。工业网通 ADC 的 4～20mA 接口电路如图 4-43 所示。

2．软件设计

在软件设计中需要对 ADC 进行配置。程序设计流程如图 4-44 所示。

具体流程如下所述。

（1）配置 ADC 和 GPIO 的时钟。

（2）配置 ADC 引脚的功能模式。

（3）配置 ADC 的工作模式、采样时间、初始化。

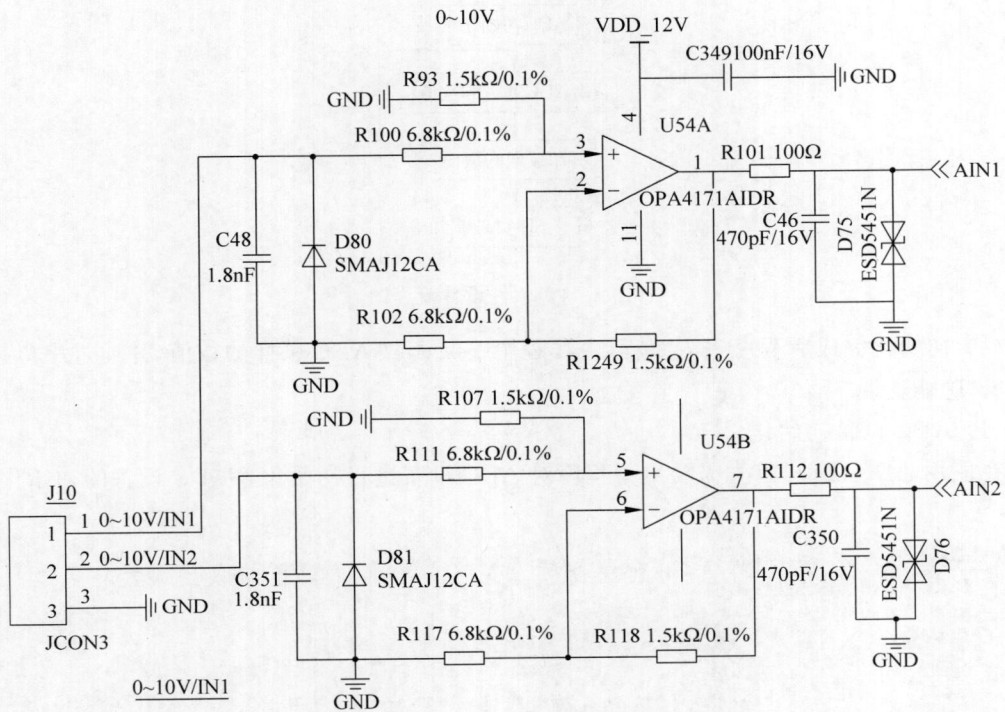

图 4-42 0～10V 输入检测接口电路

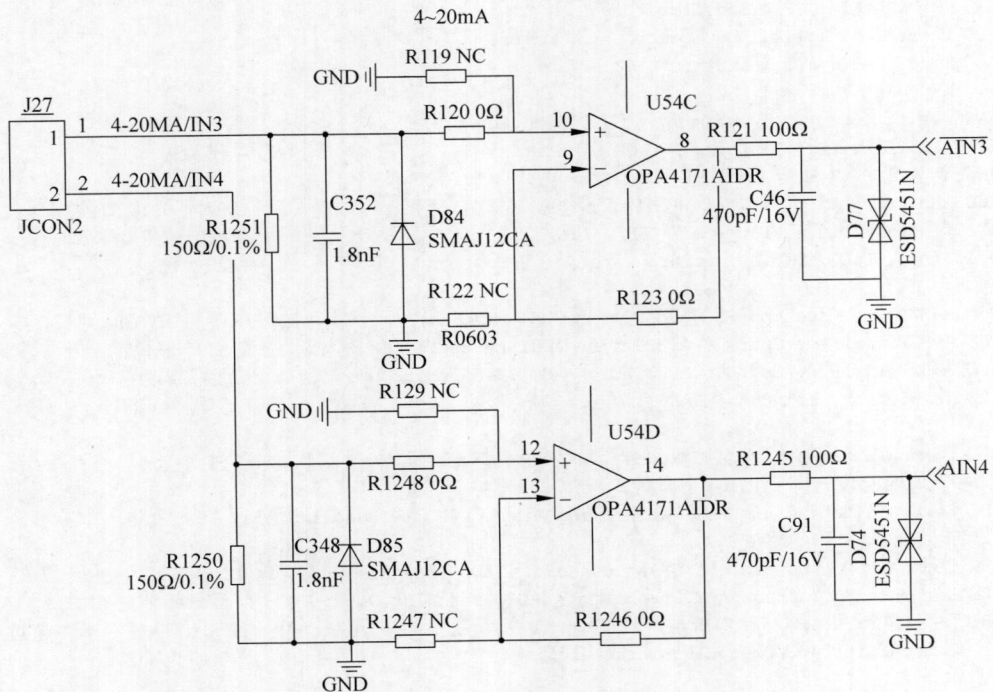

图 4-43 4～20mA 接口电路

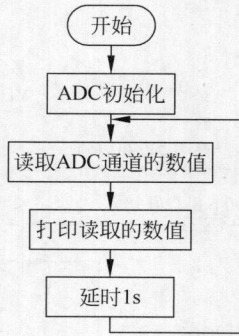

图 4-44　软件设计流程图

（4）初始化完成后程序进入线程，主线程中不断读取 ADC 采样的数值，并通过串口打印。

3. 功能实现

（1）ADC 设备初始化。

在使用 ADC 之前，首先需要编写程序对 ADC 设备进行初始化。ADC 设备的初始化程序如下。

```
/ **********************************************************************************
 * 名称：void AdcInit(void)
 * 功能：初始化 ADC
 * 参数：无
 * 返回：无
 ********************************************************************************** /
void AdcInit(void)
{
GPIO_InitTypeDef GPIO_InitStructure;
ADC_CommonInitTypeDef ADC_CommonInitStructure;
ADC_InitTypeDef ADC_InitStructure;

GPIO_InitStructure.GPIO_Speed = GPIO_High_Speed;
GPIO_InitStructure.GPIO_Mode = GPIO_Mode_AN;                        //模拟输入
//先初始化 ADC1 通道 0 I/O 口
RCC_AHB1PeriphClockCmd(RCC_AHB1Periph_GPIOC, ENABLE);              //使能 GPIOC 时钟
GPIO_InitStructure.GPIO_Pin = GPIO_Pin_5 ;                         //PC0 通道 0
GPIO_Init(GPIOC, &GPIO_InitStructure);                            //初始化

RCC_APB2PeriphClockCmd(RCC_APB2Periph_ADC1, ENABLE);             //使能 ADC1 时钟
RCC_APB2PeriphResetCmd(RCC_APB2Periph_ADC1,ENABLE);             //ADC1 复位
RCC_APB2PeriphResetCmd(RCC_APB2Periph_ADC1,DISABLE);           //复位结束
ADC_TempSensorVrefintCmd(ENABLE);                               //使能内部温度传感器

ADC_CommonInitStructure.ADC_Mode = ADC_Mode_Independent;       //独立模式
//两个采样阶段之间延迟 10 个时钟
ADC_CommonInitStructure.ADC_TwoSamplingDelay = ADC_TwoSamplingDelay_10Cycles;
//DMA 失能
ADC_CommonInitStructure.ADC_DMAAccessMode = ADC_DMAAccessMode_Disabled;
ADC_CommonInitStructure.ADC_Prescaler = ADC_Prescaler_Div4;    //预分频 4 分频
ADCCLK = PCLK2/4 = 84/4 = 21Mhz;                               //ADC 时钟最好不要超过 36MHz
ADC_CommonInit(&ADC_CommonInitStructure);                      //初始化

ADC_InitStructure.ADC_Resolution = ADC_Resolution_12b;        //12 位模式
ADC_InitStructure.ADC_ScanConvMode = DISABLE;                 //非扫描模式
ADC_InitStructure.ADC_ContinuousConvMode = DISABLE;          //关闭连续转换
```

```
//禁止触发检测,使用软件触发
ADC_InitStructure.ADC_ExternalTrigConvEdge = ADC_ExternalTrigConvEdge_None;
ADC_InitStructure.ADC_ExternalTrigConv = ADC_ExternalTrigConv_T1_CC1;
ADC_InitStructure.ADC_DataAlign = ADC_DataAlign_Right;            //右对齐
ADC_InitStructure.ADC_NbrOfConversion = 1;     //1 个转换在规则序列中,也就是指转换规则序列 1
ADC_Init(ADC1, &ADC_InitStructure);                               //ADC 初始化
ADC_Cmd(ADC1, ENABLE);                                            //开启 AD 转换器
}
```

（2）ADC 读取数据。

ADC 初始化完成后,读取 ADC 的数据。ADC 数据读取的程序如下。

```
/ ****************************************************************************
 * 名称: unsigned short AdcGet(u8 ch)
 * 功能: 读取 ADC 的值
 * 参数: u8 ch: ADC 通道的选择
 * 返回: 读取的数据
 **************************************************************************** /
unsigned short Adc5Get(u8 ch)
{
  uint16_t i = 0;

  if (ch == 1) ch = ADC_Channel_10;                    //pc0
  else if (ch == 2) ch = ADC_Channel_11;
  else if (ch == 3) ch = ADC_Channel_12;
  else if (ch == 4) ch = ADC_Channel_13;
  else if (ch == 5) ch = ADC_Channel_15 ;
  else return 0;
  //设置指定 ADC 的规则组通道,一个序列,采样时间
  ADC_RegularChannelConfig(ADC1, ch, 1, ADC_SampleTime_480Cycles );
  //ADC1,ADC 通道,480 个周期,提高采样时间可以提高精确度
  ADC_ClearFlag(ADC1, ADC_FLAG_EOC | ADC_FLAG_OVR);
  ADC_SoftwareStartConv(ADC1);                          //使能指定的 ADC1 的软件转换启动功能
  while(!ADC_GetFlagStatus(ADC1, ADC_FLAG_EOC ))        //等待转换结束
  {
    delay_us(1);
    i++;
    if(i > 499)
    {
      return 0;
    }
  }
  return ADC_GetConversionValue(ADC1);                  //返回最近一次 ADC1 规则组的转换结果
}
```

（3）ADC 线程创建。

在本次采集任务中需要创建一个线程,调用函数 AdcInit()来实现 ADC 引脚的初始化,调用函数 AdcGet()来获取对应通道的 ADC 值,并通过串口来打印相关数据。上述操作的具体代码如下。

```
/ ****************************************************************************
 * 名称: int adc_thread_init(void)
 * 功能: ADC 线程创建,初始化启动线程
 * 参数: 无
 * 返回: 如果返回 1 表示操作成功,否则操作有误
 **************************************************************************** /
void adc_thread_entry(void * parameter)
{
```

```
  (void)parameter;
  rt_uint32_t adcVal1 = 0;                              //定义的 ADC 读取的数值变量
  rt_uint32_t adcVal2 = 0;                              //定义的 ADC 读取的数值变量
  rt_uint32_t adcVal3 = 0;                              //定义的 ADC 读取的数值变量
  AdcInit();                                            //ADC 引脚初始化
  while(1)
  {
    adcVal1 = AdcGet(2);                                //获取当前通道的 ADC 值
    adcVal2 = AdcGet(4);                                //获取当前通道的 ADC 值
    adcVal3 = AdcGet(6);                                //获取当前通道的 ADC 值
    //通过串口打印读取的 ADC 值
    rt_kprintf("adcVal1 = % d,adcVal2 = % d,adcVal3 = % d\r\n",adcVal1,adcVal2,adcVal3);
    rt_thread_mdelay(1000);                             //延时 1s
  }
}
```

（4）ADC 线程入口函数的实现。

线程创建成功后通过调用入口函数实现，0～5V 的电压输入对应工业网通的 PC5，即 ADC 的通道 15；0～10V 的电压输入对应工业网通的 PC1，即 ADC 的通道 11。代码如下。

```
/ **************************************************************************************
 * 名称：void adc_thread_entry(void * parameter)
 * 功能：实现线程功能
 * 参数：无
 * 返回：无
 ************************************************************************************** /
void adc_thread_entry(void * parameter)
{
  (void)parameter;
  rt_uint32_t adcVal1 = 0;                              //定义的 ADC 读取的数值变量
  rt_uint32_t adcVal2 = 0;                              //定义的 ADC 读取的数值变量
  rt_uint32_t adcVal3 = 0;                              //定义的 ADC 读取的数值变量
  AdcInit();                                            //ADC 引脚初始化
  while(1)
  {
    adcVal1 = AdcGet(2);                                //获取当前通道的 ADC 值
    adcVal2 = AdcGet(4);                                //获取当前通道的 ADC 值
    adcVal3 = AdcGet(6);                                //获取当前通道的 ADC 值
    //通过串口打印读取的 ADC 值
    rt_kprintf("adcVal1 = % d,adcVal2 = % d,adcVal3 = % d\r\n",adcVal1,adcVal2,adcVal3);/
    rt_thread_mdelay(1000);                             //延时 1s
  }
}
```

4. 硬件准备

（1）准备工业网通板卡，将 ARM 仿真器连接到计算机的 USB 接口和工业网通板卡的 JTAG 接口，将 MiniUSB 线连接到计算机的 USB 接口和工业网通的 USB 串口接口，给工业网通板卡连接 12V 电源，并按下电源按键上电。

（2）准备工业测试板卡，通过连接线将工业网通板卡 POWER 端子和工业测试板卡的 POWER 端子连接好（实验台已经默认接好），如图 4-45 所示。

通过连接线将工业网通板卡 AI1 端子和工业测试板卡的 DI 端子连接好（实验台已经默认接好），如图 4-46 所示。

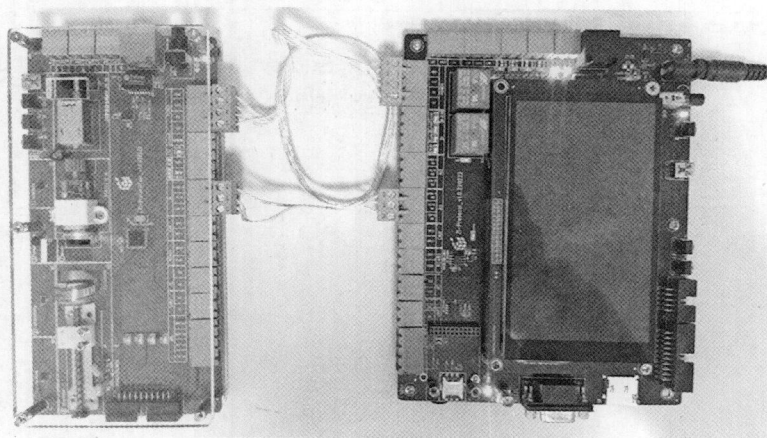

图 4-45　硬件连接图

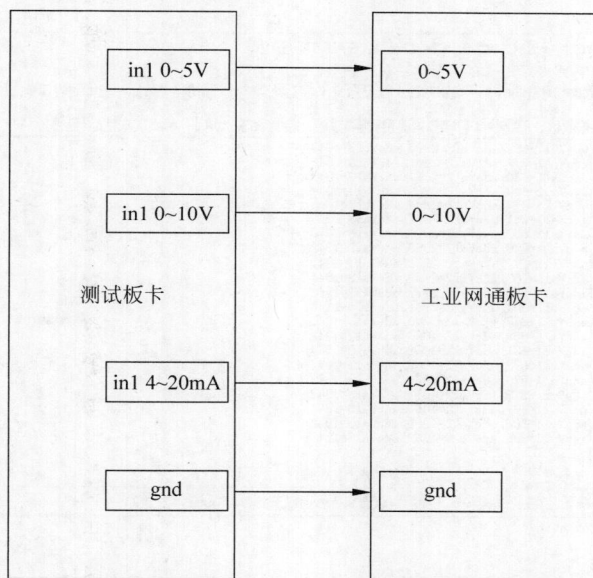

图 4-46　测试板卡与工业网通板卡连接示意图

5．代码编译与下载

（1）准备 rtthread 系统源码（DISK-IwsPlat\02-软件资料\01-工业网通\rtthread．zip），并解压到任意位置。将工业网通工程通用代码 IIoT（DISK-IwsPlat\02-软件资料\01-工业网通\IIoT．zip）解压到 rtthread\zonesion 路径下。

（2）将实验代码 ad_test 工程复制到 rtthread\zonesion\IIoT\INER_Test 文件夹下，双击工程文件 ad_test\ide\iar\ad_test．eww 打开工程，阅读 readme 文件了解实验内容。

（3）后续操作与 4.4.2 节中的相同，在此不再赘述。

6．功能测试

（1）运行串口调试工具，在 Finsh 控制台可以看到输入的打印消息。

（2）单击工具栏中的 按钮全速运行，控制台将会每隔 1s 打印一次 ADC 采样的数据，如图 4-47 所示。

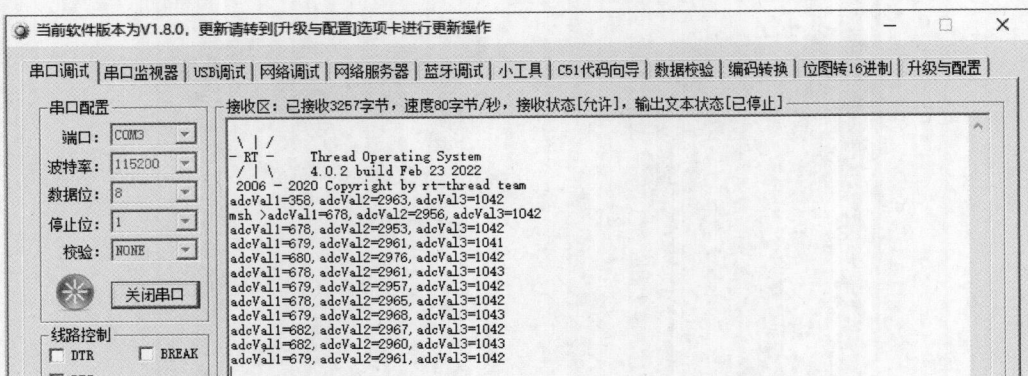

图 4-47　每隔 1s 打印一次 ADC 采样的数据

（3）通过调节工业测试板的电位计，可以调节 ADC 采集的电压值，实验现象如图 4-48 所示。

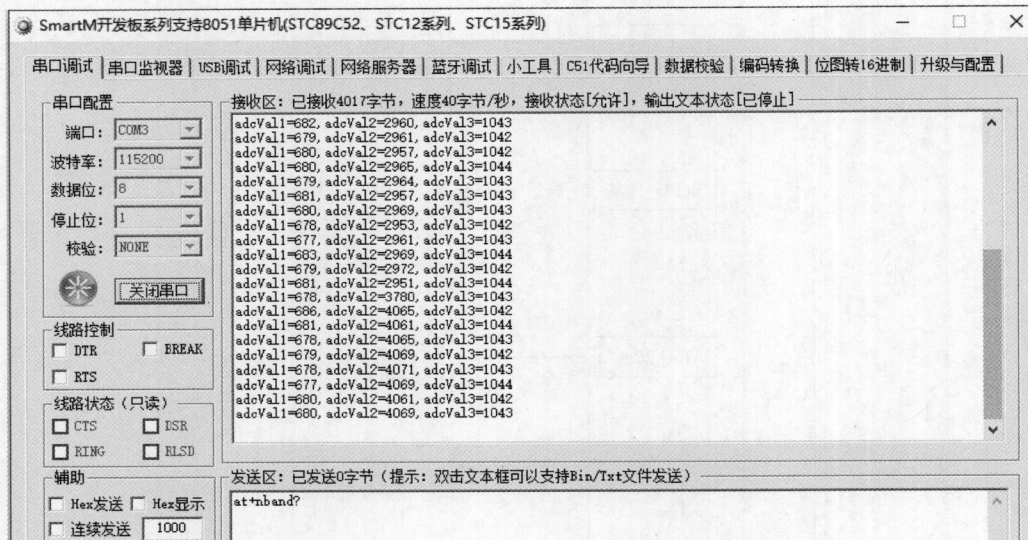

图 4-48　调节 ADC 采集的电压值

▶ 4.4.4　数字量数据采集

与数字量相关的知识点在 4.3.3 节已经介绍，在工业控制领域，常用的数字量传感器有对射光栅、急停按钮、按键等。本节主要任务是实现对射光栅，以及急停按钮状态数据的采集。

1. 硬件设计

工业网通板卡集成 3.3V、5V、12V 三路数字量输入检测，可以检测工业测试板或者工业实验台的数字量设备，相关电路图如图 4-49 所示。

图 4-45 中，工业测试板集成了光栅传感器，输出 5V 的 I/O 数字量，用于监测电子锁的开关。工业实验台集成了急停按钮和对射光栅传感器，分别输出 12V 和 5V 的 I/O 数字量。

2. 软件设计

首先需要根据硬件设计将工业网通板卡与 PC 用 USB 串口线进行连接，在软件设计中需要对 GPIO 进行配置。程序设计流程如图 4-50 所示。

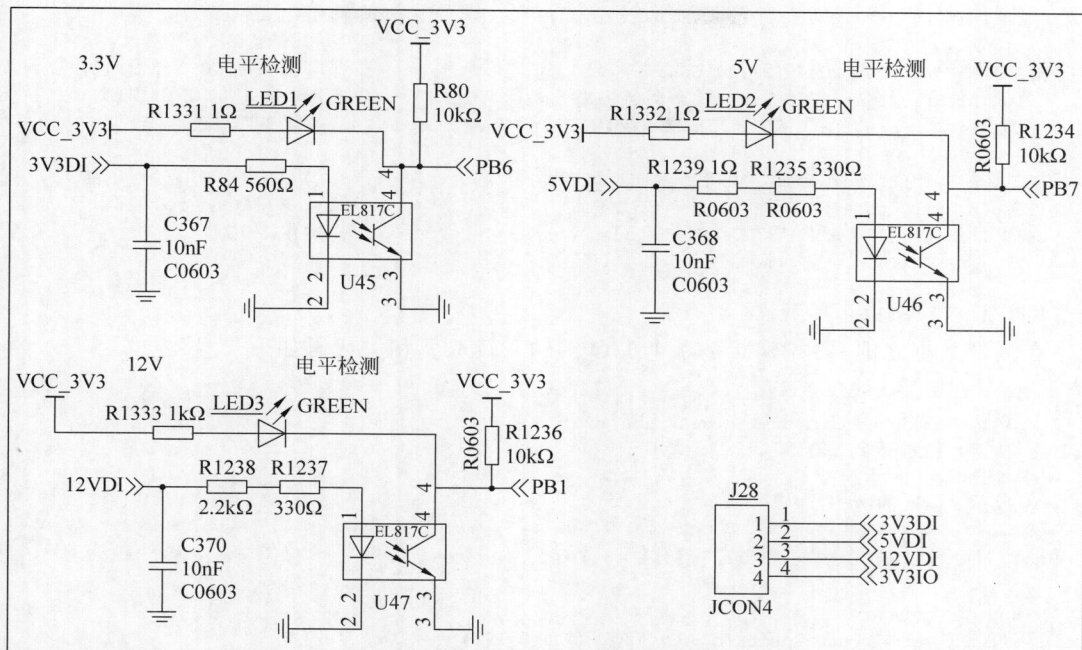

图 4-49　3.3V、5V、12V 三路数字量输入电路

具体流程如下。

（1）配置 GPIO 的时钟。

（2）配置 GPIO 引脚的功能模式。

（3）读取引脚的值。

（4）判断哪个 I/O 引脚。

（5）打印信息。

3. 功能实现

（1）I/O 引脚配置。

在使用输入 I/O 检测前，首先需要对 I/O 引脚进行配置，相关代码如下。

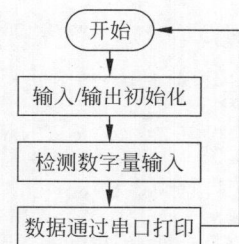

图 4-50　软件设计流程

```
/******************************************************************
 * 名称：void drv_in_init(void)
 * 功能：初始化输入检测的 I/O
 * 参数：无
 * 返回：无
 ******************************************************************/
void drv_in_init(void)
{
GPIO_InitTypeDef GPIO_InitStructure;                  //定义一个 GPIO_InitTypeDef 类型的结构体

GPIO_InitStructure.GPIO_OType = GPIO_OType_PP;        //设置引脚的输出类型
GPIO_InitStructure.GPIO_Mode = GPIO_Mode_IN;         //设置引脚模式为输入模式
GPIO_InitStructure.GPIO_PuPd = GPIO_PuPd_NOPULL;     //设置引脚为下拉模式
GPIO_InitStructure.GPIO_Speed = GPIO_Speed_100MHz;   //设置引脚频率为100MHz

RCC_AHB1PeriphClockCmd(IN_3_3_CLK, ENABLE);          //开启相关的 GPIO 外设时钟
GPIO_InitStructure.GPIO_Pin = IN_3_3_PIN;            //选择要控制的 GPIO 引脚
```

```
GPIO_Init(IN_3_3_PORT, &GPIO_InitStructure);              //初始化 GPIO 配置

RCC_AHB1PeriphClockCmd(IN_5_0_CLK, ENABLE);              //开启相关的 GPIO 外设时钟
GPIO_InitStructure.GPIO_Pin = IN_5_0_PIN;               //选择要控制的 GPIO 引脚
GPIO_Init(IN_5_0_PORT, &GPIO_InitStructure);            //初始化 GPIO 配置

RCC_AHB1PeriphClockCmd(IN_12_0_CLK, ENABLE);            //开启相关的 GPIO 外设时钟
GPIO_InitStructure.GPIO_Pin = IN_12_0_PIN;              //选择要控制的 GPIO 引脚
GPIO_Init(IN_12_0_PORT, &GPIO_InitStructure);           //初始化 GPIO 配置
}
```

（2）输入检测读取数据。

在读取数据之前，要先判断是哪个 I/O 的输入读取。相关代码如下。

```
/ ***************************************************************************
 * 名称：unsigned char drv_in_getState(void)
 * 功能：判断哪个 I/O 输入读取
 * 参数：无
 * 返回：读取的数据
 *************************************************************************** /
unsigned char drv_in_getState(void)
{
  unsigned char state = 0;
  if(GPIO_ReadInputDataBit(IN_3_3_PORT, IN_3_3_PIN) == 0)
{
state |= IN_3_3_NUM;
}
  if(GPIO_ReadInputDataBit(IN_5_0_PORT, IN_5_0_PIN) == 0)
  {
state |= IN_5_0_NUM;
}
  if(GPIO_ReadInputDataBit(IN_12_0_PORT, IN_12_0_PIN) == 0)
{
state |= IN_12_0_NUM;
}
  return state;
}
```

（3）数字量输入线程创建。

在嵌入式系统设计中，对于数字量输入/输出的有效管理是确保系统稳定运行的关键。为了实现这一目标，需要创建一个专用的数字量线程来处理相关的任务，确保系统能够及时响应数字量的变化。相关代码如下。

```
/ ***************************************************************************
 * 名称：int digital_thread_create(void)
 * 功能：数字量线程创建，初始化启动线程
 * 参数：无
 * 返回：如果返回 1 表示操作成功，否则操作有误
 *************************************************************************** /
int digital_thread_create(void)
{
rt_thread_t digital_thread = RT_NULL;

digital_thread = rt_thread_create("digital",        //线程名称
             digital_thread_entry,                  //线程入口函数
             RT_NULL,                               //线程入口函数参数
             256,                                   //线程堆栈大小
             15,                                    //线程优先级
             20);                                   //时间片
```

```
    if(digital_thread == RT_NULL)                        //判断线程是否创建成功
        return - 1;
    return rt_thread_startup(digital_thread);            //启动线程
}
```

（4）数字量输入线程入口函数。

线程创建成功后通过调用线程入口函数实现，相关代码如下。

```
/ ********************************************************************************
 * 名称：void digital_thread_entry(void * parameter)
 * 功能：实现线程功能
 * 参数：无
 * 返回：无
 ******************************************************************************** /
unsigned short inVal_3V3 = 0, outVal = 0, inVal_5V = 0,inVal_12V = 0; //定义输入/输出数值
char tempBuf[64] = {0};                                 //定义 tempBuf 数组
void digital_thread_entry(void * parameter)
{
    (void)parameter;
    drv_in_init();                                      //输入初始化
    while(1)
    {
        out_general_ctrl(OUT1_GENERAL_NUM, outVal);     //设置 OUT1 的状态
        inVal_5V = drv_in_getState() & IN_5_0_NUM;      //
        sprintf(tempBuf, "光栅: % d \r\n",inVal_5V );   //将获取的状态打包
        rt_kprintf(tempBuf);
        delay_ms(5000);                                 //延时 1000ms
    }
}
```

4. 硬件准备

（1）准备工业网通板卡，将 ARM 仿真器连接到计算机的 USB 接口和工业网通板卡的 JTAG 接口；将 MiniUSB 线连接到计算机的 USB 接口和工业网通的 USB 串口接口；给工业网通板卡连接 12V 电源，并按下电源按键上电。

（2）如果使用工业实验台进行实验，则检测的是实验台上面的急停按钮和对射光栅传感器，分别接到工业网通板卡的 12VDI 和 5VDI 接口（出厂默认已经连接好）。连接示意图如图 4-51 所示。

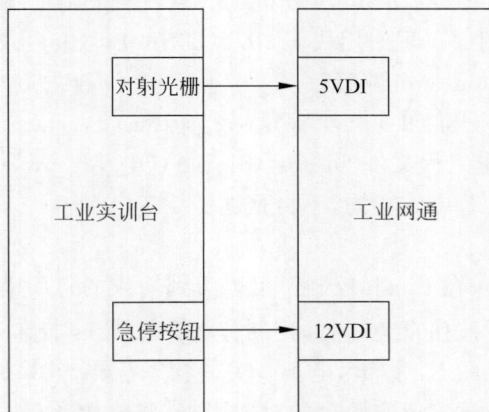

图 4-51 急停按钮和对射光栅传感器连接

（3）如果使用工业测试板进行实验，通过连接线将工业网通板卡 POWER 端子和工业测试板卡的 POWER 端子连接好；通过连接线将工业网通板卡"DI"端子和工业测试板卡的"光栅"5VDO 端子连接好。连接示意图，如图 4-52 所示。

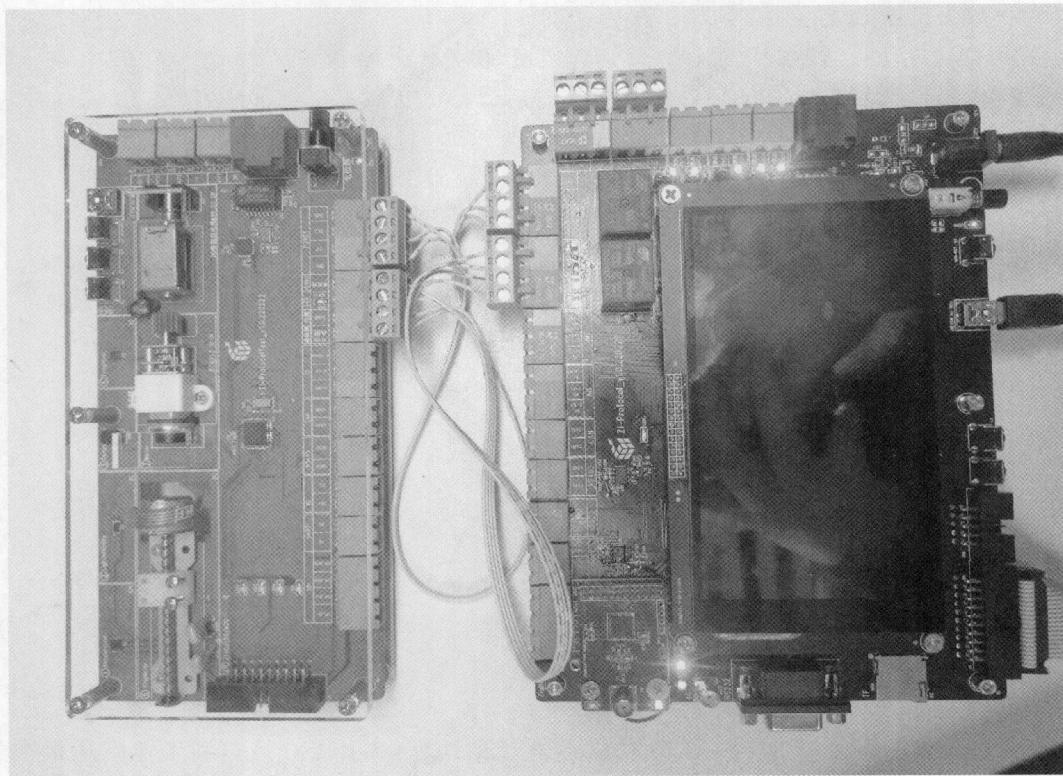

图 4-52　硬件连接

5. 代码编译与下载

工业实验台和工业测试板的工程代码分别为 DI_iiot、DI_test，根据实际的实验对象选择工程进行编译调试。下面以工业测试板工程为例介绍操作过程。

（1）准备 rtthread 系统源码（DISK-IwsPlat\02-软件资料\01-工业网通\rtthread.zip），并解压到任意位置。将工业网通工程通用代码 IIoT（DISK-IwsPlat\02-软件资料\01-工业网通\IIoT.zip）解压到 rtthread\zonesion 路径下。

（2）将实验代码 DI_test 与 DI_iiot 工程复制到 rtthread\zonesion\IIoT\INER_Test 文件夹下。以 DI_test 为例，双击工程文件 DI_test\ide\iar\DI_test.eww 打开工程。

（3）后续操作与 4.4.2 节中的相同，不再赘述。

6. 功能测试

（1）运行串口调试工具，在 Finsh 控制台可以看到输入的打印消息。

（2）单击工具栏中的 按钮全速运行，控制台将会每隔 1s 打印一次传感器状态。

（3）按下工业测试板上的 K2 按键，电子开关的状态翻转，效果如图 4-53 所示。

（4）用遮挡物或者手穿过工业实验台的对射光栅，将输出 1 信号；按下急停按钮，将输出 1 信号，旋转按钮将自动恢复，输出 0 信号。效果如图 4-54 所示。

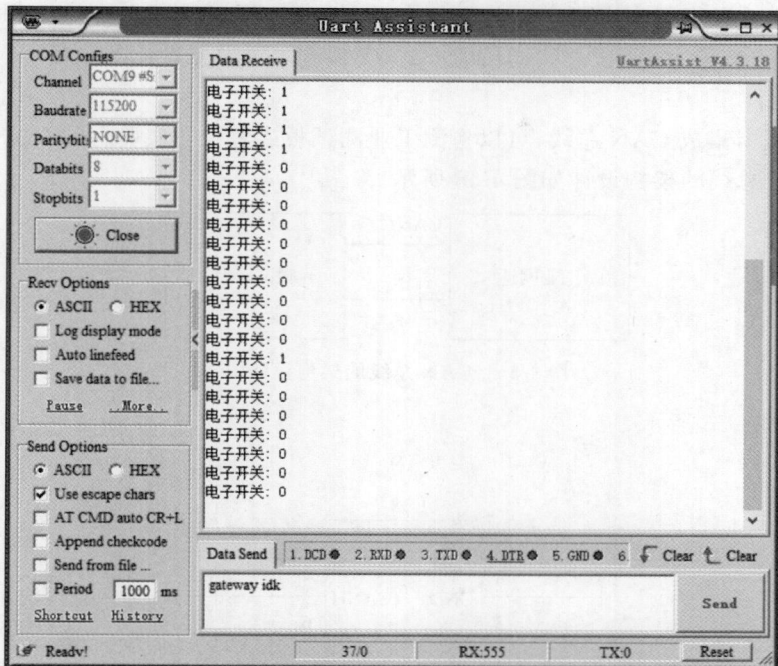

图 4-53　电子开关状态数据采集与输出

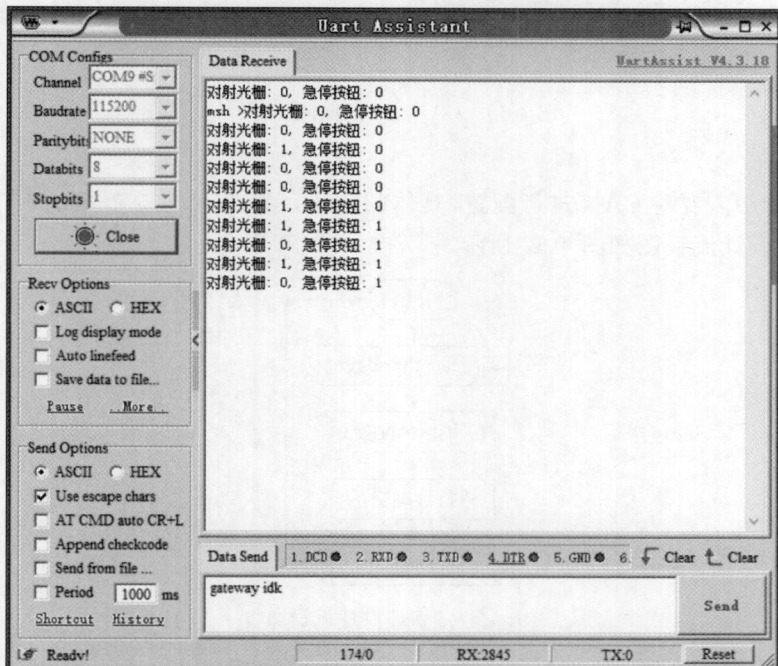

图 4-54　对射光栅数据采集与输出

▶ 4.4.5　嵌入式 CAN 数据采集

在工厂环境监测中,震动传感器用于监测设备状态、预防故障、保障生产安全和提高效率,适用于轴承、电机、齿轮箱等机械设备监测,物料运输控制,结构健康与安全监控,故障预测维护及科研实验等多种场景。在 4.3.5 节已经介绍了 CAN 通信的相关理论知识,本节借助工业互联网实验平台,采用 CAN 总线通信的方式,实现震动传感器数据的采集。

1. 硬件设计

工业网通板卡集成 CAN 总线,可以检测工业测试板或者工业实验台的 CAN 设备。

其中,CAN 总线的架构设计如图 4-55 所示。

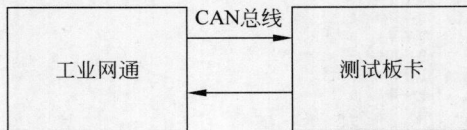

图 4-55 CAN 总线的架构设计图

电路图如图 4-56 所示。

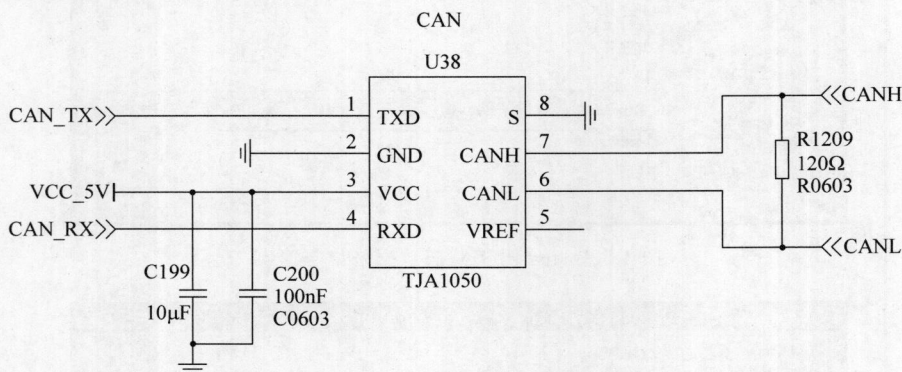

图 4-56 CAN 总线通信电路图

2. 软件设计

在软件设计中需要对 CAN 进行配置,具体的流程可参考 4.3.5 节中的 STM32 的 CAN 通信部分,软件设计流程图如图 4-57 所示。

图 4-57 软件设计流程图

3. 功能实现

打开 CAN 实验工程能看到主要的几部分,一个是 CAN 总线的线程,一个是 CAN 的驱动代码。

(1) CAN 模块初始化。

CAN 模块初始化相关源代码如下。

```
/ ***********************************************************************
* 名称：void can1_init(unsigned char baud, unsigned char mode)
* 功能：初始化 CAN 总线，包括引脚功能配置，CAN 总线功能配置
* 参数：unsigned char baud: 波特率配置
     unsigned char mode: 模式的配置
* 返回：无
*********************************************************************** /
void can1_init(unsigned char baud, unsigned char mode)
{
  GPIO_InitTypeDef GPIO_InitStruct;
  CAN_InitTypeDef CAN_InitStruct;
  CAN_FilterInitTypeDef CAN_FilterInitStruct;
  NVIC_InitTypeDef NVIC_InitStruct;

  RCC_AHB1PeriphClockCmd(CAN1_CANL_CLK | CAN1_CANH_CLK, ENABLE);   //使能 PORTA 时钟
  RCC_APB1PeriphClockCmd(RCC_APB1Periph_CAN1, ENABLE);            //使能 CAN1 时钟

  GPIO_InitStruct.GPIO_Mode = GPIO_Mode_AF;
  GPIO_InitStruct.GPIO_PuPd = GPIO_PuPd_UP;
  GPIO_InitStruct.GPIO_OType = GPIO_OType_PP;
  GPIO_InitStruct.GPIO_Speed = GPIO_Speed_100MHz;
  GPIO_InitStruct.GPIO_Pin = CAN1_CANL_PIN;
  GPIO_Init(CAN1_CANL_GPIO, &GPIO_InitStruct);

  GPIO_InitStruct.GPIO_Pin = CAN1_CANH_PIN;
  GPIO_Init(CAN1_CANH_GPIO, &GPIO_InitStruct);

  GPIO_PinAFConfig(CAN1_CANL_GPIO, CAN1_CANL_SOURCE, GPIO_AF_CAN1);
  GPIO_PinAFConfig(CAN1_CANH_GPIO, CAN1_CANH_SOURCE, GPIO_AF_CAN1);

  CAN_InitStruct.CAN_TTCM = DISABLE;
  CAN_InitStruct.CAN_ABOM = DISABLE;
  CAN_InitStruct.CAN_AWUM = DISABLE;
  CAN_InitStruct.CAN_NART = ENABLE;
  CAN_InitStruct.CAN_RFLM = DISABLE;
  CAN_InitStruct.CAN_TXFP = DISABLE;
  CAN_InitStruct.CAN_Mode = mode;
  CAN_InitStruct.CAN_SJW = CAN_SJW_1tq;
  CAN_InitStruct.CAN_BS1 = canBaud[baud].BS1;                     //canBaud[baud].BS1
  CAN_InitStruct.CAN_BS2 = canBaud[baud].BS2;                     //canBaud[baud].BS2
  CAN_InitStruct.CAN_Prescaler = canBaud[baud].BRP;              //canBaud[baud].BRP
  CAN_Init(CAN1, &CAN_InitStruct);

  CAN_FilterInitStruct.CAN_FilterNumber = 0;                      //过滤器 0
  CAN_FilterInitStruct.CAN_FilterMode = CAN_FilterMode_IdMask;
  CAN_FilterInitStruct.CAN_FilterScale = CAN_FilterScale_32bit;   //32 位
  CAN_FilterInitStruct.CAN_FilterIdHigh = 0x0000;                //32 位 ID
  CAN_FilterInitStruct.CAN_FilterIdLow = 0x0000;
  CAN_FilterInitStruct.CAN_FilterMaskIdHigh = 0x0000;            //32 位 MASK
  CAN_FilterInitStruct.CAN_FilterMaskIdLow = 0x0000;             //过滤器 0 关联到 FIFO0
  CAN_FilterInitStruct.CAN_FilterFIFOAssignment = CAN_Filter_FIFO0;
    //激活过滤器 0
  CAN_FilterInitStruct.CAN_FilterActivation = ENABLE;
  CAN_FilterInit(&CAN_FilterInitStruct);                         //滤波器初始化

  CAN_ITConfig(CAN1, CAN_IT_FMP0, ENABLE);                       //FIFO0 消息挂号中断允许

  NVIC_InitStruct.NVIC_IRQChannel = CAN1_RX0_IRQn;
  NVIC_InitStruct.NVIC_IRQChannelPreemptionPriority = 1;         //主优先级为 1
```

```
NVIC_InitStruct.NVIC_IRQChannelSubPriority = 0;              //次优先级为 0
NVIC_InitStruct.NVIC_IRQChannelCmd = ENABLE;
  NVIC_Init(&NVIC_InitStruct);
}
```

（2）数据发送。

CAN 总线数据发送源代码如下。

```
/ *******************************************************************************
 * 名称：unsigned char can1_sendMsg(CanTxMsg * TxMessage)
 * 功能：CAN 总线发送数据
 * 参数：CanTxMsg * TxMessage：CanTxMsg 结构体
 * 返回：0/1
 ****************************************************************************** /
unsigned char can1_sendMsg(CanTxMsg * TxMessage)
{
  unsigned char mbox;
  unsigned short i = 0;
  mbox = CAN_Transmit(CAN1, TxMessage);
  can_sendNum += TxMessage - > DLC;
  while(CAN_TransmitStatus(CAN1, mbox) == CAN_TxStatus_Failed)
  {
    i++;
    if(i > = 0xFFF)
      return 1;
  }
  return 0;
}
```

（3）中断服务。

当接收到数据之后，程序会进入中断服务函数中实现服务函数中的功能。在 CAN 总线通信中，接收中断允许系统在接收到 CAN 消息时立即做出响应，这对于保证通信的实时性和高效性至关重要。中断服务相关源代码如下。

```
/ *******************************************************************************
 * 名称：void CAN1_RX0_IRQHandler(void)
 * 功能：CAN 总线接收中断服务子函数
 * 参数：无
 * 返回：无
 ****************************************************************************** /
void CAN1_RX0_IRQHandler(void)
{
  if(CAN_MessagePending(CAN1, CAN_FIFO0) != RESET)
  {
    CAN_ClearITPendingBit(CAN1, CAN_IT_FMP0);
    CanRxMsg RxMessage;
    CAN_Receive(CAN1, CAN_FIFO0, &RxMessage);
    can_recvNum += RxMessage.DLC;
        if(can1_recv_cb != 0)
        {
      can1_recv_cb(&RxMessage);
    }
  }
}
```

（4）线程初始化。

为了确保 CAN 总线通信的实时性和稳定性，需要设计一个专门的线程来处理 CAN 总线的数据收发，它将创建并启动一个专用的线程来管理 CAN 总线的通信任务。初始化 CAN 总线线程的代码如下。

```
/ ************************************************************************
 * 名称: int can_thread_create(void)
 * 功能: CAN 总线创建线程初始化
 * 参数: 无
 * 返回: 无
 ************************************************************************ /
int can_thread_create(void)
{
  rt_thread_t can_thread = RT_NULL;

  can_thread = rt_thread_create("can",        //线程名称
                  can_thread_entry,            //线程入口函数
                  RT_NULL,                     //线程入口函数参数
                  2580,                        //线程堆栈大小
                  15,                          //线程优先级
                  20);                         //时间片
  if(can_thread == RT_NULL)                    //判断线程是否创建成功
    return -1;
  return rt_thread_startup(can_thread);        //启动线程
}
```

（5）实现线程入口函数。

为了更好地管理和处理 CAN 总线的通信任务，可以创建一个专用的线程来处理 CAN 消息的接收和发送，代码如下。

```
/ ************************************************************************
 * 名称: void can_thread_entry(void * parameter)
 * 功能: CAN 总线线程入口函数
 * 参数: 无
 * 返回: 无
 ************************************************************************ /
void can_thread_entry(void * parameter)
{
  (void)parameter;
  int count = 0;
  char tempBuf[64] = {0};
  can1_init(B_250K, CAN_Mode_Normal);          //CAN 初始化(波特率: 250K; 模式: 正常模式)
  can1_set_recvCb(can_cb);                      //LED 初始化
  while(1)
  {
    if(canRxMsg.DLC)
    {
      sprintf(tempBuf, "StdId: %d ExtId: %d IDE: %s RTR: %s DLC: %d Data: %s\r\n", \
        canRxMsg.StdId, canRxMsg.ExtId, (canRxMsg.IDE == CAN_Id_Standard)?"Standard":
"Extended", \
        (canRxMsg.RTR == CAN_RTR_Data)?"Data":"Remote", canRxMsg.DLC, canRxMsg.Data);
      usart_send((unsigned char * )tempBuf, strlen(tempBuf));        //调试串口打印数据信息
      canRxMsg.DLC = 0;
    }
    if(count++ >= 10)
    {
      count = 0;
      CanTxMsg TxMessage;
      TxMessage.StdId = 1234;
      TxMessage.ExtId = 0x00;
      TxMessage.IDE = CAN_Id_Standard;
      TxMessage.RTR = CAN_RTR_Data;
```

```
        strcpy((char * )(TxMessage.Data), "HelloCAN");
        TxMessage.DLC = strlen((char * )(TxMessage.Data));
        can1_sendMsg(&TxMessage);
    }
    delay_ms(100);
  }
}
```

定义了一个 CAN 总线线程的入口函数,该函数负责初始化 CAN 模块,设置接收回调,并在一个无限循环中处理接收到的消息以及周期性地发送消息,由此来确保 CAN 通信的连续性和稳定性。

4. 硬件准备

(1) 准备工业网通板卡,将 ARM 仿真器连接到计算机的 USB 接口和工业网通板卡的 JTAG 接口,将 MiniUSB 线连接到计算机的 USB 接口和工业网通的 USB 串口接口,给工业网通板卡连接 12V 电源,并按下电源按键上电。

(2) 如果使用工业实验台工业级传感器进行实验,则检测的是实验台上面的震动传感器,接到工业网通板卡的 CAN 端子(实验台已经默认接好)。

(3) 如果使用工业测试板卡进行实验,准备好工业测试板卡,通过连接线将工业网通板卡 POWER 端子和工业测试板卡的 POWER 端子连接好,通过连接线将工业网通板卡 CAN 端子和工业测试板卡的 CAN 端子连接好,如图 4-58 所示(实验台已经默认接好)。

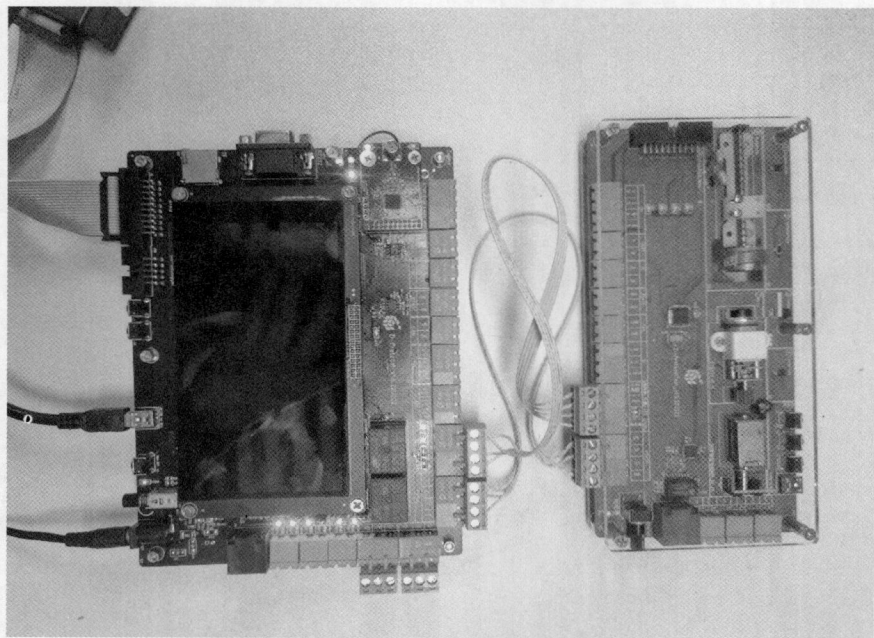

图 4-58　工业网通板卡 CAN 端子和工业测试板卡的 CAN 端子连接

CAN 总线接线具体线序如图 4-59 所示。

5. 代码编译与下载

(1) 准备 rtthread 系统源码(DISK-IwsPlat\02-软件资料\01-工业网通\rtthread.zip),并解压到任意位置。将工业网通工程通用代码 IIoT(DISK-IwsPlat\02-软件资料\01-工业网通\IIoT.zip)解压到 rtthread\zonesion 路径下。

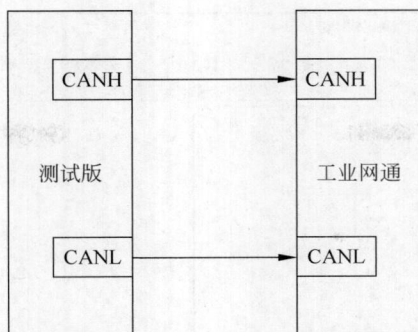

图 4-59　CAN 总线线序图

（2）将实验代码 CAN_IIoT 工程复制到 rtthread\zonesion\IIoT\INER_Test 文件夹下，双击工程文件 CAN_IIoT\ide\iar\CAN_IIoT.eww 打开工程，阅读 readme 文件了解实验内容。

6. 功能测试

（1）运 行 串 口 调 试 工 具（DISK-IwsPlat3.0\02-软件资料\03-软件工具\UART\PortHelper.exe），在 Finsh 控制台将会每隔 1s 打印一次获取到的震动传感器数据，如图 4-60 所示。

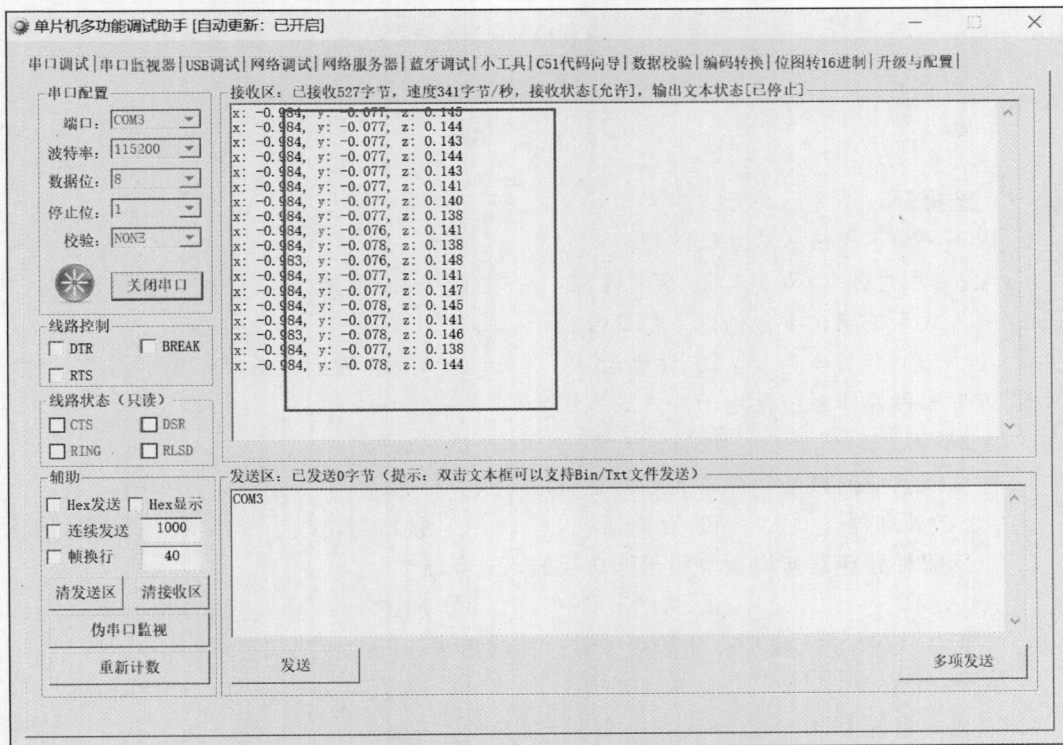

图 4-60　震动传感器数据采集

（2）改变震动传感器的倾斜角度，从而改变震动传感器数据，观察数据变化。改变震动传感器的数据如图 4-61 所示。

热烈庆祝《单片机多功能调试助手》累计下载量突破100万次!!

串口调试 | 串口监视器 | USB调试 | 网络调试 | 网络服务器 | 蓝牙调试 | 小工具 | C51代码向导 | 数据校验 | 编码转换 | 位图转16进制 | 升级与配置 |

串口配置
端口: COM3
波特率: 115200
数据位: 8
停止位: 1
校验: NONE

关闭串口

线路控制
☐ DTR ☐ BREAK
☐ RTS

线路状态 (只读)
☐ CTS ☐ DSR
☐ RING ☐ RLSD

辅助
☐ Hex发送 ☐ Hex显示
☐ 连续发送 1000
☐ 帧换行 40

清发送区 清接收区
伪串口监视
重新计数

接收区: 已接收3258字节, 速度334字节/秒, 接收状态[允许], 输出文本状态[已停止]

```
x: -0.390, y: -0.096, z: 0.767
x: -0.392, y: 0.140, z: 0.899
x: -0.263, y: 0.620, z: 0.883
x: -0.222, y: 0.628, z: 0.371
x: -0.141, y: 0.842, z: 0.456
x: -0.274, y: 0.650, z: 0.838
x: -0.441, y: -0.048, z: 0.907
x: -0.396, y: -0.131, z: 0.917
x: -0.367, y: -0.073, z: 0.995
x: -0.263, y: 0.274, z: 1.132
x: -0.047, y: 0.625, z: 0.793
x: -0.015, y: 0.908, z: 0.096
x: -0.037, y: 0.842, z: 0.167
x: 0.030, y: 0.966, z: 0.326
x: -0.128, y: 0.605, z: 0.372
x: -0.324, y: 0.134, z: 1.090
x: -0.323, y: -0.306, z: 0.767
x: -0.424, y: -0.201, z: 0.946
x: -0.363, y: 0.493, z: 0.964
x: -0.194, y: 0.680, z: 0.381
x: -0.163, y: 1.005, z: 0.294
```

发送区: 已发送0字节 (提示: 双击文本框可以支持Bin/Txt文件发送)

COM3

发送   多项发送

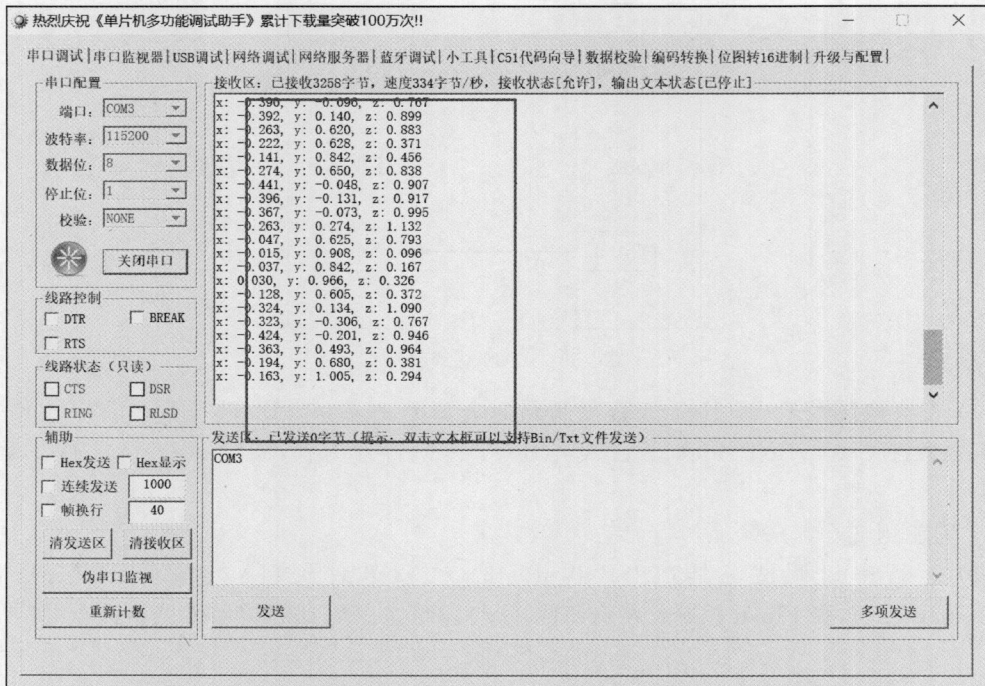

图 4-61 改变震动传感器的数据

习　题

一、选择题

1. 以下哪项不是嵌入式系统的特点?(　　)
   A. 专用性强　　　　　B. 实时性强　　　　　C. 资源丰富　　　　D. 可移植性强

2. 嵌入式系统架构不包括以下哪部分?(　　)
   A. 处理器　　　　　　B. 存储器　　　　　　C. 输入/输出设备　D. 显示器

3. 以下哪种操作系统常用于嵌入式系统?(　　)
   A. Windows Server　B. macOS　　　　　　C. Linux　　　　　　D. Android

4. 嵌入式系统的核心计算单元通常是指(　　)。
   A. 微处理器　　　　　B. 存储器　　　　　　C. 接口与总线　　　D. 外围设备

5. 以下哪种处理器架构主要用于低功耗嵌入式系统?(　　)
   A. x86　　　　　　　B. ARM　　　　　　　C. MIPS　　　　　　D. PowerPC

6. 在嵌入式系统中,哪种存储器用于临时存储正在运行的数据和程序?(　　)
   A. ROM　　　　　　　B. RAM　　　　　　　C. Flash　　　　　　D. EEPROM

7. 嵌入式系统中,用于监测系统内外变量的核心组件是(　　)。
   A. 传感器　　　　　　B. 无线通信模块　　　C. 摄像头　　　　　D. 存储器

8. STM32 的 DAC 主要用于(　　)。
   A. 模拟信号转换为数字信号　　　　　　　B. 数字信号转换为模拟信号
   C. 数据加密　　　　　　　　　　　　　　D. 数据解密

9. STM32 的中断优先级可以(　　)。

A. 只设置高优先级   B. 只设置低优先级

C. 设置高优先级和低优先级   D. 不设置优先级

10. STM32 的通信方式包括哪些?(多选)(   )

A. UART   B. SPI

C. I2C   D. CAN

二、 填空题

1. 嵌入式系统的核心计算单元_____。

2. 嵌入式系统中的_____存储器用于存储计算机系统的关键程序代码和常量数据。

3. 在嵌入式系统中,_____接口负责将模拟信号转换为数字信号。

4. ARM 处理器由_____公司设计,该公司是专门从事基于 RISC 技术芯片设计开发的公司。

5. STM32F407VET6 型号的芯片是基于_____核心的 32 位微控制器。

三、 判断题

1. 所有嵌入式系统都必须包含操作系统。(   )

2. EEPROM 与 Flash 存储器一样,都可以在断电后保持数据。(   )

3. UART 接口是一种同步串行通信接口。(   )

4. 解析 UART 接口是一种异步串行通信接口。(   )

5. 时钟和定时器在嵌入式系统中仅用于计时功能。(   )

四、 简答题

1. 请简述在工业数据采集过程中,嵌入式系统硬件选择应该考虑哪些因素?

2. 请简述基于 STM32 的数据采集工作流程。

习题 4

5.1 ZigBee 技术介绍

ZigBee 是一种近距离、低复杂度、低功耗、低成本的双向无线通信技术。它主要用于距离短、功耗低且传输速率不高的各种电子设备之间的数据传输(包括典型的周期性数据、间歇性数据和低反应时间数据)。

ZigBee 的基础是 IEEE 802.15.4,但是 IEEE 802.15.4 仅处理低级的 MAC(媒体接入控制协议)层和物理层协议,ZigBee 联盟对网络层协议和应用层协议进行了标准化。

▶ 5.1.1 ZigBee 概述

1. ZigBee 的由来和发展

ZigBee 名字起源于蜜蜂之间传递信息的方式。蜜蜂通过一种特殊的肢体语言告知同伴新发现的事物源的位置信息,这种肢体语言是 Zigzag(之字形,Z 字形)舞蹈,借此意义以 ZigBee 作为新一代无线通信技术的命名。在此之前,ZigBee 也被称为 HomeRF Lite、RF-EasyLink 或 FireFly 无线电技术,现在统一称为 ZigBee 技术。ZigBee 模块类似于移动网络的基站,通信距离从几十米到几百米,并支持无线扩展。ZigBee 理论上可以是一个由 65 536 个无线模块组成的无线网络平台,在整个网络覆盖范围内,每一个 ZigBee 模块之间可以互相通信。

2003 年 12 月,Chipcon 公司推出第一款符合 2.4GHz IEEE 802.15.4 标准的射频收发器 CC2420,而后又有很多家公司推出与 CC2420 收发芯片相匹配的处理器,其中以 ATMEI 公司的 Atmega128 最成功(即常用方案是 Atmega128+CC2420)。

2004 年 12 月,Chipcon 公司推出全球第一个 IEEE 802.15.4 ZigBee 片上系统解决方案——CC2430 无线单片机。该芯片内部集成了一款增强型的 8051 内核,以及当时业内性能卓越的射频收发器 CC2420。2005 年 12 月,Chipcon 公司推出内嵌定位引擎的 ZigBee IEEE 802.15.4 解决方案 CC2431。2006 年 2 月,TI 公司收购 Chipcon 公司,又相继推出一系列的 ZigBee 芯片,比较有代表性的片上系统有 CC2530 等。

TI 公司在软件方面发展得比较快。2007 年 1 月,TI 公司宣布推出 ZStack 协议栈,目前已被全球众多 ZigBee 开发商所采用。ZStack 协议栈符合 ZigBee 2006 规范,支持多种平台,其中包括面向 IEEE 802.15.4/ZigBee 的 CC2430 片上系统解决方案、基于 CC2420 收发器的新平台以及 TI 公司的 MSP430 超低功耗控制器(MCU)。除此之外,ZStack 还支持具备定位感知特性的 CC2431。

2. 无线传感器网络与 ZigBee 的关系

(1)无线传感器网络。

无线传感器网络是指大量的静止或移动的传感器以自组织和多跳的方式构成的无线网

络。其目的是协作地感知、采集和处理传输网络覆盖地理区域内感知对象的监测信息,并报告给用户。无线传感器网络起源于 20 世纪 70 年代,是一种特殊的无线网络,最早应用于美国军方,如空中预警控制系统。这种原始的传感器网络只能捕获单一信号,传感器节点只能进行简单的点对点通信。

1980 年,美国国防部高级研究计划局提出了分布式传感器网络项目,开启了现代无线传感器网络研究的先例。此项目由美国国防部高级研究计划局信息处理技术办公室主任 Robert Kahn 主导,并由卡耐基·梅隆大学、匹兹堡大学和麻省理工学院等大学研究人员配合,旨在建立一个由空间分布的低功耗传感器节点构成的网络。这些节点之间相互协作并自主运行,将信息送达处理的节点。

20 世纪 80～90 年代,无线传感器网络的研究依旧主要应用于军事领域,并成为网络中心站思想中的关键技术。1994 年,加州大学洛杉矶分校的 Willian J. Kaiser 教授向美国国防部高级研究计划局提交了研究建议书《低功率无线集成微传感器》,以便于深入研究无线传感器网络。1998 年,G. J. Pottie 从网络的研究角度重新阐释了无线传感器网络的科学意义。同年,美国国防部高级研究计划局投入巨资,启动 SensIT 项目,目标是实现"超视距"战场监测。1999 年 9 月,美国《商业周刊》将无线传感器网络列入 21 世纪最重要的 21 项技术之一,被认为是 21 世纪人类信息研究领域所面临的重要挑战之一。

(2) 无线传感器网络与 ZigBee 的关系。

无线传感器网络的应用,一般不需要很高的带宽,但对功耗要求却很严格,大部分时间必须保持低功耗。传感器节点通常使用存储容量不大的嵌入式处理器,对协议栈的大小也有严格的限制。另外,无线传感器网络对网络安全性、节点自动配置和网络动态重组等方面也有一定的要求。无线传感器网络的特殊性对应用于该技术的协议提出了较高的要求,无线传感器网络的物理层和 MAC 层目前使用最广泛的协议为 IEEE 802.15.4。

无线传感器网络与 ZigBee 技术之间的关系可以从两方面进行分析:一是协议标准;二是应用。其具体关系如下所述。

① 从协议标准来讲,目前大多数无线传感器网络的物理层和 MAC 层都采用 IEEE 802.15.4 协议标准。IEEE 802.15.4 描述了低速率无线个人局域网的物理层和媒体接入控制(MAC)层协议,属于 IEEE 802.15.4 工作组,而 ZigBee 技术是基于 IEEE 802.15.4 标准的无线技术。

② 从应用上来讲,ZigBee 适用于通信数据量不大、数据传输速率相对较低、成本较低的便携或移动设备。这些设备只需要很少的能量,以接力的方式通过无线电波将数据从一个传感器传到另外一个传感器,并能实现传感器之间的组网,实现无线传感器网络分布式、自组织和低功耗。

从以上两个方面来讲,ZigBee 是实现无线传感器网络应用的一种重要的技术。

3. ZigBee 技术的特点

ZigBee 可工作在 2.4GHz(全球流行)、868MHz(欧洲流行)和 915MHz(美国流行)三个频段上,分别具有最高 250kb/s、20kb/s 和 40kb/s 的传输速率,它的传输距离在 10～75m 的范围内。ZigBee 作为一种无线通信技术,其特点如下所述。

(1) 低功耗。

低功耗是 ZigBee 重要的特点之一。一般的 ZigBee 芯片有多种电源管理模式,这些管理模式可以有效地对节点的工作和休眠进行配置,从而使得系统在不工作时可以关闭射频部分,极大地降低了系统功耗,节约了电池的能量。

（2）低成本。

ZigBee 网络协议简单,可以在计算能力和存储能力都很有限的 MCU 上运行,非常适用于对成本要求苛刻的场合。现有的 ZigBee 芯片一般都是基于 8051 单片机内核,成本较低,这对于一些需要布置大量无线传感器网络节点的应用是很重要的。

（3）大容量。

ZigBee 设备既可以使用 64 位 IEEE 网络地址,又可以使用指配的 16 位网络短地址,在一个单独的 ZigBee 网络内,理论上可以容纳最多 65 536 个设备。

（4）可靠。

无线通信是共享信道的,因而面临着众多有线网络所没有的问题。ZigBee 在物理层和 MAC 层采用 IEEE 802.15.4 协议,使用带时隙或不带时隙的"载波检测多址访问/冲突避免"(CSMA/CA)的数据传输方法,并与"确认和数据检验"等措施相结合,可保证数据的可靠传输。同时,为了提高灵活性和支持在资源匮乏的 MCU 上运行,ZigBee 支持三种安全模式。最高级安全模式采用属于高级加密标准(AES)的对称密码和公开密钥,可以大大提高数据传输的安全性。

（5）时延短。

针对时延敏感做了优化,通信时延和从休眠状态激活的时延都非常短。

（6）灵活的网络拓扑结构。

ZigBee 支持星状、树状和网状拓扑结构,既可以单跳,又可以通过路由实现多跳的数据传输。

▶ 5.1.2 ZigBee 协议栈

协议是一系列通信标准,通信双方需要按照这一标准进行正常的数据发送和接收。协议栈是协议的具体实现形式,通俗地讲,协议栈就是协议与用户之间的一个接口,开发人员通过使用协议栈来使用这个协议,进而实现无线数据的收发。

协议栈是对协议的实现,可以将其理解为代码、库函数,并可供上层的应用去调用,协议栈各层与应用之间是相互独立的。商业化的协议栈只向用户提供使用接口(这与互联网行业的 API 模式很像),就像当用户调用地图 API 时,不需要关心底层地图是如何根据位置或坐标绘制的,也不用关心协议栈底层是如何实现的,除非用户想做协议研究。每个厂家的协议栈是有区别的,如德州仪器(TI)的 BLE 协议栈与 Nordic 的 BLE 协议栈就有很大的不同。ZigBee 协议栈是 ZigBee 无线网络规范的实现,ZigBee 联盟只会制定 ZigBee 规范,而不会去编写一个 ZigBee 协议栈。ZigBee 协议栈一般都由 ZigBee 芯片厂家来实现。

1. ZigBee 协议栈概述

ZigBee 协议栈可以分为 4 层:物理层(PHY)、媒体访问控制层(MAC)、网络层(NWK)及应用层(APL)。如图 5-1 所示,物理层和媒体访问控制层是由 IEEE 标准定义的,网络层、应用层及安全服务等是由 ZigBee 联盟规定的,应用对象是由设备厂商自行定义的。在 ZigBee 协议栈的图中,还可以发现有很多圆角矩形中几乎都带有"SAP"的字样。SAP 即服务接入点(Service Access Point),是协议栈中层与层之间的接口,协议栈都是分层结构的,服务接入点就是层与层之间的沟通渠道。协议栈相邻的上下层之间一般都有两个接口,也就是有两个 SAP。名字中带字母 D 的 SAP 是数据接口,负责层间的数据传输。名字中带字母 M 的 SAP

是管理接口,供上层或协议栈的管理平面对该层进行控制,如进行一些参数配置或读取状态等。ZigBee 协议栈,如图 5-1 所示。

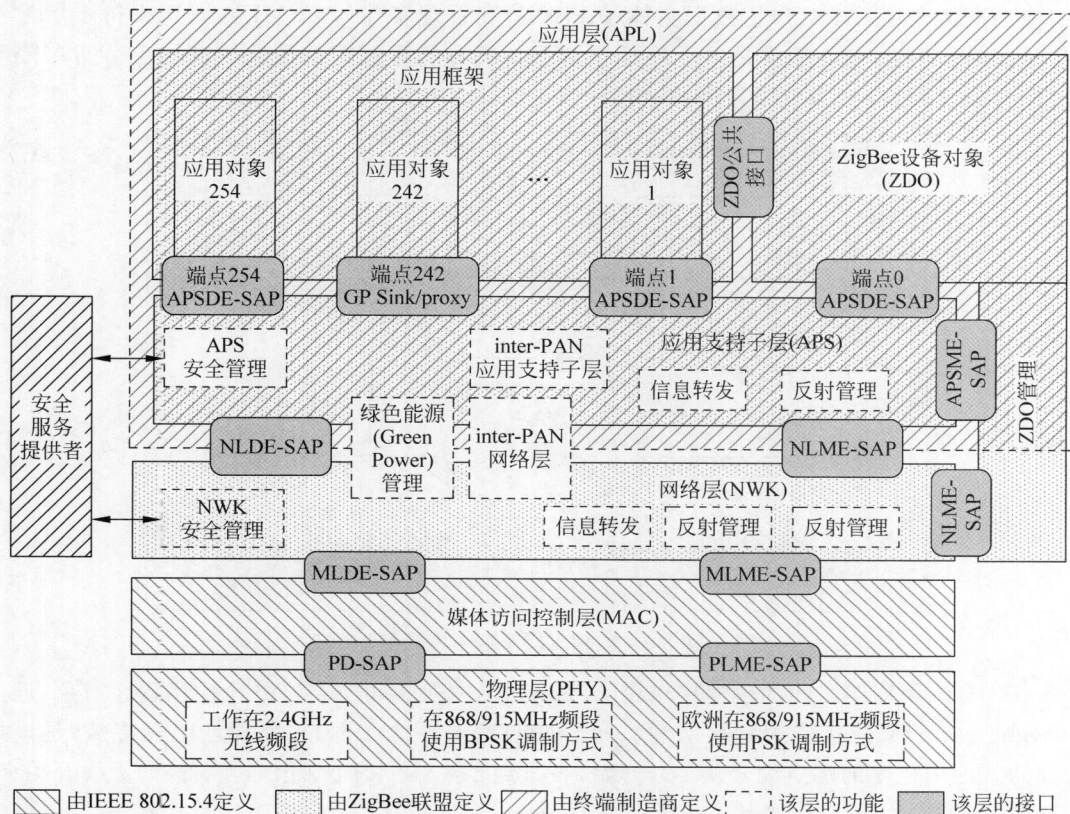

图 5-1　ZigBee 协议栈

ZigBee 协议栈的物理层和 MAC 层都是在 IEEE 802.15.4-2011 标准中定义的。PHY 层(物理层)规定了所使用的频段,以及所使用的编码、调制、扩频、调频等无线传输技术。有了物理层,就有了一个实现点到点的信号发射与接收的基础。没有物理层协议,设备之间根本无法通信,而且它们还可能根本就不在同一个频段上。MAC 层的主要作用是规定了无线信道的访问控制机制,也就是规定各个设备按照怎样的规则轮流使用信道。如果没有 MAC 层协议,当节点增多时,在通信没有规则的情况下,就会发生信号冲突,也就无法正常传输数据了。

ZigBee 协议栈在 IEEE 802.15.4 协议的基础上定义了网络层。网络层的主要作用是负责设备的连接和断开,并定义了在数据帧传递时所采用的安全机制,以及实现路由的发现和维护。简单地说,就是保障设备之间的组网和网络节点间的数据传输。ZigBee 技术支持多跳路由,可实现星状拓扑、树状拓扑和网状拓扑等不同的网络拓扑结构。

PHY、MAC、NWK 这三层协议主要是为上面的应用层服务的。在产品开发过程中,不需要深入涉及这三层协议的实现细节,应用层才是开发应关注的部分。

ZigBee 的应用层内部又分为三部分:应用框架、应用支持子层(APS)及 ZigBee 设备对象(ZDO)。应用框架中包含至少一个应用程序对象,也就是 ZigBee 设备的应用程序,是 ZigBee 产品开发人员所要实现的部分。

除了接口,协议栈中还经常会碰到实体(Entity)的概念。所谓实体,就是在协议栈中进行数据发送或接收的一个基本组成部分,它可能是软件,也可能是硬件,具体与协议的实现有关,每一层协议都由一个或多个实体组成。

应用支持子层(APS)包括数据实体(APSDE)和管理实体(APSME),应用支持子层参考模型如图 5-2 所示,其作用就是向上层提供数据传输和管理配置的服务。应用支持子层隔离了应用框架与网络层,为应用程序的运行提供支撑。

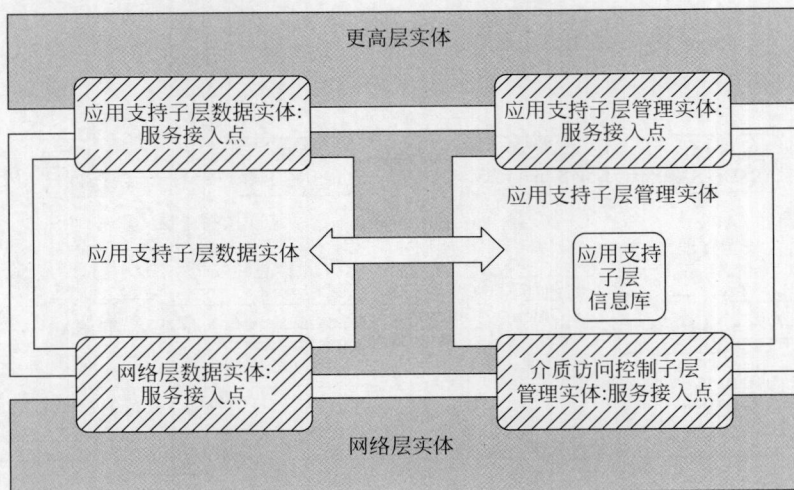

图 5-2 应用支持子层参考模型

APS 与应用程序之间的数据接口是 APSDE-SAP,最多可支持 240 个应用程序对象,通过端点(end point)来连接应用程序对象。每个端点都有一个编号,0 号端点比较特殊,是连接 ZDO 的。应用程序的端点编号从 1 号开始,一直到 240 号。一个 ZigBee 设备,如无线开关、无线灯具,一般会用 1～3 个端点。

ZigBee ZDO 可认为是一个特殊的应用程序对象,它满足了对应用程序对象的一般性要求。

ZDO 是一个特殊的应用层的端点,占用每个节点的端点 0。它是应用层其他端点与应用支持子层管理实体交互的中间件,主要功能集中在网络管理和维护上,具体功能如下。

① 初始化应用支持子层和网络层。

② 发现节点和节点功能。在无信标的网络中,加入的节点只对其父节点可见,而其他节点可以通过 ZDO 功能来确定网络的整体拓扑结构和节点所能提供的功能。

③ 安全加密管理。主要包括安全密钥的创建和发送,以及安全授权。

④ 网络维护功能。

⑤ 绑定管理。绑定功能由应用支持子层提供,但是绑定功能管理却是由 ZDO 提供。绑定管理确定了绑定表的大小、绑定的发起和绑定的解除等功能。

⑥ 节点管理。对于网络协调器和路由器,ZDO 提供网络监测、获取路由和绑定信息,以及发起离开网络过程等一系列节点管理功能。

2. 原语概念

ZigBee 协议按照 OSI 开放系统互联的 7 层模型将协议分为一系列的层结构,各层之间通过相应的服务访问点来提供服务。这样,一方面,使得协议中的不同层能够根据各自的功能进行独立运作,从而使整个协议栈的结构变得清晰明朗;另一方面,由于 ZigBee 协议栈是一个有机的整体,任何 ZigBee 设备要想正确无误地工作,就要求协议栈各层之间共同协作。因此,层与层之间的信息交互就显得十分重要。ZigBee 协议为了实现层与层之间的关联,采用了称为"服务原语"的操作。

可以将服务原语看成 ZigBee 协议栈中层与层之间进行通信的方式。例如,如果应用层需要发送数据,它就会把数据以数据原语(如 Data_Request 原语)的形式发送给网络层(NWK),网络层(NWK)经过所定义的规则进行判断,决定是否发给 MAC 层,以此类推,直至发送给最底层的 PHY 层。

ZigBee 网络在工作时,各种不同的任务在不同的层次上执行,通过层的服务来完成所要执行的任务。一个层的服务是指通过在较低层上构建功能,为相邻的高层或子层用户所提供的功能。

各项服务通过服务原语来实现。每个事件由服务原语组成,它将在一个用户的某一层,通过该层的服务接入点(SAP)在建立了对等连接的用户的相同层之间传送。服务原语通过提供一种特定的服务来传输必需的信息。服务原语是一个抽象的概念,它们仅指出所提供服务的内容,而没有指出由谁来提供这些服务。它的定义与其他任何接口的实现无关。

由代表其特点的服务原语和参数描述来指定一种服务。一种服务可能有一个或多个相关的原语,这些原语构成了与具体服务相关的执行命令。在每种服务原语提供服务时,根据具体的服务类型,可能不带有传输信息,也可能带有多个传输所必需的信息参数。

原语通常分为如下 4 种类型(原语环境设置为:在一个具有 I 个用户的网络中,两个对等用户与 J 层或子层建立连接的原语)。

① Request。请求原语是从第 I_1 用户发送到它的第 J 层,请求服务开始。

② Indication。指示原语是从第 I_1 用户的第 J 层向第 I_2 用户发送,指出对第 I_2 用户有重要意义的内部 J 层的事件。该事件可能与一个遥远的服务请求有关,或者可能是由一个 J 层的内部事件引起。

③ Response。响应原语是从第 I_2 用户向它的第 J 层发送,用来表示用户对执行上一条原语调用过程的响应。

④ Confirm。确认原语是由第 J 层向第 I_1 用户发送,用来传递一个或多个前面服务请求原语的执行结果。

网络层确认原语通常都包括一个参数,这个参数记录了回答请求原语的状态。网络层状态参数值如表 5-1 所示。

表 5-1　网络层状态参数值

名　称	值	描　述
SUCCESS	0x00	请求执行成功
INVALID_PARAMETER	0xc1	从高层发出的原语无效或超出范围
INVALID_REQUEST	0xc2	考虑到网络层目前的状态,高层发送的请求原语无效或不能执行
NOT_PERMITTED	0xc3	NLME-JOIN. request 原语不被接受
STARTUP_FAILURE	0xc4	NLME-NETWORK-FORMATION. request 原语创建网络失败
ALREADY_PRESSENT	0xc5	产生 NLMEDIRECT-JOIN. request 原语的设备的邻居表中已经存在由地址设备提供的 NLMEDIRECT-JOIN. request 原语
SYNC_FAILURE	0xc6	用来表明在 MAC 层的 NLME-SYNC. request 原语失败

名　　称	值	描　　述
NEIGHBOR_TABLE_FULL	0xc7	NLME-JOIN-DIRECTLY. request 失败,因为邻居表没有更多的空间
UNKNOWN_DEVICE	0xc8	NLME-LEAVE. request 原语失败,因为产生原语的设备地址不在邻居表中的参数列表中
UNSUPPORTED_ATTRIBUTE	0xc9	NLME-GET. request 或 NLME-SET. request 原语已以未知属性标识符的形式发出
NO_NETWORKS	0xca	在没有检测到网络的环境中发生 NLME-JOIN. request 原语
LEAVE_UNCONFIRMED	0xcb	确认"设备离开网络"失败
MAX_FRM_CNTR	0xcc	因为帧计数器达到最大值,所以输出帧安全处理失败
NO_KEY	0xcd	输出帧尝试进行安全处理且失败,因为安全处理无有效密钥
BAD_CCM_OUTPUT	0xce	输出帧尝试进行安全处理且失败,因为安全处理过程中产生了一个错误的输出
NO_ROUTING CAPACITY	0xcf	由于缺少路由表或路由发现表,因此尝试发现路由失败
ROUTE_DISCOVERY_FAILED	0xd0	尝试发现路由失败并非由于缺乏路由能力(除了缺少路由能力的原因外,其他原因也可造成发现路由失败)
ROUTE_ERROR	0xd1	由于发送设备的路由失败,因此 NLDE-DATA. request 原语失败
BT_TABLE_FULL	0xd2	由于广播事务表没有足够的空间,因此尝试发送一个广播帧或成员模式组播帧失败
FRAME_NOT_BUFFERED	0xd3	由于没有足够的缓存,使得请求传输一个数据失败。在路由发现之前,非成员模式组播帧被丢弃

3. 常见的 ZigBee 协议栈

常见的 ZigBee 协议栈分为三种：非开源的协议栈、半开源的协议栈和开源的协议栈。

(1) 非开源的协议栈。

常见的非开源的 ZigBee 协议栈的解决方案包括 Freescale 解决方案和 Microchip 解决方案。

Freescale 公司最简单的 ZigBee 解决方案就是 SMAC 协议,是面向简单的点对点应用,不涉及网络概念。Freescale 公司完整的 ZigBee 协议栈为 BeeStack 协议栈,也是目前最复杂的协议栈,看不到具体的代码,只提供一些封装好的函数供直接调用。

Microchip 公司提供的 ZigBee 协议为 ZigBee PRO 和 ZigBee RF4CE,均是完整的 ZigBee 协议栈,但是收费偏高。

(2) 半开源的协议栈。

TI 公司开发的 ZStack 协议栈是一个半开源的 ZigBee 协议栈,是一款免费的 ZigBee 协议栈,它支持 ZigBee 和 ZigBee PRO,并向后兼容 ZigBee 2006 和 ZigBee 2004。ZStack 内嵌了 OSAL 操作系统,使用标准的 C 语言代码和 IAR 开发平台,比较易于学习,是一款适合工业级应用的 ZigBee 协议栈。

(3) 开源的协议栈。

Freakz 是一个彻底开源的 ZigBee 协议栈,它的运行需要配合 Contikj 操作系统,类似于 ZStack＋OSAL。Contikj 的代码全部用 C 语言编写,对于初学者来说比较容易上手,Freakz 适合用于学习,对于工业应用来讲 ZStack 比较实用。

▶ 5.1.3　常见的 ZigBee 模块

目前最常见的 ZigBee 芯片为 CC243X 系列、MC1322X 系列和 CC253X 系列。下面分别介绍三种系列芯片的特点。

1. CC243X 系列

CC2430/CC2431 是 Chipcon 公司(已被 TI 收购)推出的用来实现嵌入式 ZigBee 应用的片上系统。它支持 2.4GHz IEEE 802.15.4/ZigBee 协议,是世界上首个单芯片 ZigBee 解决方案。CC2430/CC2431 片上系统家族包括三个不同产品:CC2430-F32、CC2430-F64 和 CC2430-F128。它们的区别在于内置闪存的容量不同,以及针对不同 IEEE 802.15.4/ZigBee 应用做了不同的成本优化。

CC2430/CC2431 在单个芯片上整合了 ZigBee 射频前端、内存和微控制器。它使用一个 8 位 8051 内核,具有 32/64/128KB 可编程闪存和 8KB 的 RAM,还包含模拟数字转换器(ADC)、定时器、AES128 协同处理器、看门狗定时器、32kHz 晶振、休眠模式定时器、上电复位电路和掉电检测电路以及 21 个可编程 I/O 引脚。CC2430/CC2431 芯片的特点,如下所述。

(1) 高性能、低功耗 8051 微控制器内核。

(2) 极高的灵敏度及抗干扰能力。

(3) 强大的 DMA 功能。

(4) 外围电路只需极少的外接元件。

(5) 电流消耗小(当微控制器内核运行在 32MHz 时,RX 为 27mA,TX 为 25mA)。

(6) 硬件支持 CSMA/CA。

(7) 电源电压范围宽(2.0~3.6V)。

(8) 支持数字化接收信号强度指示器/链路质量指示(RSSI/LQI)。

2. MC1322X 系列

MC13224 是 MC1322X 系列的典型代表,是飞思卡尔公司研发的第三代 ZigBee 解决方案。MC13224 集成了完整的低功耗 2.4GHz 无线电收发器,内嵌了 32 位 ARM7 核的 MCU,是高密度、低元件数的 IEEE 802.15.4 综合解决方案,能实现点对点连接和完整的 ZigBee 网状网络。

MC13224 支持国际 802.15.4 标准以及 ZigBee、ZigBee PRO 和 ZigBee RF4CE 标准,提供了优秀的接收器灵敏度和较强的抗干扰性、多种供电模式以及一套广泛的外设集(包括 2 个高速 UART、12 位 ADC 和 64 个通用 GPIO、4 个定时器、I2C 等)。除了更强的 MCU 外,还改进了射频输出功率、灵敏度和选择性,提供了超越第一代 CC2430 的重要性能改进,而且支持一般低功耗无线通信,还可以配备一个标准网络协议栈(ZigBee,ZigBee RF4CE)来简化开发,因此可被广泛应用在住宅区和商业自动化、工业控制、卫生保健、消费类电子等产品中。其主要特性如下所述。

(1) 2.4GHz IEEE 802.15.4 标准射频收发器。

(2) 优秀的接收器灵敏度和抗干扰能力。

(3) 外围电路只需极少量的外部元件。

(4) 支持运行网状网系统。

(5) 128KB 系统可编程闪存。

工业互联网数据采集技术与应用

（6）32 位 ARM7TDMI-S 微控制器内核。

（7）96KB 的 SRAM 及 80KB 的 ROM。

（8）支持硬件调试。

（9）4 个 16 位定时器及 PWM。

（10）红外发生电路。

（11）32kHz 的睡眠计时器和定时捕获。

（12）CSMA/CA 硬件支持。

（13）精确的数字接收信号强度指示 LQI 支持。

（14）温度传感器。

（15）两个 8 通道 12 位 ADC。

（16）AES 加密安全协处理器。

（17）两个高速同步串口。

（18）64 个通用 I/O 引脚。

（19）看门狗定时器。

3. CC253X 系列

CC253X 系列的 ZigBee 芯片主要是 CC2530/CC2531，它们是 CC2430/CC2431 的升级，在性能上要比 CC243X 系列稳定。CC253X 系列芯片是广泛使用于 2.4GB 片上系统的解决方案，建立在 IEEE 802.15.4 标准协议之上。其中，CC2530 支持 IEEE 802.15.4 以及 ZigBee、ZigBee PRO 和 ZigBee RF4CE 标准，且提供了 101 dB 的链路质量指示，具有优秀的接收器灵敏度和强抗干扰性。CC2531 除了具有 CC2530 强大的性能和功能外，还提供了全速的 USB 2.0 兼容操作，支持 5 个终端。

CC2530/CC2531 片上系统家族包括 4 个不同产品：CC2530-F32、CC2530-F64、CC2530-F128 和 CC2530-F256。和 CC243X 系列一样，它们的区别在于内置闪存的容量不同，以及针对不同 IEEE 802.15.4/ZigBee 应用做了不同的成本优化。

CC253X 系列芯片大致由三部分组成：CPU 和内存相关模块，外设、时钟和电源管理相关模块，以及无线电相关模块。

（1）CPU 和内存。

CC253X 系列使用的 8051CPU 内核是一个单周期的 8051 兼容内核。它有三个不同的存储器访问总线（SFR、DATA 和 CODE/XDATA），以单周期访问 SFR、DATA 和 SRAM。它还包括一个调试接口和一个中断控制器。

内存仲裁器位于系统中心，因为它通过 SFR 总线，把 CPU 和 DMA 的控制器和物理存储器与所有外设连接在一起。内存仲裁器有 4 个存取访问点，每次访问每一个可以映射到这三个物理存储器之一：8KB 的 SRAM、闪存存储器和一个 XREG/SFR 寄存器。它负责执行仲裁，并确定同时到同一个物理存储器的内存访问的顺序。

8KB SRAM 映射到 DATA 存储空间和 XDATA 存储空间的某一部分。8KB 的 SRAM 是一个超低功耗的 SRAM，当数字部分掉电时能够保留自己的内容，这对于低功耗应用是一个很重要的功能。

32/64/128/256KB 闪存块为设备提供了可编程的非易失性程序存储器，映射到 CODE 和 XDATA 存储空间。除了保存代码和常量，非易失性程序存储器允许应用程序保存必须保留的数据，这样在设备重新启动之后可以使用这些数据。

中断控制器提供了 18 个中断源,分为 6 个中断组,每组与 4 个中断优先级相关。当设备从空闲模式回到活动模式,也会发出一个中断服务请求。一些中断还可以从睡眠模式唤醒设备。

(2) 时钟和电源管理。

CC253X 芯片内置一个 16MHz 的 RC 振荡器,外部可连接 32MHz 外部晶振。数字内核和外设由一个 1.8V 低差稳压器供电。另外,CC253X 包括一个电源管理功能,可以实现使用不同的供电模式,用于延长电池的寿命,有利于低功耗运行。

(3) 外设。

CC253X 系列芯片有许多不同的外设,允许应用程序设计者开发先进的应用。这些外设包括调试接口、I/O 控制器、两个 8 位定时器、一个 16 位定时器和一个 MAC 定时器、ADC 和 AES 协处理器、看门狗电路、两个串口和 USB(仅限于 CC2531)。

(4) 无线设备。

CC253X 设备系列提供了一个与 IEEE 802.15.4 兼容的无线收发器,在 CC253X 内部主要由 RF 内核组成。RF 内核提供了 MCU 和无线设备之间的一个接口,可以发出命令、读取状态、自动操作和确定无线设备的顺序。无线设备还包括一个数据包过滤和地址识别模块。

5.2 基于 CC2530 的单片机接口技术

CC2530 是 Chipcon 公司(现已被 TI 收购)推出的用于 IEEE 802.15.4/ZigBee 和 RF4CE 应用的片上系统(SOC)。它能够以非常低廉的成本构建强壮的网络节点。CC2530 有 4 种内存版本,即 CC2530 F32/64/128/256,其分别具有 32/64/128/256KB 的内存。CC2530 F256 结合了 IT 业界领先的 ZigBee 协议栈(ZStack),提供了一个强大的完整的 ZigBee 解决方案。另外,CC2530 F64 还提供了一个强大的完整的 ZigBee RF4CE(消费电子射频通信标准)远程控制解决方案。

CC2530 芯片的特点,如下所述。

(1) RF/布局。

① 支持 2.4GHz IEEE 802.15.4 RF 收发器。

② 极高的接收灵敏度和抗干扰性。

③ 可编程的输出功率高达 4.5dBm。

④ 只需极少的外接元件。

⑤ 只需一个晶振,即可满足网状网络系统组网。

⑥ 6mm×6mm 的 QFN40 封装。

⑦ 系统配置符合世界范围的无线电频率法规。

(2) 低功耗(低功耗是 CC2530 SOC 较为鲜明的特性)。

① 主动模式接收 RX(CPU 空闲):24mA。

② 主动模式发送 TX 在 1dBm(CPU 空闲):29mA。

③ 供电模式 1(4μs 唤醒):0.2mA。

④ 供电模式 2(睡眠定时器周期性唤醒):1μA。

⑤ 供电模式 3(外部中断,深度睡眠):0.4μA。

⑥ 宽电源电压范围(2~3.6V)。

（3）微控制器。

① 高性能和低功耗 8051 微控制器内核，具有代码预取功能。

② 32KB、64KB 或 128KB 的系统内可编程闪存。

③ 8KB RAM，在各种供电方式下的数据保持能力。

④ 支持硬件调试，配合 IAR 开发工具下调试。

（4）外设。

① 强大的 5 通道 DMA，用于传输较大的数据块，如图像、语音等。

② 高性能集成运算放大器和超低功耗比较器。

③ IEEE 802.15.4 MAC 定时器（T2 定时器为 MAC 层定时器，尽量不要使用），三个通用定时器（T1：16 位定时器，T3，T4：8 位定时器）。

④ 红外（IR）发生电路。

⑤ 具有捕获功能的 32kHz 睡眠定时器，使用 32kHz 的晶振，用于低功耗模式。

⑥ 硬件支持 CSMA/CA，具有更高的可靠性。

⑦ 支持精确的数字化 RSSI/LQI。

⑧ 具有 8 通道可配置分辨率的 12 位 ADC。

⑨ 电池监视器和温度传感器。

⑩ AES 安全协处理器，硬件 AES 加解密。

⑪ 两个支持多种串行通信协议的强大 USART，并具有 SPI 和 UART 两种模式。

⑫ 21 个通用 I/O 引脚（19×4mA，2×20mA）。

⑬ 看门狗定时器，防止程序跑飞，避免系统死机现象。

（5）应用。

① 支持 2.4GHz IEEE 802.15.4 系统。

② RF4CE 远程遥控系统（需要大于 64KB 闪存）。

③ ZigBee 系统（256KB 闪存）。

④ 家庭/楼宇自动化。

⑤ 照明系统。

⑥ 工业控制和监控。

⑦ 低功耗无线传感器网络。

⑧ 消费型电子。

⑨ 医疗保健。

（6）开发工具。

① 低功耗 CC2530 开发套件。

② CC2530 ZigBee 开发套件。

③ 用于 RF4CE 的 CC2530RemoTI 开发套件。

④ SmartRF 程序烧写软件。

⑤ 数据包嗅探器 Packet Sniffer。

⑥ 可选用的 IAR 嵌入式工作台。

▶ 5.2.1 CC2530 硬件结构与工作原理

CC2530 组成架构如图 5-3 所示。

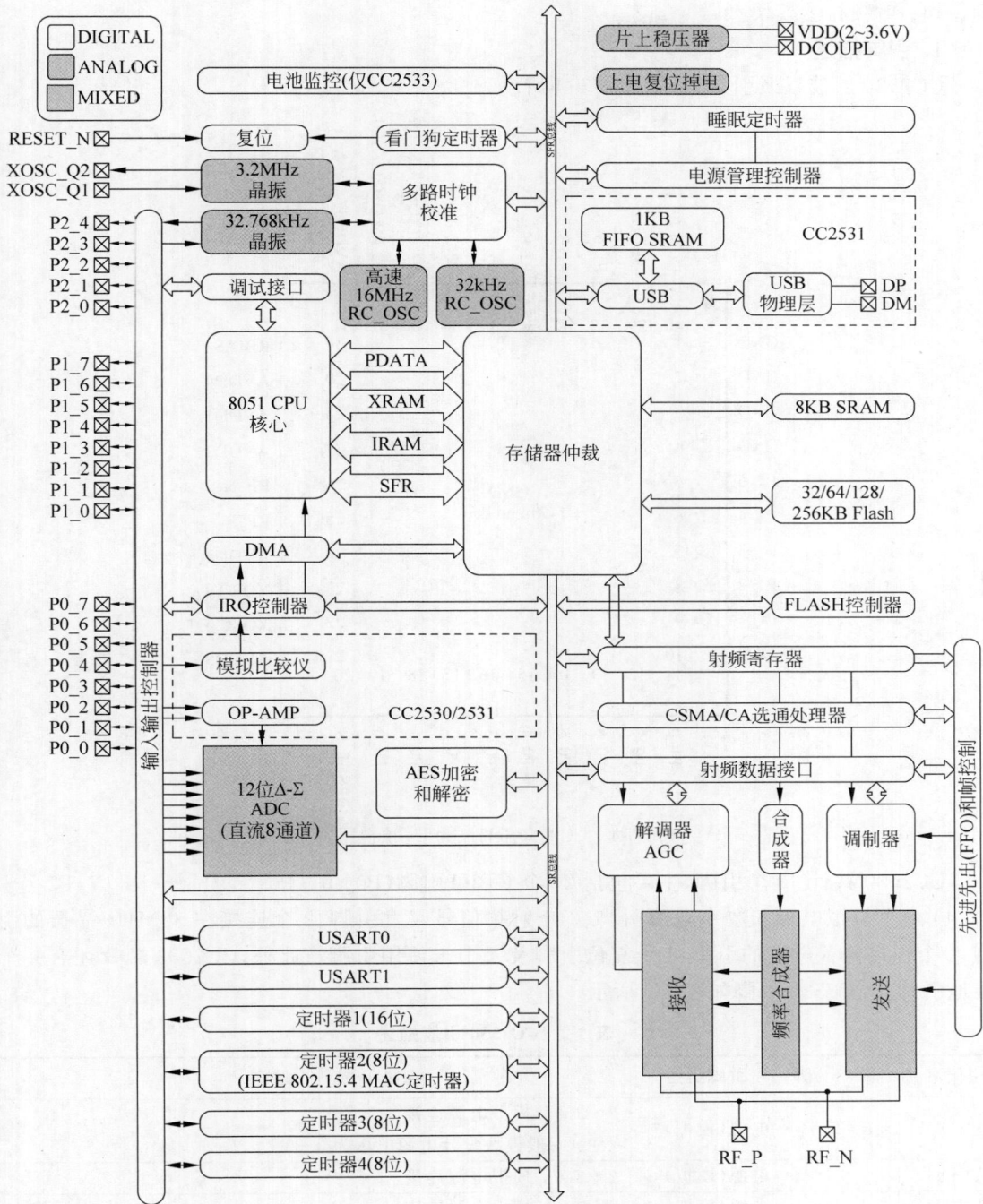

图 5-3　CC2530 组成架构

　　CC2530 内置业界领先的 RF 转发器,并结合了增强工业标准型 8051 MCU。CC2530 具有系统可编程的 256B 闪存、8KB RAM、两个 UART 接口并可复用 SPI 接口、8 通道 ADC、21个 GPIO 口和其他强大功能。CC2530 具有不同的电源运行模式,非常适合超低功耗需求的系统。

　　CC2530 内部模块大致可以分为三种类型:CPU 和内存相关的模块;外设、时钟和电源管理模块；射频相关模块。

1. 引脚描述

CC2530 封装以及引脚描述，如图 5-4 所示。

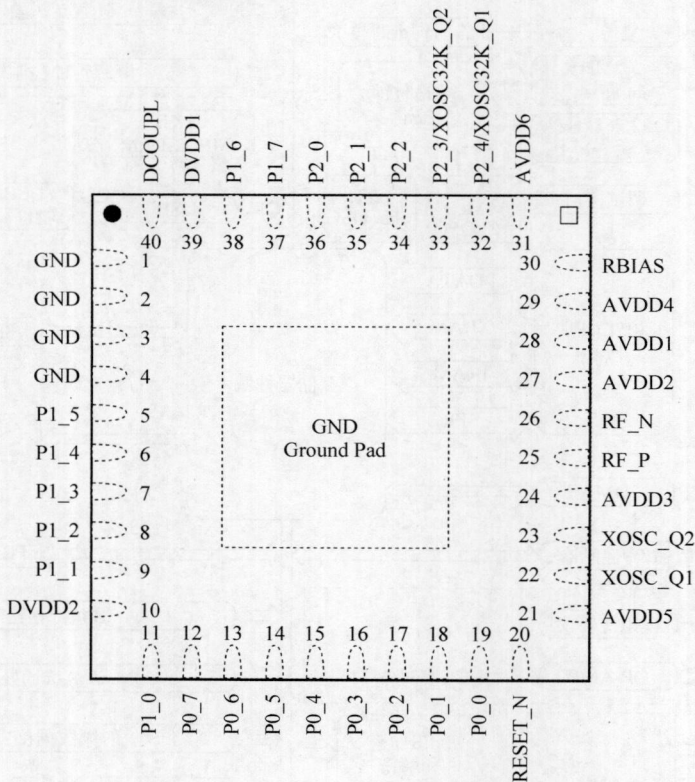

图 5-4　CC2530 RHA 封装（顶视图）

CC2530 共计 40 个引脚，主要包括 21 个 GPIO 引脚（P0_0～P0_7、P1_0～P1_7、P2_0～
P2_4）、9 个模拟电源和数字电源引脚、2 个射频信号收发引脚、2 个连接在 32MHz 晶振的引
脚、1 个连接偏置电阻的引脚、1 个复位引脚及 4 个未使用引脚。此外，CC2530 芯片还有一个
接地引脚。CC2530 引脚如表 5-2 所示。

表 5-2　CC2530 引脚描述

引脚名称	引脚	引脚类型	描述
AVDD1	28	电源（模拟）	2～3.6V 模拟电源连接 （注：一般模块设计电源电压为 3.3V）
AVDD2	27	电源（模拟）	2～3.6V 模拟电源连接
AVDD3	24	电源（模拟）	2～3.6V 模拟电源连接
AVDD4	29	电源（模拟）	2～3.6V 模拟电源连接
AVDD5	21	电源（模拟）	2～3.6V 模拟电源连接
AVDD6	31	电源（模拟）	2～3.6V 模拟电源连接
DCOUPL	40	电源（数字）	1.8V 数字电源去耦 （注：引脚连接在一个电容上，用于稳压滤波）
DVDD1	39	电源（数字）	2～3.6V 数字电源连接
DVDD2	10	电源（数字）	2～3.6V 数字电源连接

续表

引脚名称	引　脚	引脚类型	描　述
GND	—	接地	接地必须连接到一个坚固的接地面,一般设计在模块的背面
GND	1、2、3、4	未使用的引脚	连接到 GND
P0_0	19	数字 I/O	端口 0.0(ADC0)
P0_1	18	数字 I/O	端口 0.1(ADC1)
P0_2	17	数字 I/O	端口 0.2(ADC2、SPI0-MI、UART0-RX、T1-0)
P0_3	16	数字 I/O	端口 0.3(ADC3、SPI0-MO、UART0-TX、T1-1)
P0_4	15	数字 I/O	端口 0.4(ADC4、SPI0-SS、UART1-TX、T1-2)
P0_5	14	数字 I/O	端口 0.5(ADC5、SPI0-C、UART1-RX)
P0_6	13	数字 I/O	端口 0.6(ADC6)
P0_7	12	数字 I/O	端口 0.7(ADC7)
P1_0	11	数字 I/O	端口 1.0,20mA 驱动能力
P1_1	9	数字 I/O	端口 1.1,20mA 驱动能力
P1_2	8	数字 I/O	端口 1.2
P1_3	7	数字 I/O	端口 1.3
P1_4	6	数字 I/O	端口 1.4(SPI1-SS、UARTO-RX、T3-1)
P1_5	5	数字 I/O	端口 1.5(SPI1-C、UART0-TX)
P1_6	38	数字 I/O	端口 1.6(SPI1-MO、UART1-TX、T3-0)
P1_7	37	数字 I/O	端口 1.7(SPI1-MI、UART1-RX、T3-1)
P2_0	36	数字 I/O	端口 2.0(T4-0)
P2_1	35	数字 I/O	端口 2.1(DD)
P2_2	34	数字 I/O	端口 2.2(DC) 引脚 P2_1 和 2_2 为程序下载引脚
P2_3	33	数字 I/O	端口 2.3/32.768kHzXOSC(T4_1)
P2_4	32	数字 I/O	端口 2.4/32.768kHzXOSC(低功耗模式,晶振)
RBIAS	30	模拟 I/O	外部高精度偏置电阻
RESET_N	20	数字输入	复位引脚
RF_N	26	RF	射频信号收发引脚
RF_P	25	RF	射频信号收发引脚。 射频收发引脚连接的电路涉及高频信号处理,而将 CC2530 RF 差分信号转为单端信号发送到其他节点是最小模块设计较难的部分
XOSC_Q1	22	模拟 I/O	32MHz 石英晶振
XOSC_Q2	23	模拟 I/O	32MHz 石英晶振

2. CPU 与内存

CC253X 设备系列所使用的 8051CPU 内核是一个单周期的 8051 兼容内核。它有三个不同的存储器访问总线(SFR、DATA 和 CODE/XDATA),以单周期访问 SFR、DATA 和主 SRAM。它还包括一个调试接口和一个 18 位输入的扩展中断单元。

内存仲裁器位于系统中心,它通过 SFR 总线把 CPU 和 DMA 控制器和物理存储器以及所有外设连接起来。内存仲裁器有 4 个内存访问点,每次访问可以映射到三个物理存储器之一,它们是 8KB SRAM、闪存存储器和 XREG/SFR 寄存器。它负责执行仲裁,并确定存储器同时访问同一个物理存储器之间的顺序。

8KB SRAM 映射到 DATA 存储空间和部分 XDATA 存储空间。8KB SRAM 是一个超低功耗的 SRAM,即使数字部分掉电,供电模式 2、3 也能保留其内容。对于低功耗应用来说,这是很重要的一个功能。

32/64/128/256KB 闪存块为设备提供了内电路可编程的非易失性程序存储器,并映射到 XDATA 存储空间。除了保存程序代码和常量以外,非易失性存储器允许应用程序保存必须保留的数据,这样在设备重启之后还可以继续使用这些数据。当使用这个功能时,利用已经保存在网络中的具体数据,设备就不需要经过完全启动、网络寻找和加入的过程。

(1) 8051 CPU。

CC2530 集成了增强工业标准型 8051 内核(8 位字宽度),并使用标准的 8051 指令集。但它的指令执行速度比标准的 8051 快,主要原因如下。

① CC2530 的每个指令周期是 1 个时钟,而标准的 8051 每个指令周期是 12 个时钟。

② CC2530 取消了无用的总线状态。

由于指令周期与可能的内存存取一致,所以大多数单字节指令可以在一个时钟周期内完成。除了速度提高之外,增强型 8051 内核还在结构上有如下改善。

① 第二数据指针。

② 扩展了 18 个中断源。

CC2530 核心 8051 的目标代码兼容业界标准的 8051 微控制器。也就是说,8051 内核上的目标代码编译,与工业标准的 8051 编译器或汇编执行具有同等功能。但是,其使用了与其他类型 8051 不同的指令时序,因此,微控制器带有的时序循环程序需要修改。而且,诸如定时器和串行端口外设单元也与其他的 8051 内核不同。因此,包含使用外接设备单元特殊功能寄存器的指令代码不能够正常运行。

(2) 存储器。

8051 CPU 架构有 4 个不同的存储空间,且具有单独的用于程序存储和数据存储的存储空间。8051 的存储空间,如下所述。

① 代码(CODE)。只读存储空间,用于程序存储。存储空间地址为 64KB。

② 数据(DATA)。可存取存储空间,可以直接或间接被单个周期的 CPU 指令访问,从而允许快速存取。这个存储空间地址为 256B,数据存储空间的低 128B 可以直接或间接访问,而高 128B 只能间接访问。

③ 外部数据(XDATA)。可存取存储空间,通常需要 4~5 个指令周期来访问,故为慢速访问。该存储空间地址为 64KB。在硬件里访问外部数据存储也比数据访问要慢,这是因为在 CPU 内核中的代码存储空间和外部数据存储空间共享一条公共总线,并且从代码存储空间进行指令预存取不能和外部数据访问并行。

④ 特殊功能寄存器(SFR)。可存取寄存器存储空间,可以被单个的 CPU 指令访问。该存储空间由 128B 构成。对于 SFR 寄存器,它的地址可以被分成 8 等份,每个位仍然可以单独寻址。

这 4 个不同的存储空间在 8051 架构中都截然不同,但在 CC2530 中有一部分是重叠的,以缓解 DMA 传输和硬件调试操作。

▶ 5.2.2 CC2530 数据采集与传输

在实际应用中,可能经常需要从外围设备采集数据,如温湿度环境采集、工业设备、医疗设备监控等应用。因此,像温湿度采集设备、工业设备等外围设备应该提供 UART、SPI 和 USB 接口来传输数据。CC2530 芯片通过配置相关 I/O 寄存器来读取这些通过硬件连接的外围设备的数据,并通过 ZigBee 协议栈的软件调度,将这些数据从射频收发电路发送到其他节点。

1. I/O 口

CC2530 有 21 个数字 I/O 引脚,它们可以配置为通用数字 I/O 或外设 I/O 信号,以连接到 ADC、定时器或者 USART 等外部设备。这些 I/O 口的用途,可以通过一系列寄存器配置,由用户软件加以实现。

I/O 口具备如下重要特性。

(1) 21 个数字 I/O 引脚。

(2) 可以配置为通用 I/O 或外部设备 I/O。

(3) 输入口具备上拉或下拉能力。

(4) 具有外部中断能力。

如果需要外部设备产生中断,21 个 I/O 引脚都可以用作外部中断源输入口,外部中断功能也可以从睡眠模式唤醒设备。

2. DMA 控制器

CC2530 内置直接存储器存取(DMA)控制器,该控制器可以减轻 8051 CPU 内核在传送数据时的负担,实现 CC2530 在高效利用电源条件下的高性能。只需要 CPU 的极少干预,DMA 控制器就可以将数据从 ADC 或 RF 收发器等外部设备单元传送到存储器中。

CC2530 8051 处理器在传送语音、图像等较大数据时,使用 UART 串口通过中断的方式来查询数据,查询效率很低。这时,读者可以选用 DMA 控制器来完成数据传送。如果传输效果不能满足应用需求,还可利用多路 DMA 通道来实现。CC2530 提供了 5 个独立的 DMA 通道。

DMA 控制器协调所有的 DMA 传送,以确保 DMA 请求和 CPU 存取之间按照优先等级协调、合理地进行。DMA 操作流程如图 5-5 所示。

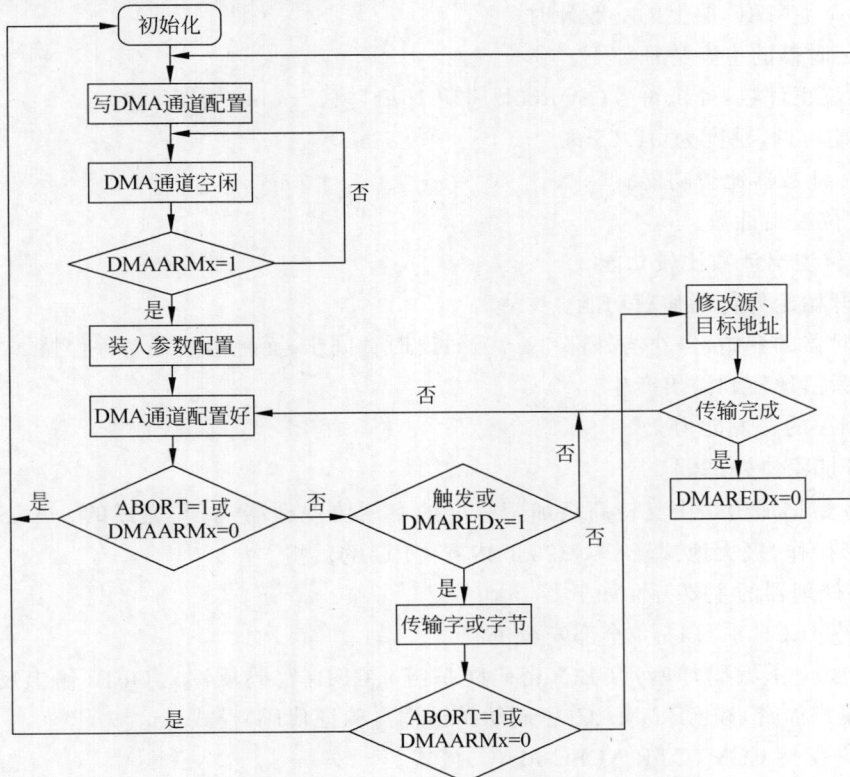

图 5-5　DMA 操作流程

DMA 控制器含有若干可编程设置的 DMA 通道，用来实现数据从存储器到存储器的传送，且 DMA 控制器控制超过整个外部数据存储器全部地址范围内的数据传输，再加上多数 SFR 寄存器映射到了 DMA 存储器空间，因此这些灵活的 DMA 通道大大减轻了 CPU 的负担。例如，从存储器传送数据到 USART，按照定下来的周期在 ADC 和存储器之间传送数据等。使用 DMA 可以保持 CPU 在不需要唤醒的低功耗模式下，能进行与外部设备单元之间的数据传送，从而降低了整个系统的功耗。

DMA 控制器的主要特性如下。

(1) 5 个独立的 DMA 通道。

(2) 3 个可以配置的 DMA 通道优先级。

(3) 32 个可以配置的传送触发事件。

(4) 源地址和目标地址独立控制。

(5) 3 种传送模式：单独传送、数据块传送和重复传送。

(6) 支持传输数据的长度域，设置可变的传输长度。

(7) 既可以在字(Word-Size)模式下运行，又可在字节(Byte-Size)模式下运行。

3. 定位器

CC2530 主要包括 4 个定时器：一般的 16 位(T1)定时器，16 位 MAC 定时器(T2)和两个 8 位(T3 和 T4)定时器。它们支持典型的定时/计数功能，例如，测量时间间隔、对外部事件计数、产生周期性中断请求、输入捕捉、比较输出和 PWM 功能。此外，还有看门狗定时器和睡眠定时器。

16 位 MAC 定时器(T2)主要用来提供用于 IEEE 802.15.4 CSMA-CA 的算法定时和在 IEEE 802.15.4 MAC 层上的一般计时。

MAC 定时器的主要特征如下。

(1) 16 位正计数，提供符号(Symbol)周期 $16\mu s$，帧(Frame)周期 $320\mu s$。

(2) 周期可调，精度为 31.25ns。

(3) 8 位计数器比较功能。

(4) 20 位溢出计数。

(5) 20 位溢出计数比较功能。

(6) 帧开始定界符的捕获功能。

(7) 定时器的开始、停止与外部 32.768kHz 时钟同步，而且由睡眠时钟保持。

(8) 中断由比较和溢出产生。

(9) DMA 的触发能力。

4. AES 加密协处理器

CC2530 数据加密是由支持高级加密标准的专用协处理器 AES 完成的。AES 协处理器的加密/解密操作，极大地减轻了 CC2530 内置 CPU 的负担。

AES 协处理器的主要特性如下。

(1) 支持 IEEE 802.15.4 全部安全机制。

(2) ECB(电子编码加密)、CBC(密码防护链)、CFB(密码反馈)、OFB(输出反馈加密)、CTR(计数模式加密)和 CBC-MAC(密码防护链消息验证代码)模式。

(3) 硬件支持 CCM(CTR+CBC-MAC)模式。

(4) 28 位密钥和初始化向量(Ⅳ)/当前时间(Nonce)。

（5）DMA 传送触发能力。

5. ADC（模数转换）

在工程应用中，可能需要采集温度、湿度、CO_2、PM2.5、光照等环境数据。直接采集它们得到的是模拟数据，此时需要使用 ADC 转换为数字信号量，以便于统计分析。CC2530 ADC 支持 14 位模拟数字转换，且具有多达 12 个有效位的 ENOB。它包括一个模拟多路转换器，该转换器具有多达 8 个各自可配置的通道，以及一个参考电压发生器。转换结果可通过 DMA 写入存储器。

ADC 的主要特性如下。

（1）可选的采样率，能设置有效的分辨率（7～12 位）。

（2）8 个各自独立的输入通道，可接收单端或差分信号。

（3）参考电压可选为内部单端、外部单端、外部差分或 AVDD5。

（4）可以产生中断请求。

（5）转换结束时的 DMA 触发。

（6）温度传感器输入。

（7）电池测量功能，当监视的电池电量较低时，可在应用中设置提醒用户更换电池的功能。

6. USB 控制器

USB 控制器监控 USB 的相关活动，并处理数据包的传输工作。

固件的责任是适当响应 USB 中断和上传（下载）数据包到（从）FIFO 终端。同时，固件必须能够正确地响应所有来自 USB 主机的标准请求，并能根据 PC 上的协议工作。

USB 控制器的功能如下。

（1）全速操作（最高 12Mb/s）。

（2）5 个端口（除了端口 0）可以用作 IN、OUT 或 IN/OUT，也可以配置为批量/中断或同步。

（3）可以使用 1KB SRAM 或 FIFO 存储 USB 数据包。

（4）端口支持的数据包大小范围：8～512B。

（5）支持 USB 数据包的双缓冲。

7. USART

USART0 和 USART1 是串行通信接口，它们能够分别运行于异步 UART 模式或者同步 SPI 模式。两个 USART 具有同样的功能，可在单独的 I/O 引脚设置。

▶ 5.2.3　CC2530 开发环境

我们在进行实验或开发的时候，必然会选择合适的硬件和软件，只有两者相互配合，才能发挥硬件的优势。这里选择 TI 公司的 ZigBee 解决方案，片上系统 CC2530 芯片，协议栈 ZStack。ZStack 栈默认的开发环境是 IAR 开发工具。TI 公司提供了许多协议栈配套工具，可选择 SmartRF Packet Sniffer 抓包工具。

ZigBee 技术应用开发环境主要包括硬件环境和软件环境。

1. 硬件环境

硬件环境主要包括一套 ZigBee 开发套件和一台 PC 设备。下面是搭建 ZigBee 技术开发环境所需要的软硬件清单，部分模块是可以选择安装的。

（1）CC2530/CC2531 ZigBee 开发套件。

① ZigBee 开发底板（必需）。

② ZigBee 最小模块（必需）。

③ 仿真器（也称为下载器、烧写器，必需）。

④ 若干串口线（或 USB 转串口线，部分实验需要）。

⑤ 若干温度、CO_2、光敏传感器（个别实验需要）。

（2）开发主机要求。

① CPU：对于 CC2530EB 版本，CPU 的主频大于 1GHz。

② 内存：512MB 以上。

③ 硬盘：40GB 以上。

④ 串口接口：两个或更多（一般利用 USB 转串口线，将 USB 接口代替串口）。

⑤ USB 接口：两个或更多。

2. 软件环境

软件开发环境主要包括 IAR 开发工具和 ZStack 协议栈，具体如下所述。

① Windows 2000 及更高版本（Service Pack2 或更高版本）（必需）。

② EW8051-EV-730B（或更高版本）开发环境（必需）。

③ Z-Stack-CC2530-2.3.1-1.4.0（或更高版本）协议栈（必需）。

④ 串口调试助手（部分实验需要）。

⑤ FLASH Programer（可选择安装）。

⑥ Packet Sniffer（可选择安装）。

⑦ Sensor Monitor（可选择安装）。

5.3　无线传感器节点设计

随机布设的 ZigBee 无线传感器网络具有规模大、节点数量众多、无人值守的特点，为其开发设计带来了成本、技术等方面的挑战，对相关的硬件和软件开发、网络系统设计提出了不同于传统网络设计的要求。传统网络与 ZigBee 无线传感器网络的不同之处如表 5-3 所示。

表 5-3　传统网络与 ZigBee 无线传感器网络的不同之处

传 统 网 络	ZigBee 无线传感器网络
通用设计，服务于多个应用	单一设计，服务于特定应用
主要关注网络性能和延迟	功耗是主要设计关注点
器件和网络工作于可控的温和环境中	常布设于存在苛刻条件的环境中
通常容易维护与维修	与节点物理接触，很难甚至不可维修
组件故障通过维修解决	网络设计需要预计存在的组件故障，增加其冗余度
轻松获得全局网络信息和实现集中式管理	决策由本地节点完成，不支持集中式管理

ZigBee 无线传感器网络的设计主要分为节点硬件设计和节点软件设计。节点硬件设计局限于能量、通信、计算和存储，满足应用服务，追求设计尺寸小、价格低廉、更高效等目标。

ZigBee 无线传感器网络的硬件设计主要分为传感节点、网关节点和汇聚节点三种设备的设计。传感节点完成对周围环境对象的感知并进行适当处理，将有用的信息发送到目标节点。网关节点主要通过多种接入网络的方式，如以太网、Wi-Fi、移动公网等与外界进行数据交互。

汇聚节点同时将终端和网关的控制信息传送到相应的传感节点,具有承上启下的功能。

▶ 5.3.1　传感节点的设计

传感节点的设计应满足尺寸小、价格低廉、更高效等目标,为所需的传感器提供适当的接口,并提供所需的计算和存储资源,以及足够的通信功能。传感节点主要包括感知单元、控制单元、无线收发单元和电源管理单元 4 部分。

1. 感知单元

感知单元负责物理信号的提取。信号采集单元包括信号调理电路和模数转换模块。传感器输出的模拟信号需经信号调理才能符合模数转换要求。常见的信号调理方式有抗混叠滤波、降噪、放大、隔离、差分信号变单端信号等。信号调理的结果直接关系到信号的信噪比,影响信号的特征。模数转换模块的功能是把模拟信号转换为控制单元可接收的数字信号。近年来,随着 MEMS(微机电系统)技术的发展,出现了集成信号调理电路和模数转换模块的数字传感器。这种数字传感器只需通过相应的数字接口即可实现与控制单元的通信,减小了节点的尺寸,降低了设计的复杂度。

2. 控制单元

控制单元将其他单元及外部接口连接在一起,处理有关感知、通信和自组织的指令。节点的任务调度、设备管理、功能协调、数据融合、特征提取、数据存储和能耗管理等都是在控制单元的支持下完成的。控制单元包括控制器件、非易失性存储器(通常是控制器件的片内Flash)、随机存储器、内部时钟等。大部分控制器件集成了非易失性存储器、随机存储器、内部时钟等,所以控制器件的选择应考虑以下因素。

(1) 功耗。

由于传感节点采用电池供电,因此控制器件满负荷工作的功耗应尽可能低。传感节点大部分时间处于休眠或待机状态。控制器件的休眠或待机状态功耗要低。

(2) 成本。

控制器件的成本在整个传感节点中占了很大的一部分,而 ZigBee 无线传感器网络需要成百上千的传感节点,控制器件的成本要尽可能低。

(3) 运行速度。

运行速度快的控制器件响应快、实时性强。但运行速度越快,功耗就越高,应权衡速度与功耗。

(4) 数据处理能力。

从功耗角度看,对于相同的数据量,对其进行数据处理所消耗的能量要远远小于对其进行无线传输所消耗的能量。

(5) 集成度。

在控制器件中集成有模数转换器、定时器、计数器、看门狗等模块的情况下,可以减少外围电路,降低成本。

(6) 存储空间。

代码的保存、运行和数据的存储都需要一定的存储空间,控制器件集成有存储空间,可以减少外围器件。存储空间的大小直接影响控制器件的性能。

(7) 通信接口和 I/O 口。

控制单元与其他模块的通信都是通过通信接口或通用的 I/O 口进行的。

(8) 中断响应。

控制器件能够在低功耗状态下进行快速中断响应,以降低网络延迟。

目前,常见的控制器件有微处理器(MCU)、数字信号处理器(DSP)、专用集成电路(ASIC)和可编程逻辑器件(FPGA)。

在进行复杂信号处理时,为了满足小波变换、快速傅里叶变换、神经网络算法、双谱分析等复杂时频运算对计算能力和存储能力的需求,控制器件宜选择数字信号处理器或可编程逻辑器件作为算法平台。

单纯考虑功耗方面的因素,宜选择微处理器作为网络控制平台。

对于功耗有特殊要求及大量节点的应用,节点需求量达到百万以上,控制器件宜选用专用集成电路。专用集成电路属于专用定制的控制器件,能够根据特定需求将功耗降到最低,并能减小电路板尺寸,但其后续扩展性较差。

在信号处理算法不复杂的情况下,控制器件宜选用微处理器。微处理器具有体积小、存储容量小、通信接口简单、功耗低、功能简单的特点。

大部分传感节点的控制器件采用的是微处理器。目前市场上主流的微处理器有 8 位、16 位和 32 位。微处理器的主流厂商有 Microchip(Atmel)、TI、瑞萨电子、恩智浦半导体、英飞凌、ADI 等。

在现有的传感节点中,应用比较多的 8 位微处理器是 Microchip 公司的 AVR 系列单片机。AVR 系列单片机采用哈佛结构,具有预取指令功能,能实现流水作业;采用超功能 RISC(精简指令集),具有 32 个通用工作寄存器;采用不可破解的锁位(Lock Bit)技术,增强代码保密性;有多个固定中断向量入口地址,可快速响应中断;片内集成多种频率的 RC 振荡器,具有上电自动复位、看门狗、启动延时等功能,外围电路更加简单,系统更加稳定可靠;具有多种省电休眠模式,且可宽电压运行,工作电压范围为 2.7~5V,抗干扰能力强;接口丰富,集成有模数转换器,差分信号模数转换器、串行接口等。上述优点使早期的传感节点大部分采用 AVR 系列单片机。

16 位微处理器与 8 位微处理器相比,字长更宽,计算能力更强。在传感节点中应用比较多的 16 位微处理器是 TI 公司的 MSP430 系列单片机。MSP430 系列单片机采用精简指令集结构,具有丰富的寻址方式、简洁的 27 条内核指令、硬件乘法器、高效的查表指令、大量的寄存器;片内资源丰富,包括看门狗、I2C、模数转换器、定时器、DMA(直接存储器访问)、UART(通用异步收发器)、SPI(串行外设接口)等;其 DMA 功能不仅显著增加了外设的数据吞吐能力,还大幅降低了系统功耗;有丰富的中断资源,当系统处于省电的低功耗状态时,电流消耗在微安级,中断唤醒时间小于 $6\mu s$;在降低芯片的电源电压和灵活可控的运行时钟方面都有其独到之处,从而实现低功耗;大部分产品都能自动工作与关闭,最大限度地减少了内核处于工作模式的时间。

对于视频、图像等高性能应用,传感节点的控制器件需采用 32 位微处理器。在 32 位嵌入式微处理器市场中,ARM 公司的 ARM 处理器占据了很大的市场份额。Cortex-M3 是 ARM 公司生产的低功耗、低成本和高性能的 32 位微处理器内核。它采用了 ARMv7-M3 架构,包括所有的 16 位 Thumb 指令集和 32 位 Thumb2 指令集架构,但不能执行 ARM 指令集。相比于 ARM 公司的 ARM7TDMI 架构,Cortex-M3 具有更小的基础内核,价格更低,速度更快。Cortex-M3 集成了睡眠模式和可选的八区域存储器保护单元,集成了中断控制器,提供基本的 32 个物理中断,具有低延迟性。目前,意法半导体、恩智浦半导体、TI、Microchip 等公司已经开发出多款 Cortex-M3 内核的微处理器。虽然 Cortex-M3 已经取得了很大的进步,其计算能力胜于 AVR 系列单片机和 MSP430 系列单片机,但其功耗远远大于它们。

AVR 系列单片机、MSP430 系列单片机、Cortex-M3 系列单片机各有各的特点,在实际应用中需要根据不同的应用要求选用合适的控制器件。

3. 无线收发单元

传感节点之间通过无线收发单元实现互联,组成自组织传感器网络。传感节点的无线收发单元主要由无线窄带通信芯片和与其配套的滤波电路等外围电路组成。

根据所采用的通信频率的不同,目前市场上的无线窄带通信芯片可以分为 2.4GHz 和低于 1GHz 两种。2.4GHz 无线通信芯片的绕射能力较差,通信距离短,但其可靠性高,不容易受干扰,抗多径衰落能力强;低于 1GHz 无线通信芯片的绕射能力强,通信距离长,但其可靠性差,易受其他设备干扰,安全系数较低。2.4GHz 频段是国际通用的免费频段,也称为 ISM 频段,带宽为 83.5 MHz,可供多个不同通信系统的多个不同信道共同使用。

各芯片厂商根据市场需求推出了多款无线窄带通信芯片,常见的如表 5-4 所示。

表 5-4　常见无线窄带通信芯片

型号	频率范围/ GHz	最大发送速率/ kb·s^{-1}	接收电流/ mA	接收灵敏度/ dBm	最大发射功率/ dBm	调制方式
CC2530	2.4	250	15	−97	4.5	DSSS-OQPSK
CC2533	2.4	250	14	−97	4.5	DSSS-OQPSK
ADF7241	2.4	250	19	−95	4.5	DSSS-OQPSK
MC13191	2.4	250	37	−91	4.5	DSSS-OQPSK

其中,TI 公司的 CC2533 是无线窄带通信芯片的典型代表。CC2533 是一款针对远程应用全面优化的 IEEE 802.15.4 片上系统,建立在 CC2530 的基础上。CC2533 的最大发射功率可达到 4.5dBm,典型接收灵敏度可达 −97dBm。CC2533 集成了硬件 AES(高级加密标准),可产生 128 位的密钥,从而保证了信息安全。CC2533 包括 1μA 睡眠模式的 4 种灵活电源模式,可实现最低的电流消耗。CC2533 采用 DSSS(直接序列扩频)调制技术,具有抗干扰性好、抗多径衰落能力强、环境噪声要求低和高度可靠的保密安全性等特点,适合于复杂环境条件下的应用。

4. 电源管理单元

在传感节点中,电源管理单元是一个关键的系统组件,体现在两方面:第一,它是存储能量,并为其他单元提供所需电压的稳压器件;第二,它能从外部环境中获取额外的能量。存储能量主要是通过电池实现的,还可以通过燃料电池、超级电容实现。在实际应用中,应根据环境及需求决定采用哪种储存能量的设备。

▶ 5.3.2　网关节点和汇聚节点的设计

网关节点和汇聚节点具备信息聚合、处理、选择、分发,以及子网网络管理等功能。

传感节点对其部署的区域进行监控,获取感知信息。网关节点和汇聚节点对其控制区域内的传感节点,实现任务调度、数据融合、网络维护等功能。传感节点获取的信息数据经过汇聚节点融合、处理及打包后,由网关节点聚合,根据不同的业务需求和接入网络环境,经由无线局域网接入点、互联网接入点、2GHz 公网接入点、3GHz 公网接入点、4GHz 公网接入点、中高速网络等多类型的异构网络,最终将信息数据传送给终端用户,实现针对 ZigBee 无线传感器网络的远程监控。同样,终端用户也可以通过无线局域网接入点、互联网接入点、2GHz公网接入点、3GHz公网接入点、4GHz公网接入点、中高速网络等接入网关节点,网关节点连接到相应的汇聚节点,再通过汇聚节点对传感节点进行数据查询、任务派发、业务扩展等操作,最终将ZigBee无线传感器网络与终端用户有机联系在一起。

在ZigBee无线传感器网络中,汇聚节点主要负责传感器网与外网的连接,可将其看作网关节点,因此下面主要介绍网关节点的设计。

1．控制单元

控制单元主要考虑其计算能力、存储能力和接口。8位和16位微处理器很难满足,一般选用高性能的32位微处理器作为网关节点的控制单元。

网关节点的功能如下。

(1)网关节点具备信息融合、处理和分发功能。

(2)网关节点能够同时支持ZigBee无线传感器网络协议栈和与终端交互的协议(如以太网协议、无线局域网协议等)。

(3)网关节点能够维护区域ZigBee无线传感器网络,防止网络堵塞的发生。

(4)网关节点能够处理监测区域内所有传感节点的突发数据传输,具有较高的数据吞吐量。

(5)网关节点具有保存本地数据的功能,以免外部网络中断而丢失数据。

2．无线收发单元

网关节点通信分为对上和对下两种。对上的无线收发单元主要面向2GHz公网、3GHz公网、4GHz公网、无线局域网、互联网、中高速网络等,满足接入各类骨干网络的需求,适应传感器网络的泛在特征。对下的无线收发单元主要用于与无线传感节点或汇聚节点通信。

3．电源管理

网关节点的功耗远大于传感节点,应采用有线电源供电,其电源管理主要是为网关节点的各个器件提供合适的电压,而不考虑低功耗管理。

5.4　基于ZigBee的数据采集

▶ 5.4.1　节点应用选型

ZigBee无线传感器网络节点大规模产业化,节点的性能受成本影响很大。针对节点应用,提出了"共性平台+应用子集"的方案。

从系统层面的需求来看,传感节点存在的几类需求如下。

(1)从目标探测方式来看,存在主动式探测和被动式探测两种需求。这两类设备在感知模式、用于对环境或指令等信息进行反馈的执行器结构和功能、感知信息在网络中的传输模式和流量特征、信息预处理(主动式探测设备要求可以针对特定任务进行有效的针对性处理,被动式探测设备必须支持不同环境下的感知信息的预处理,并尽量减小误报率和漏报率),以及节点状态等方面存在较大差异,必须针对各个模块进行专门的模块级设计和实现。

(2)从感知参数来看,存在单参感知和多参感知两种需求。这两类设备在感知量(单传感节点、多传感节点或同一类的不同参量导致了采样方式和预处理方式的不同)和信息处理(多参量需要基于物理相关性进行模态融合等)上有显著差别,进而导致设备结构存在较大差异,必须针对各个模块进行专门的模块级设计和实现。

(3)从目标参数类型来看,存在标量感知信息和矢量感知信息两种需求。两类设备由于传感信息类型的不同而在时间相关性、空间相关性、目标信息相关性、模态相关性、系统要求等方面存在差异,从而导致设备软/硬件资源配置、功能模块设计等方面会有较大差别,需要研制专门的设备种类。例如,矢量感知信息对同步、定位等存在较高要求。

(4) 从节点对感知信息的协同处理能力来看,对地震波、声波及大部分混合传感器信息需要本地高协同处理能力,以减少网络传输能耗损失,而对于一般家居控制等则仅需要简单的处理能力即可。针对高协同处理能力设备和低协同处理能力设备的开发在人力、技术、成本等因素上差别较大,有必要进行针对性研发。

(5) 从网络通信能力来看,对低功耗无线传输设备存在近距离(100m 以内)和中距离(1000m 以内)两类需求。近距离设备满足室内和室外传感器密集布设需要,而中距离设备将为野外传感节点的使用带来极大的便利。

▶ 5.4.2 无线节点

工业互联网平台采用物联网技术构建了异构传感网络,支持 ZigBee、Wi-Fi、LoRa、NB-IoT 等无线节点传感设备的数据接入和应用。所有传感器的数据通过智能网关接入数据中台的物联网云平台。基于云平台技术构建的传感网主要由无线节点、传感器、ZigBee 协调器等硬件构成。

1. 硬件框架

工业互联网经典型无线节点采用 CC2530 作为 MCU 主控,板载信号指示灯;电源电池、网络、数据,板载集成锂电池接口,集成电源管理芯片;板载 USB 串口,T 仿真器接口,ARM 仿真器接口;集戎两路 RJ45 工业接口,提供主芯片 P0_0~P0_7 输出,硬件包含 I/O、ADC3.3V、ADCSV、UART、RS485 等功能。工业物联网配备了 5 个无线节点对应 8 个传感器,分别是空气质量无线节点(A)、电子横幅无线节点(A)、光照度(A)、人体红外(B)无线节点、噪声(A)、燃气(B)无线节点、大气压力(A)及火焰(B)无线节点。

2. 软件框架

远程无线节点就传输过程分为如下几部分:传感器、无线节点、ZigBee 协调器、云数据中心和客户端(Web)。通信流程图如图 5-6 所示。

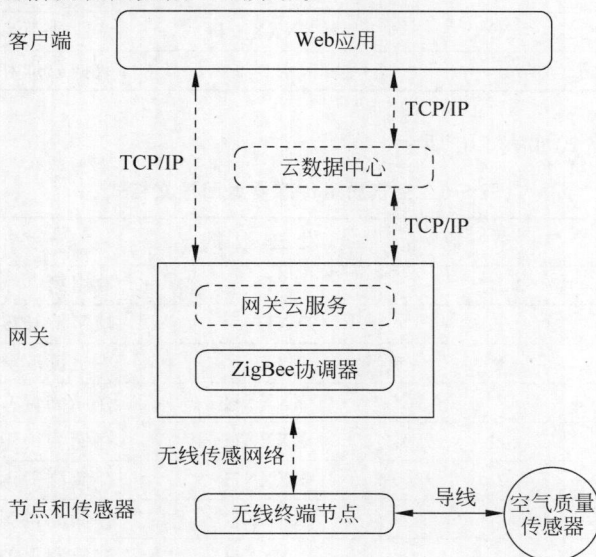

图 5-6 通信流程图

具体通信描述,如下所述。

(1) 无线终端/路由节点(以下简称无线节点)通过导线读取传感器的数据,无线节点通过 ZigBee 协调器与网关上集成的汇集节点进行组网通信。

(2) 网关上的云服务,将集成在网关上的汇集节点收到的数据,推送到本地局域网和远程云数据中心。

(3) 客户端(Web)通过调用云数据接口,实现实时数据采集等功能,或对传感器进行控制。

▶ 5.4.3 节点软件设计

1. 空气质量传感器节点

空气质量传感器作为 TTL 串口采集类物联网传感器,能够定时采集当前环境下的空气质量数据并主动发送至节点。运用过程中通过对空气质量传感器的数据采集监控,实现智能地监测当前环境空气中 CO_2 浓度、温湿度以及 PM2.5 等数据,通过实时地将空气质量信息推送到云数据中心,在 Web 端获得这些数据后,用户就能够随时随地远程获取当前环境下的空气质量信息。这里使用商业空气质量传感器,通信接口为 TTL 串口,型号为 KHZL00IXTTL。空气质量传感器通过 RJ45 端口连接到 LiteB 节点的 A 端子连接。

空气质量传感器采用 TTL 串口通信协议,串口通信配置为波特率 9600、8 位数据位、无校验位、无硬件数据流控制和 1 位停止位。

本传感器的数据采集方法:利用 TTL 串口向该传感器发送读取数据命令,传感器收到命令后会返回 CO_2 浓度、温湿度以及 PM2.5 浓度值等。发送报文格式如表 5-5 所示。

表 5-5　空气质量传感器发送报文格式

发 送 内 容	字 节 数	发 送 数 据	备　　注
起始符	1	11H	数组第一个元素
长度	1	XXH	帧字节长度
命令号	1	XXH	指令号
数据	XX	XXXX…H	读取或写入的数据
校验和	1	XXH	数据累加和

从机返回的报文格式如表 5-6 所示。

表 5-6　空气质量传感器返回报文格式

接 收 内 容	字 节 数	发 送 数 据	备　　注
起始符	1	XXH	数组第一个元素
长度	1	XXH	帧字节长度
命令号	1	01H	主机读取测量结果时的指令号
CO_2 浓度	2	XXXXH	存储测得 CO_2 浓度的字节
甲醛浓度	2	XXXXH	存储测得甲醛浓度的字节
温度	2	XXXXH	存储测得温度的字节
湿度	2	XXXXH	存储测得湿度的字节
PM2.5 浓度	2	XXXXH	存储测得 PM2.5 浓度的字节
校验和	1	XXH	数据累加和

各项数据计算公式,如下所述。

(1) CO_2 浓度计算公式:CO_2 浓度=十六进制数值(XXXX)→十进制数值(X)。

(2) 甲醛浓度计算公式:甲醛浓度=十六进制数值(XXXX)→十进制数值(X)。

(3) 温度计算公式:温度=十六进制数值(XXXX)×0.1→十进制数值(X)。

(4) 湿度计算公式:湿度=(十六进制数值(XXXX)−500)×0.1→十进制数值(X)。

(5) PM2.5浓度计算公式:PM2.5浓度=十六进制数值(XXXX)→十进制数值(X)。

2. 光照度无线节点

光照度传感器作为重要的I2C接口采集类物联网传感器,能够定时采集当前环境下光照强度数据并主动发送到节点。运用过程中通过对光照度传感器的数据采集控制,实现智能监测当前环境的光照强度,通过实时将光照强度信息推送到云数据中心,在Web端获得这些数据后,用户能实现随时随地远程获取光照强度等环境信息。这里使用商用光照度传感器,通信接口为I2C,型号为GZ001xIIC。光照度传感器通过RJ45端口连接到LiteB节点的A端子连接。

光照度传感器采用I2C通信协议,本传感器的数据采集方法:利用I2C总线向该传感器发送读取数据命令,传感器收到命令后会返回光照强度值。发送的报文格式如表5-7所示。

表5-7　光照度传感器发送的报文格式

发 送 内 容	字 节 数	发 送 数 据	备　　注
从机地址	1	XXH	从机地址
功能码	1	03H	读取寄存器
起始寄存器地址	2	0000H	该寄存器中保存设备的父类型和子类型
读取寄存器数量	2	0001H	读取1个字(2B)
CRC校验	2	XXXXH	前面所有数据的CRC码

从机返回的报文格式如表5-8所示。

表5-8　光照度传感器返回的报文格式

接 收 内 容	字 节 数	发 送 数 据	备　　注
从机地址	1	XXH	从机地址
功能码	1	03H	读取寄存器应答
返回字节长度	1	02H	返回2B
返回数据	2	XXXXH	2B的光强信息
CRC校验	2	XXXXH	前面所有数据的CRC码

光照度计算公式:光强=十六进制数值(XXXX)→十进制数值(X)。

3. 人体红外无线节点

人体红外探测器传感器作为电平采集类物联网传感器,能够定时采集室内人体红外信号变化的信息,并主动发送至节点。运用过程中通过对人体红外探测器传感器采集的人体红外信号变化信息监控,实现智能监测当前室内的人员移动信息,通过实时将室内的人体红外信号变化信息推送到云数据中心,在凭借Web端获得这些数据后,用户能够实现随时随地远程获取室内的防盗安全信息。这里使用商业人体红外探测器传感器,通信方式为I/O电平通信,型号为ZY-RTHW001xIO。人体红外探测器传感器通过RJ45端口连接到LiteB节点的B端子连接。

在实际的使用过程中,人体红外探测器传感器通信接口默认电平位高,当人体红外探测器传感器监测到红外光信号发生变化时,人体红外探测器传感器会发出报警,同时通信接口电平被拉低,通知 LiteB 节点发现有人经过。

4. 噪声无线节点

噪声传感器作为 RS485 串口类物联网传感器,能够定时采集环境中的噪声信息并且主动发送至节点。运用过程中通过对噪声传感器采集的城市噪声的信息监控,实现智能地监测城市环境的噪声信息,通过实时地将噪声信息推送到云数据中心,在凭借 Web 端获得这些数据后,用户能够实现随时随地远程获取噪声信息。

这里使用噪声传感器,通信方式为 RS485 串口通信,型号为 ZY001x485。噪声传感器通过 RJ45 端口连接到 LiteB 节点的 A 端子连接。

传感器采用 RS485 串口通信协议,串口通信配置为波特率 9600、8 位数据位、偶校验位、无硬件数据流控制、1 位停止位。

本传感器的数据采集方法:利用 RS485 串口总线向该传感器发送读取数据命令,传感器收到命令后会返回噪声值。

5. 燃气无线节点

燃气探测器传感器作为电平采集类物联网传感器,能够定时采集室内燃气信号变化的信息,并主动发送至节点。运用过程中通过对燃气探测器传感器的采集,实现智能监测当前室内燃气的报警,通过实时将室内的燃气信号变化信息推送到云数据中心,在凭借 Web 端获得这些数据后,用户能够实现随时随地远程获取室内的燃气安全信息。这里使用商业燃气探测器传感器,通信方式为 I/O 电平通信。噪声探测器传感器通过 RJ45 端口连接到 LiteB 节点的 B 端子连接。

在实际的使用工程中,燃气探测器传感器通信接口默认电平位高,当燃气探测器传感器监测到燃气时,燃气探测器传感器会发出报警,同时通信接口电平被拉低,通过 LiteB 节点上传云平台并且报警。

6. 大气压力无线节点

大气压力传感器作为 RS485 串口类物联网传感器,能够定时采集环境中噪声信息并且主动发送至节点。运用过程中通过对大气压力传感器采集的城市大气压力的信息监控,实现智能地监测环境的大气压力信息,通过实时地将大气压力信息推送到云数据中心,在凭借 Web 端获得这些数据后,用户能够实现随时随地远程获取大气压力信息。

这里使用大气压力传感器,通信方式为 RS485 串口通信。噪声传感器通过 RJ45 端口连接到 LiteB 节点的 A 端子连接。大气压力传感器采用 RS485 串口通信协议,串口通信配置为波特率 9600、8 位数据位、无校验位、无硬件数据流控制、1 位停止位。

本传感器的数据采集方法:利用 RS485 串口向该传感器发送读取数据命令,传感器收到命令后会返回大气压力值。

7. 火焰无线节点

火焰探测器传感器作为电平采集类物联网传感器,能够定时采集室内火焰信号变化的信息并主动发送至节点。运用过程中通过对火焰探测器传感器的采集,实现智能监测当前室内火焰,通过实时将室内是否有火焰的信号变化信息推送到云数据中心,在凭借 Web 端获得这些数据后,用户能够实现随时随地远程获取室内的火焰安全信息。

这里使用商业燃气探测器传感器,通信方式为 I/O 电平通信。火焰探测器传感器通过
RJ45 端口连接到 LiteB 节点的 B 端子连接。

在实际的使用工程中,燃气探测器传感器通信接口默认电平位高,当火焰探测器传感器监
测到火焰时,燃气探测器传感器会发出报警,同时通信接口电平被拉低,通过 LiteB 节点上传
到云平台并且报警。

▶ 5.4.4　功能实现

1. 空气质量传感数据

传感器硬件初始化函数,代码如下。

```
/******************************************************************
* 名称: sensorlnit()
* 功能: 传感器硬件初始化
* 参数: 无
* 返回:
* 修改:
* 注释:
******************************************************************/
void sensorlnit(void)
{
    //延时 50ms
    MicroWait(50000);
    //初始化传感器代码
    node_uart_init();
    //开启 VOC 测量
    sensorControl(D1);
    //启动定时器,触发传感器上报数据事件 MY_REPORT_EVT
    Osal_start_timerEx(sapi_TaskID,MY_REPORT_EVT,(uint16)((osal_rand()%10) * 1000));
    //启动定时器,触发传感器监测事件 MY_CHECK_EVT
    Osal_start_timerEx(sapi_TaskID,MY_CHECK_EVT,100);
}
```

处理主动上报的数据,代码如下。

```
/******************************************************************
* 名称: sensorUpdate()
* 功能: 处理主动上报的数据
* 参数: 无
* 返回: 无
* 修改:
* 注释:
******************************************************************/
void sensorUpdate(void)
{
    char pData[16];
    char * p = pData;
    ZXBeeBegin();                          //云数据帧格式包头
    //根据 D0 的位状态判定需要主动上报的数值
    if((D0&0x01) == 0x01){                 //若上报允许,则在 pData 的数据包中添加数据
        updateA0();
        sprintf(p," %d",A0);
        ZXBeeAdd("A0",p);
    }
    if((D0&0x02) == 0x02){                 //若上报允许,则在 pData 的数据包中添加数据
        updateA0();
        sprintf(p, " %d",A0);
```

```
                ZXBeeAdd("A1", p);
            }
            if((D0&0x04) == 0x04){                     //若上报允许,则在 pData 的数据包中添加数据
                updateA0();
                sprintf(p, " %.1f",A2);
                ZXBeeAdd("A2", p);
            }
            if((D0&0x08) == 0x08){                     //若上报允许,则在 pData 的数据包中添加数据
                updateA0();
                sprintf(p, " %.1f", A3);
                ZXBeeAdd("A3", p);
            }
            if((D0&0x10) == 0x10){                     //若上报允许,则在 pData 的数据包中添加数据
                updateA0();
                sprintf(p, " %d", A4);
                ZXBeeAdd("A4", p);
            }
            sprintf(p, " %u",D1);                      //上报控制编码
            ZXBeeAdd("D1", p);
            p = ZXBeeEnd();                            //云数据帧格式包尾
            if(p != NULL) {
                ZXBeelnfSend(p.strlen(p));
                //将需要上传的数据进行打包操作,并通过 zb_SendDataRequest()发送到协调器
            }
    }
```

解析收到的控制命令函数,代码如下。

```
/ ********************************************************************************
 * 名称: ZXBeeUserProcess()
 * 功能: 解析收到的控制命令
 * 参数: ptag -- 控制命令名称
 *       pval -- 控制命令参数
 * 返回: ret -- pout 字符串长度
 * 修改:
 * 注释:
 ********************************************************************************
int ZXBeeUserProcess(char * ptag, char * pval)
{
    int val;
    int ret = 0;
    char pData[16];
    char * p = pData;

    //将字符串变量 pval 解析转换为整型变量赋值
    val = atoi(pval);
    //控制命令解析
    if (0 == strcmp("CD0", ptag)){                     //对 D0 的位进行操作,CD0 表示位清零操作
        D0 & = ~val;
    }
    if(0 == strcmp("OD0", ptag) ){                     //对 D0 的位进行操作,OD0 表示位置 1 操作
        D0 | = val;
    }
    if(0 == strcmp("D0", ptag)){                       //查询上报使能编码
        if(0 == strcmp("?", pval)){
            ret = sprintf(p, " %u", D0);
            ZXBeeAdd("D0", p);
        }
    }
    if (0 == strcmp("CD1", ptag)){                     //对 D1 的位进行操作,CD1 表示位清零操作
```

```
        D1& = ~val;
        sensorControl(D1);                          //处理执行命令
    }
    if (0 == strcmp("OD1", ptag)){                  //对 D1 的位进行操作,OD1 表示位置 1 操作
        D1 | = val;
        sensorControl(D1);                          //处理执行命令
    }
    if (0 == strcmp("Dl", ptag)){                   //查询执行器命令编码
        if (0 == strcmp("?", pval)){
            ret = sprintf(p, "% u", D1);
            ZXBeeAdd("D1", p);
        }
    }
    if (0 == strcmp("A0", ptag)){
        if (0 == strcmp("?", pval)){
            ret = sprintf(p, "% d",A0);
            ZXBeeAdd("A0", p)
        }
    }
    if (0 == strcmp("A1", ptag)){
        if (0 == strcmp("?", pval)){
            ret = sprintf(p, "% d", A1);
            ZXBeeAdd("A1", p);
        }
    }
    if (0 == strcmp("A2", ptag)){
        if (0 == strcmp("?", pval)){
            ret = sprintf(p, "% .1f", A2);
            ZXBeeAdd("A2", p);
        }
    }
    if (0 == strcmp("A3", ptag)){
        if (0 == strcmp("?", pval)){
            ret = sprintf(p, "% .f", A3);
            ZXBeeAdd("A3", p);
        }
    }
    if (0 == strcmp("A4", ptag)){
        if (0 == strcmp("?", pval)){
            ret = sprintf(p, "% d", A4);
            ZXBeeAdd("A4", p);
        }
    }
    if (0 == strcmp("V0", ptag)){
        if (0 == strcmp("?", pval)){
            ret = sprintf(p, "% u", V0);               //上报时间间隔
            ZXBeeAdd("V0", p);
        }else{
            updateV0(pval);
        }
    }
    return ret;
}
```

串口通信回调参数,代码如下。

```
/ ************************************************************************
 * 名称: node_uart_callback()
 * 功能: 节点串口通信回调参数
 * 参数: port -- 输入参数,接收端口
 *       event -- 输入参数,接收事件
 * 返回: 无
 * 修改:
 * 注释:
 ************************************************************************
static void node_uart_callback(uint8 port ,uint8 event)
{
    # define RBUFSIZE 32
    (void)event;
    uint8 ch;
    static uint8 szBuf[RBUFSIZE];
    static uint8 rlen = 0;
    static uint8 data_len = 0;
    static uint8 flag_  = 0x00;
    static uint8 data_mode = 0xff;

    //接收通过串口传来的数据
    while (Hal_UART_RxBufLen(port))
    {
        HalUARTRead (port, &ch, 1);
        if((ch == 0x16) &&(flag_ == 0x00))
        {
            flag_ = 0x01;
        }
        else if(flag_ == 0x01){
            data_len = ch;
            flag_ = 0x02;
        }
        else if(flag_ == 0x02)
        {
            data_mode = ch;
            flag_ = 0x03;
        }
        else if((flag_ == 0x03)){
            szBuf[rlen++] = ch;
            if(rlen >= data_len)
        {
            flag_ = 0x00;
            switch (data_mode){
                case 0x01:
                A0 = szBuf[0] * 256 + szBuf[1];
                A1 = szBuf[2] * 256 + szBuf[3];
                A2 = (szBuf[4] * 256 + szBuf[5]) * 0.1;
                A3 = (szBuf[6] * 256 + szBuf[7] - 500) * 0.1;
                A4 = szBuf[8] * 256 + szBuf[9];
                break;
            case 0x03:
                break;
            case 0x0c:
                if(szBuf[0] == 0x01)
                    D1 = 0;
                else
                    D1 = 1;
                    break;
                    default:
```

```
                                    rlen = 0;
                                    break;
                            }
                        rlen = 0;
                    }
                }
            }
        }
```

2. 电子横幅无线节点

初始化电子屏控制端口，代码如下。

```
/ ********************************************************************
* 名称：phs_init()
* 功能：初始化电子屏控制端口
* 参数：无
* 返回：无
* 修改：
* 注释：
  ********************************************************************
void lattice_init(void)
{
    osal_nv_item_init(LATTICE_CONTENT_ID, ASCII_MAX_BUF, latticeBuf);
    osal_nv_read(LATTICE_CONTENT_ID, 0, ASCII_MAX_BUF, latticeBuf);
    latticeBuf[ASCII_MAX_BUF - 1] = 0;
    if(strlen(latticeBuf) == ASCII_MAX_BUF - 1) {
    latticeBuf[0] = 0;
    }
    node_uart_init();
}
```

```
/ ********************************************************************
* 名称：node_uart__callback()
* 功能：节点串口通信回调函数
* 参数：port -- 输入参数，接收端口
*        event -- 输入参数，接收事件
* 返回：无
* 修改：
* 注释：
  ********************************************************************
static void node_uart_callback ( uint8 port, uint8 event )
{
    #define RBUFSIZE 128
    (void)event;                              //此处暂不定义参数
    uint8 ch;
    //static uint8 szBuf[RBUFSIZE];
    //static uint8 len = 0;
    //接收通过串口传来的数据
    while (Hal_UART_RxBufLen(port)){          //获取数据
    HalUARTRead (port, &ch, 1);               //提取数据赋予 ch
    }
}
```

RS485 串口初始化，代码如下。

```
/ ********************************************************************
* 名称：node_uart_init()
* 功能：RS485 串口初始化
* 参数：无
* 返回：无
```

```
 * 修改:
 * 注释:
 ***********************************************************************
static void node_uart_init(void)
{
    halUARTCfg_t _UartConfigure;

    //UART 配置信息
    _UartConfigure.configured = TRUE;                    //启用串口
    _UartConfigure.baudRate = HAL_UART_BR_9600;          //波特率设置为 9600
    _UartConfigure.flowControl = FALSE;                  //关闭硬件数据流控制
    _UartConfigure.rx.maxBufSize = 128;                  //最大接收数组 128
    _UartConfigure.tx.maxBufSize = 128;                  //最大发送数据 128
    _UartConfigure.flowControlThreshold = (128/2);
    _UartConfigure.idleTimeout = 6;
    _UartConfigure.intEnable = TRUE;                     //使能串口
    _UartConfigure.callBackFunc = uart_callback_func;    //配置数据提取回调函数

    //启动 UART 功能
    HalUARTOpen (HAL_UART_PORT_0, &_UartConfigure);
}
```

3. 光照度与人体红外节点传感器初始化

传感器硬件初始化,代码如下。

```
/ **********************************************************************
 * 名称: sensorInit()
 * 功能: 传感器硬件初始化
 * 参数: 无
 * 返回: 无
 * 修改:
 * 注释:
 **********************************************************************
void sensorInit(void)
{
    bh1750_init();                                       //光照度传感器初始化

    //初始化人体红外传感器代码
    P0SEL &= ~0x10;
    P0DIR &= ~0x10;
    //P0_4 上拉
    P0INP &= ~(1 << 4);
    P2INP &= ~(1 << 5);
    //启动定时器,触发传感器上报数据事件 MY_REPORT_EVT
    osal_start_timerEx(sapi_TaskID, MY_REPORT_EVT, (uint16)((osal_rand()%10) * 1000));
    //启动定时器,触发传感器监测事件 MY_CHECK_EVT
    osal_start_timerEx(sapi_TaskID, MY_CHECK_EVT, 100);
}
```

传感器监测,代码如下。

```
/ **********************************************************************
 * 名称: sensorCheck()
 * 功能: 传感器监测
 * 参数: 无
 * 返回: 无
 * 修改:
 * 注释:
 **********************************************************************
void sensorCheck(void)
```

```
{
    static uint8 last_A1 = 0, count = 0;
    updateA1();
    if(last_A1 != A1)
    {
        count++;
        if(count == 3) {
            count = 0;
            sensorUpdate();
            last_A1 = A1;
        }
    } else {
        count = 0;
    }
}
```

处理主动上报的数据,代码如下。

```
/ ******************************************************************************
* 名称: sensorUpdate()
* 功能: 处理主动上报的数据
* 参数: 无
* 返回: 无
* 修改:
* 注释:
******************************************************************************/
void sensorUpdate(void)
{
    char pData[40];
    char * p = pData;
    ZXBeeBegin();                      //智云数据帧格式包头
    //根据 D0 的位状态判定需要主动上报的数值
    if ((D0 & 0x01) == 0x01){          //若温度上报允许,则在 pData 的数据包中添加温度数据
        updateA0();
        sprintf(p, "%.1f", A0);
        ZXBeeAdd("A0", p);
    }
    if ((D0 & 0x02) == 0x02){          //若温度上报允许,则在 pData 的数据包中添加温度数据
        updateA1();
        sprintf(p, "%u", A1);
        ZXBeeAdd("A1", p);
    }
    p = ZXBeeEnd();                    //智云数据帧格式包尾
    if (p != NULL) {
        ZXBeeInfSend(p, strlen(p));
        //将需要上传的数据进行打包操作,并通过 zb_SendDataRequest()发送到协调器
    }
}
```

解析收到的控制命令,代码如下。

```
/ ******************************************************************************
* 名称: ZXBeeUserProcess()
* 功能: 解析收到的控制命令
* 参数: ptag -- 控制命令名称
*       pval -- 控制命令参数
* 返回: ret -- pout 字符串长度
* 修改:
* 注释:
******************************************************************************/
int ZXBeeUserProcess(char * ptag, char * pval)
```

```
{
    int val;
    int ret = 0;
    char pData[40];
    char * p = pData;
    //将字符串变量 pval 解析转换为整型变量赋值
    val = atoi(pval);
    //控制命令解析
    if (0 == strcmp("CD0", ptag)){              //对 D0 的位进行操作,CD0 表示位清零操作
        D0 &= ~val;
    }
    if (0 == strcmp("OD0", ptag)){              //对 D0 的位进行操作,OD0 表示位置 1 操作
        D0 |= val;
    }
    if (0 == strcmp("D0", ptag)){               //查询上报使能编码
        if (0 == strcmp("?", pval)){
            ret = sprintf(p, "%u", D0);
            ZXBeeAdd("D0", p);
        }
    }
    if (0 == strcmp("CD1", ptag)){              //对 D1 的位进行操作,CD1 表示位清零操作
        D1 &= ~val;
        sensorControl(D1);                      //处理执行命令
    }
    if (0 == strcmp("OD1", ptag)){              //对 D1 的位进行操作,OD1 表示位置 1 操作
        D1 |= val;
        sensorControl(D1);                      //处理执行命令
    }
    if (0 == strcmp("D1", ptag)){               //查询执行器命令编码
        if (0 == strcmp("?", pval)){
            ret = sprintf(p, "%u", D1);
            ZXBeeAdd("D1", p);
        }
    }
    if (0 == strcmp("A0", ptag)){
        if (0 == strcmp("?", pval)){
            updateA0();
            ret = sprintf(p, "%.1f", A0);
            ZXBeeAdd("A0", p);
        }
    }
    if (0 == strcmp("A1", ptag)){
        if (0 == strcmp("?", pval)){
            updateA1();
            ret = sprintf(p, "%u", A1);
            ZXBeeAdd("A1", p);
        }
    }
    if (0 == strcmp("V0", ptag)){
        if (0 == strcmp("?", pval)){
            ret = sprintf(p, "%u", V0);        //上报时间间隔
            ZXBeeAdd("V0", p);
        }else{
            updateV0(pval);
        }
    }
    return ret;
}
```

4. 噪声燃气无线节点

更新 A1 的值，代码如下。

```
/ *********************************************************************
 * 名称：updateA1()
 * 功能：更新 A1 的值
 * 参数：
 * 返回：
 * 修改：
 * 注释：
 *********************************************************************
void updateA1(void)
{
    if (D_GAS_BET){            //判断管脚的电平状态值
        A1 = 1;                //检测为高电平时没有检测到燃气 A1 = 1
    }else{
        A1 = 0;                //否则检测到燃气 A1 = 0
    }
}
```

传感器硬件初始化，代码如下。

```
/ *********************************************************************
 * 名称：sensorInit()
 * 功能：传感器硬件初始化
 * 参数：无
 * 返回：无
 * 修改：
 * 注释：
 *********************************************************************
void sensorInit(void)
{
    //初始化传感器代码
    Noise_init();

    //初始化燃气传感器代码
    POSEL &= ~0x10;
    PODIR &= ~0x10;

    //P0_4 上拉
    P0INP &= ~(1 << 4);
    P2INP &= ~(1 << 5);

    //初始化继电器代码
    POSEL &= ~0xC0;                    //配置管脚为通用 IO 模式
    PODIR |= 0xC0;                     //配置控制管脚为输入模式
    sensorControl(D1);                 //初始化继电器状态

    //启动定时器,触发传感器上报数据事件 MY_REPORT_EVT
    osal_start_timerEx(sapi_TaskID, MY_REPORT_EVT, (uint16)((osal_rand()%10) * 1000));
    //启动定时器,触发传感器监测事件 MY_CHECK_EVT
    osal_start_timerEx(sapi_TaskID, MY_CHECK_EVT, 100);
}
```

处理主动上报的数据，代码如下。

```
/ *********************************************************************
 * 名称: sensorUpdate()
 * 功能: 处理主动上报的数据
 * 参数: 无
 * 返回: 无
 * 修改:
 * 注释:
 *********************************************************************
void sensorUpdate(void)
{
    char pData[16];
    char * p = pData;
    ZXBeeBegin();                           //云数据帧格式包头
    //根据 D0 的位状态判定需要主动上报的数值
    if ((D0 & 0x01) == 0x01){               //若温度上报允许, 则在 pData 的数据包中添加温度数据
        updateA0();
        sprintf(p, "%.1f", A0);
        ZXBeeAdd("A0", p);
    }
    if ((D0 & 0x02) == 0x02){
        updateA1();
        sprintf(p, "%u", A1);
        ZXBeeAdd("A1", p);
    }
    p = ZXBeeEnd();                         //云数据帧格式包尾
    if (p != NULL) {
        ZXBeeInfSend(p, strlen(p));
        //将需要上传的数据进行打包操作, 并通过 zb_SendDataRequest()发送到协调器
    }
}
```

解析收到的控制命令, 代码如下。

```
/ *********************************************************************
 * 名称: ZXBeeUserProcess()
 * 功能: 解析收到的控制命令
 * 参数: ptag -- 控制命令名称
 *       pval -- 控制命令参数
 * 返回: ret -- pout 字符串长度
 * 修改:
 * 注释:
 *********************************************************************
int ZXBeeUserProcess(char * ptag, char * pval)
{
    int val;
    int ret = 0;
    char pData[16];
    char * p = pData;
    //将字符串变量 pval 解析转换为整型变量赋值
    val = atoi(pval);
    //控制命令解析
    if (0 == strcmp("CD0", ptag)){              //对 D0 的位进行操作, CD0 表示位清零操作
        D0 &= ~val;
    }
    if (0 == strcmp("OD0", ptag)){              //对 D0 的位进行操作, OD0 表示位置 1 操作
        D0 |= val;
    }
    if (0 == strcmp("D0", ptag)){               //查询上报使能编码
        if (0 == strcmp("?", pval)){
            ret = sprintf(p, "%u", D0);
```

```
                ZXBeeAdd("D0", p);
            }
        }
        if (0 == strcmp("A0", ptag)){
            if (0 == strcmp("?", pval)){
                updateA0();
                ret = sprintf(p, "%.1f", A0);
                ZXBeeAdd("A0", p);
            }
        }
        if (0 == strcmp("A1", ptag)){
            if (0 == strcmp("?", pval)){
                updateA1();
                ret = sprintf(p, "%u", A1);
                ZXBeeAdd("A1", p);
            }
        }
        if (0 == strcmp("V0", ptag)){
            if (0 == strcmp("?", pval)){
                ret = sprintf(p, "%u", V0);        //上报时间间隔
                ZXBeeAdd("V0", p);
            }else{
                updateV0(pval);
            }
        }
        return ret;
    }
```

5. 大气压力与火焰无线节点

初始化传感器控制端口,代码如下。

```
/******************************************************************
* 名称: phs_init()
* 功能: 初始化传感器控制端口
* 参数: 无
* 返回: 无
* 修改:
* 注释:
******************************************************************
void dqy_init(void)
{
    //初始化传感器代码
    node_uart_init();
    dqy_update();
}
/******************************************************************
    * 名称: phs_update()
    * 功能: 更新一次数据,保存到全局静态变量(dqy_VAL)中
    * 参数: 无
    * 返回: 无
    * 修改:
    * 注释:
****************************************************************** /
    void dqy_update(void)
    {
    uart_485_write(f_szGetdqy, sizeof(f_szGetdqy));
    }
```

节点串口通信回调函数,代码如下。

```
/ ***********************************************************************************
 * 名称：node_uart__callback()
 * 功能：节点串口通信回调函数
 * 参数：port —— 输入参数，接收端口
 *       event —— 输入参数，接收事件
 * 返回：无
 * 修改：
 * 注释：
 ***********************************************************************************
static void node_uart_callback ( uint8 port, uint8 event )
{
#define RBUFSIZE 128
    (void)event;                                    //此处暂不定义参数
    uint8 ch;
    static uint8 szBuf[RBUFSIZE];
    static uint8 len = 0;
    //接收通过串口传来的数据
    while (Hal_UART_RxBufLen(port)){                 //获取数据
        HalUARTRead (port, &ch, 1);                  //提取数据赋予 ch
        if (len > 0){                                //如果长度大于 0
            szBuf[len++] = ch;                       //将 ch 值赋予 szBuf 并将地址加 1
            if (len == 7){                           //如果长度为 7,数据接收完毕
                uint16 crc;
                crc = calc_crc(szBuf, 5);            //循环冗余检验,检验最后两字节
                if (crc == ((szBuf[6]<<8) | szBuf[5])){   //如果正确
                    dqy_VAL = (float)((szBuf[3]<<8) | szBuf[4]);//提取传感器采集光照强度值
                }
                len = 0;                             //数据提取成功,len 置零
            }
        }else{
            if (len == 0 && ch == 0x01){             //当检测到数据 0x01 且 len 为 0
                szBuf[len++] = ch;                   //将 ch 值赋予 szBuf 并将地址加 1
            }else{
                len = 0;                             //否则数据错误,len 置零
            }
        }
    }
}
```

▶ 5.4.5 操作步骤

1. 硬件部署

（1）实验平台接上 220V 电源线，确保电源总开关已开启，然后按下按键群组的所有电源开关，确保实验平台的各个工作单元正常上电。

（2）这里涉及 5 个节点与 8 个传感器，正确将传感器接入对应的 LiteB 节点，并确认 LiteB 节点的跳线是否正确。（默认出厂设备已经连接好。）

2. 程序调试

（1）程序烧录。

① 协议栈安装。确认已安装 ZStack 的安装包。如果没有安装，打开光盘提供的安装包，路径为"DISK-IwsPlat\02-软件资料\02-无线节点 ZStack.zip"，解压即可。ZStack 的安装包路径如图 5-7 所示。

② 将 DISK-IwsPlat\02-软件资料\02-无线节点文件复制到 ZStack 的 Projects\zstack\Samples 文件夹下，Samples 文件夹如图 5-8 所示。

图 5-7　ZStack 的安装包路径

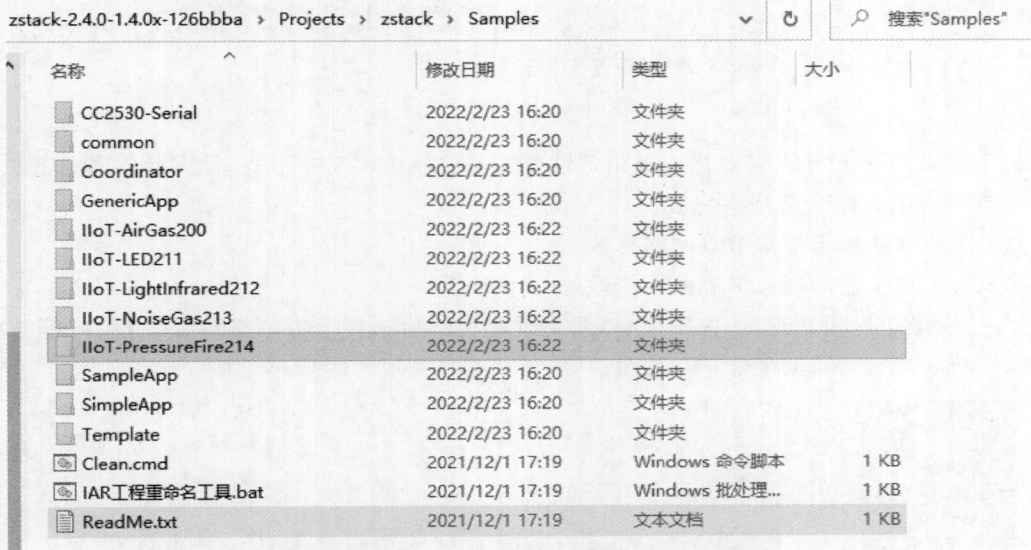

图 5-8　ZStack 的 Samples 文件夹

双击打开复制的文件夹内 CC2530DB 文件夹中的 .eww 格式的文件,打开对应的传感器工程。程序对应节点为

IIoT-AirGas200:空气质量无线节点(A)。

IIoT-LED211:电子横幅无线节点(A)。

IIoT-LightInfrared212:光照度(A)、人体红外(B)无线节点。

IIoT-NoiseGas213:噪声(A)、燃气(B)无线节点。

IIoT-PressureFire214:大气压力(A)、火焰(B)无线节点。

③ 下面以烧录空气质量为例。双击打开 zstack-2.4.0-1.4.0x-126bbba\Projects\zstack\Samples\IIoT-AirGas200\CC2530DB 文件夹中的 IIoT-AirGas200.eww。

④ 配置 PANID。根据实际需求分别设置温湿度传感器、光照度传感器、空气质量传感器、电子横幅工程及透传程序 PANID,编译工程(当有多组操作同时进行时,为了避免冲突,需要根据实际硬件平台修改节点 PANID(如用学号后 4 位表示,范围为 0x0001~0x3FFF),工程文件为 Tools ->f8wConfig.cfg)。PANID 配置如图 5-9 所示。

⑤ 烧写程序。分别单击刚打开的 IAR 工程界面上方的图标依次编译工程。当工程全部编译通过以后将 SmartRF04EB 仿真器 USB 线一端连接到计算机,调试端连接到当前工程对应的 CC2530 调试接口上。单击 IAR 编译器界面上方的图标,等待程序烧写完成。在烧

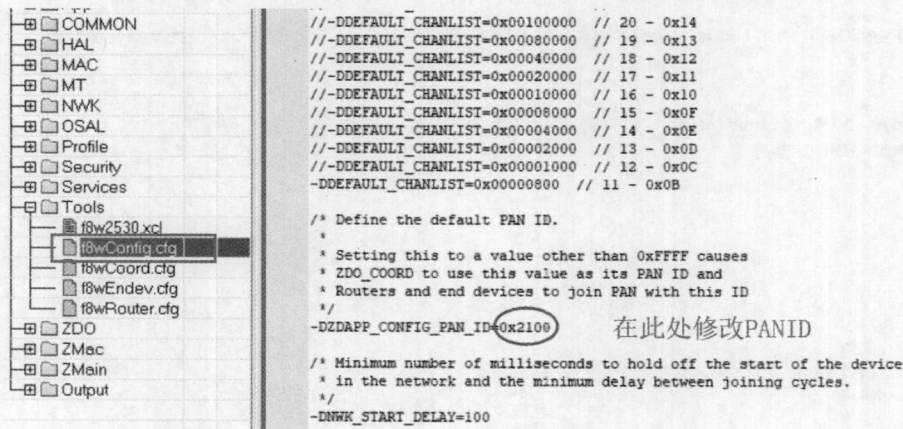

图 5-9　PANID 更改页面展示

写完成后单击工程上方的 ✖图标。退出调试模式并更换 CC2530 节点,重复烧写程序操作将剩余节点对应的程序全部烧写完成。

（2）工业网通板卡汇集节点网络修改。

方式一：在工业网通板卡界面上修改。

① 使用操作界面修改时,首先选择"网关设置",然后选择下方的 ZIGBEE 栏目,单击"设置"按钮,弹出修改界面,如图 5-10 所示。

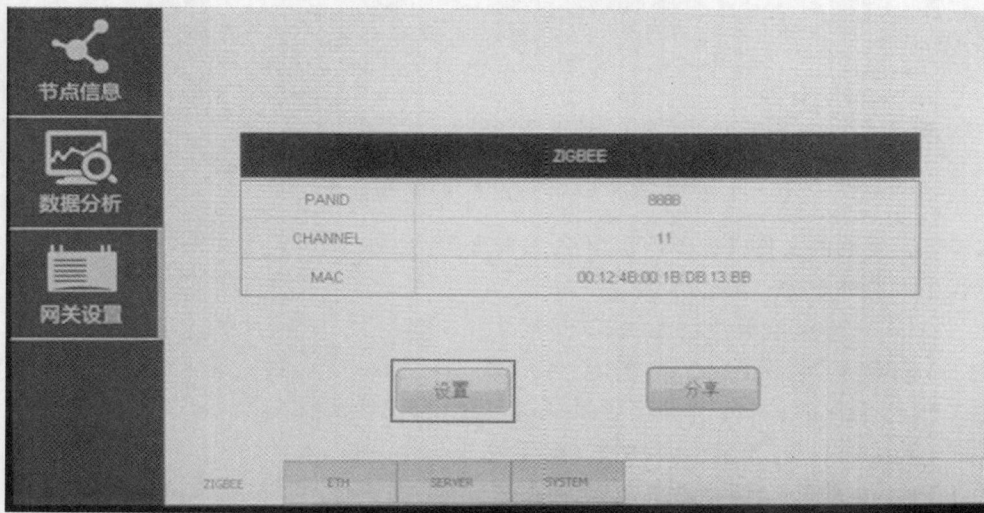

图 5-10　在工业网通板卡修改界面

② 在弹出的界面中修改 PANID 和 CHANNEL 参数,修改完成之后单击"确定"按钮,如图 5-11 所示。

③ 修改完成之后界面提示是否重启,重启之后修改的参数才能生效,单击"重启"按钮系统立即重启,如图 5-12 所示。

④ 重启完成之后,此时再次查看 ZigBee 网络参数,已修改成功,如图 5-13 所示。

方式二：通过串口终端修改。

① 使用串口终端修改时,首先使用 MiniUSB 线连接计算机和工业网通板卡,连接方式如图 5-14 所示。

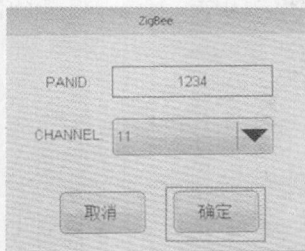

图 5-11　单击"确定"按钮

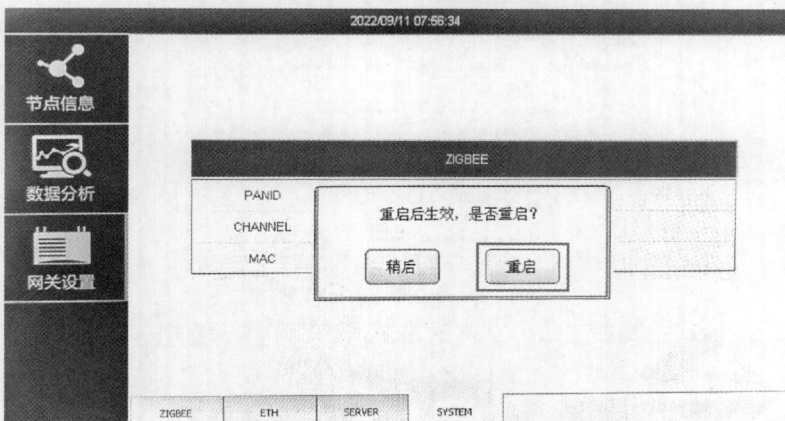

图 5-12　单击"重启"按钮

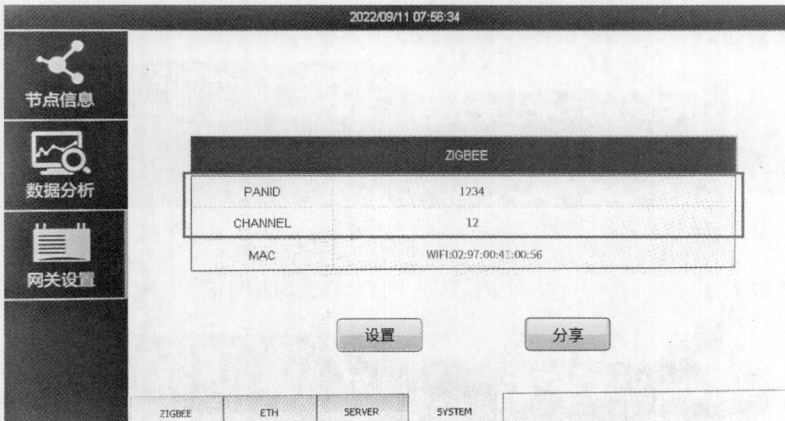

图 5-13　修改成功界面

图 5-14　计算机和工业网通板卡连接方式

② 打开 MobaXterm 软件（路径：DISK-Packages\51-常用编程工具\MobaXterm），单击 Session 新建会话，在弹出的界面中选择 Serial 串口会话，如图 5-15 所示。

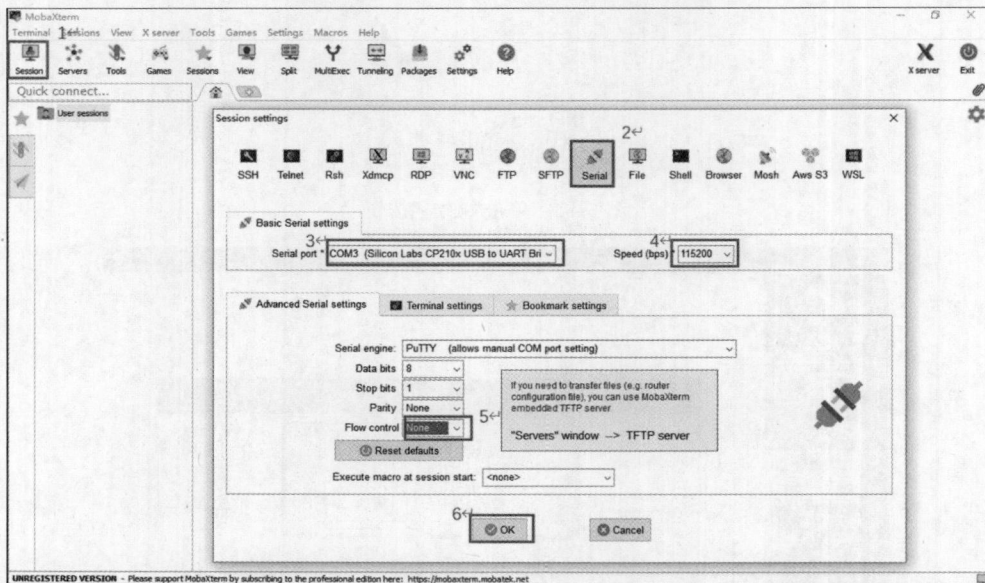

图 5-15　Serial 串口会话界面

在 Serial 串口会话界面中选择对应的串口号，波特率选择 115200，流控选择 None 选项，配置完成之后单击 OK 按钮，即可进入终端界面，按 Enter 键即可进入 Shell 界面，如图 5-16 所示。

图 5-16　Shell 界面

③ 在终端输入 zigbee 命令，查询 ZigBee 网络参数，如图 5-17 所示。

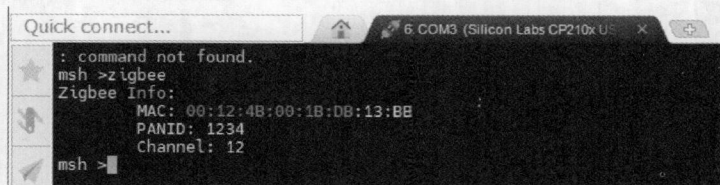

图 5-17　输入 zigbee 命令

输入：zigbee panid［数值］，修改 PANID 为此处的数值。输入：zigbee channel［数值］，修改 CHANNEL 为此处的数值，如图 5-18 所示。

备注：设备组网时 LiteB 节点和汇集节点的网络参数必须相同，并且不同实验台的网络参数不能相同，否则在组网时会互相冲突。

（3）数据上云。

① 确保工业网通板卡已经通过网线连接交换机，并且交换机能够连接外网，使得工业网

图 5-18　输入 zigbee panid［数值］命令

通板卡收到无线传感网数据能够推送到云平台(默认情况下已完成配置)。

② 使用 MobaXterm 软件连接工业网通板卡,通过终端命令查询或设置工业互联网云台认证的 ID 和 Key 参数。终端输入:gateway idk,查询 IDKey 参数。输入:gateway idk［id 值］［key 值］,即可设置 IDKey 参数。具体操作如图 5-19 所示。

图 5-19　输入 gateway idk 命令

备注:此处需要使用经过授权的 ID KEY 才能将数据接入云平台(可寻求厂商获取授权)。

③ 输入 ID KEY 后,工业网通会提示,是否重启设备,重启生效,选择重启,如图 5-20 所示。

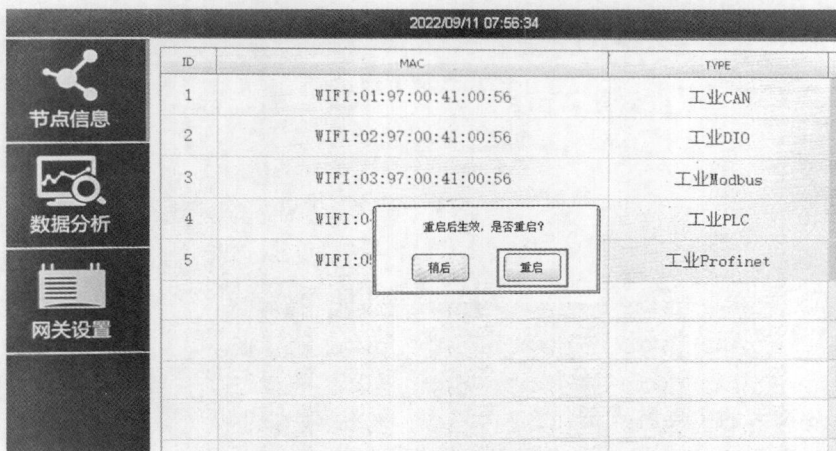

图 5-20　选择重启

④ 重启后,MobaXterm 工具串口提示"eth:zhiyun connect!",即代表服务器连接成功,如图 5-21 所示。

3. 效果演示

解压 ZCloudWebTools(路径:DISK-IwsPlat\02-软件资料\06-测试工具\ZCloudWebTools.zip),使用 Chrome 浏览器打开 index.html,在"网络拓扑"栏的账号和密钥处分别填写工业网通板卡的 ID 和 Key 信息,填写完成之后,单击"连接"按钮连接服务器,等待数据上线之后,即可查看网络拓扑结构、空气质量、光强、人体红外、噪声、燃气、大气压力、火焰节点,以及电子横幅节点上线,显示数据已推送至云平台,如图 5-22 所示。

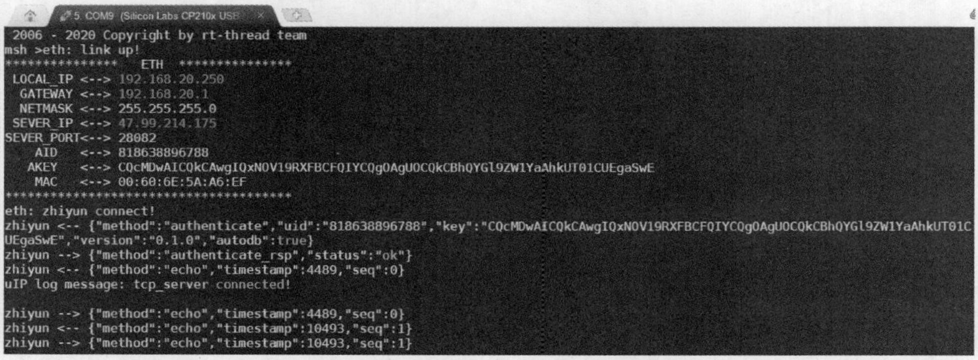

图 5-21　服务器连接成功

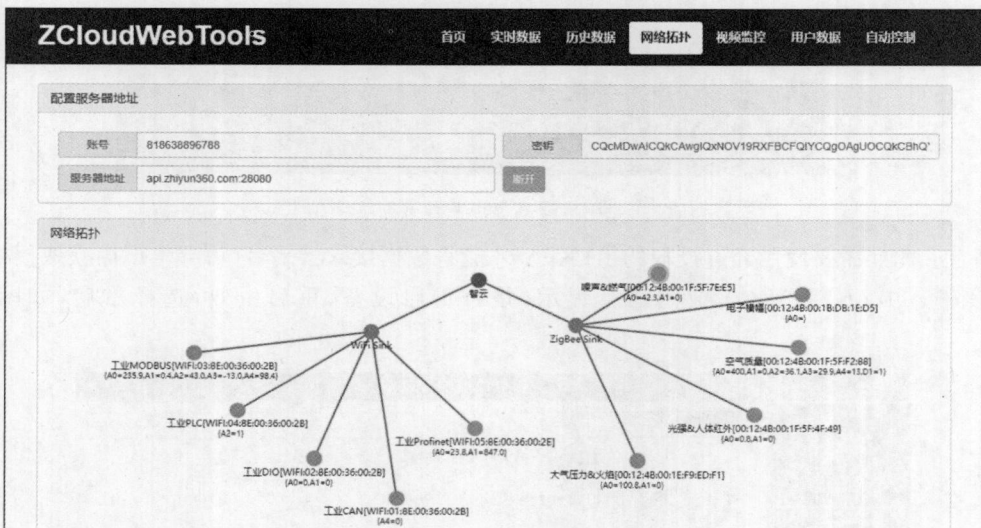

图 5-22　数据推送至云平台

习　　题

简答题

1. ZigBee 技术的主要特点是什么？

2. 为什么选择 ZigBee 技术来实现无线数据采集？

3. ZigBee 网络的通信协议栈包括哪些层次？

习题 5